Almanaque de toques Umbandista

Musicalidade Infinita

SEVERINO SENA

ALMANAQUE
DE TOQUES UMBANDISTA
MUSICALIDADE INFINITA

MADRAS®

© 2021, Madras Editora Ltda.

Editor:
Wagner Veneziani Costa (*in memoriam*)

Produção e Capa:
Equipe Técnica Madras

Revisão:
Arlete Genari

Dados Internacionais de Catalogação na Publicação
(CIP)(Câmara Brasileira do Livro, SP, Brasil)

Sena, Severino
 Almanaque de toques umbandista: musicalidade infinita/Severino Sena. – São Paulo, SP: Madras,
2021.

 ISBN 978-65-5620-027-9

 1. Canto-acompanhamento instrumental (percussao) 2. Música 3. Umbanda (Culto) 4. Umbanda (Culto) – Rituais I. Título.

21-77961   CDD-784.481

 Índices para catálogo sistemático:
1. Umbanda: Musicalidade: Religiões afro-brasileiras   784.481
 Eliete Marques da Silva – Bibliotecária – CRB-8/9380

É proibida a reprodução total ou parcial desta obra, de qualquer forma ou por qualquer meio eletrônico, mecânico, inclusive por meio de processos xerográficos, incluindo ainda o uso da internet, sem a permissão expressa da Madras Editora, na pessoa de seu editor (Lei nº 9.610, de 19/2/1998).

Todos os direitos desta edição reservados pela

MADRAS EDITORA LTDA.
Rua Paulo Gonçalves, 88 – Santana
CEP: 02403-020 – São Paulo/SP
Tel.: (11) 2281-5555 – (11) 98128-7754
www.madras.com.br

ÍNDICE

Apresentação 17
Agradecimentos 20
Prefácio 22
Composição dos Atabaques no Terreiro 24
Posturas 26
Explicações de Sinais Utilizados nos Toques e nas Músicas .. 28
Versões do Ijexá 30
    Explicação do toque Ijexá, base 31
    Encerramento do toque Ijexá 32
    Repiques, explicação 33
    Repiques, demonstração para destro e canhoto 34
    Repiqueque, explicação 35
    Repiqueque, demonstração para destro e canhoto ... 36
    Variação 1 (Ijexá, base com repique) 37
    Variação 2 (Ijexá, base com repiqueque) 38
    Variação 3 (Ijexá, base com repique + repiqueque) ... 39
    Variação 4 (Ijexá, base + contratempo 5
    (3x tum tum ta) 40
    Variação 5 (Ijexá, base +contratempo
    1 (ta ta ta ta tum tum tum tum) 41

Variação 6 (Ijexá, base + contratempo 2 (tak ta tak ta ta/) ... 42

Variação 7 (Ijexá, base + contratempo 2
(tak ta tak ta ta/) + repique).. 43

Variação 8 (base + contratempo 2
(tak ta tak ta ta/) + repiqueque... 44

Explicação By Tambor no Ijexá... 45

Variação 9 (Ijexá base + uma parte do By Tambor) 46

Variação 10 (Ijexá base + By Tambor)............................... 47

Variação 11 (Ijexá base com breque
seco, mão esquerda, toque 6)... 48

Variação 12 (Ijexá 5 toques
– toque 3 na direita ou na esquerda)..................................... 49

Variação 13 (base + versão de
5 toques com toque 3 na mão direita).................................... 50

Variação 14 (base + versão
5 toques, com toque 3 mão esquerda)................................... 51

Variação 15 (Ijexá de 5 toques, com toque.
3 mão direita+ breque mão esquerda) 52

Variação 16 (Ijexá de 5 toques,
toque 3 mão direita + By Tambor)... 53

Variação 17 (Ijexá de 5 toques,
toque 3 mão direita + repique no toque 3).......................... 54

Variação 18 (Ijexá de 5 toques,
toque 3 mão direita + repique após toque 4) 55

Variação 19 (Ijexá de 5 toques,
toque 3 mão direita + repique após toque 5) 56

Variação 20 (Ijexá de 5 toques,
toque 3 mão direita + taktatak + repique)........................... 57

Variação 21 (Ijexá de 5 toques, toque 3
na esquerda + breque na esquerda, toque 7)......................58

Variação 22 (Ijexá 5 toques, toque 3
na esquerda + breque esquerda, toque 7 + repique).........59

Explicação do Afoxé..60

Variação 23 (Afoxé + repique após
o breque do toque 8)..61

Variação 24 (Afoxé + repiqueque
após o breque do toque 8)...62

Explicação do Complemento do Afoxé..63

Variação 25 (Complemento do
Afoxé + repiqueque na mão esquerda)......................64

Explicação do Aguerê de Oxóssi..65

Início das Músicas nas Versões do Ijexá....................................66

Música 1 (De Frente para o Mar
– autor: Pai Sandro Luiz)..67

Música 2 (Baiano Severino
– autor: Ogã Fabio Passoni).......................................68

Música 3 (Acalanto – autor: Sandro Bernardes)...............69

Música 4 (Trono de Areia
– autor: Ogã Hamilton Soares)....................................70

Música 5 (Ajeum da Oxum
– autor: Guilherme Corrêa)...71

Versões do Nagô..72

Explicação do Nagô..73

Explicação do Encerramento do Toque do Nagô.....................74

Variação 26 (Nagô com repique no final do toque).........75

Variação 27 (Nagô com repique
no meio do toque (toque 4)..76

Variação 28 (Nagô com repiqueque no final do toque)..77

Variação 29 (Nagô + repiqueque
no meio do toque (toque 4) 78
Explicação do Arrebate... 79
Variação 30 (Arrebate com repique no final do toque)... 80
Variação 31 (Arrebate + repique
no meio do toque (toque 4) 81
Variação 32 (Arrebate com repiqueque
no final do toque).. 82
Variação 33 (Arrebate + repiqueque
meio do toque (toque 4)... 83
Explicação do Double Four... 84
Explicação do São Bento 85
Explicação do São Bento Grande 86
Explicação do São Bento Pequeno 87
Explicação do By Tambor no Nagô 88
Explicação do Tamboreano no Nagô 89
Variação 34 (4 x 4 – ta ta ta ta tum tum tum tum)....... 90
Variação 35 (tak ta tak ta ta/) 91
Variação 36 (Nagô + By Tambor) 92
Variação 37 (Arrebate + By Tambor) 93
Variação 38 (São Bento + By Tambor) 94
Variação 39 (Nagô + contratempo 1 (4x4)
– tatatata tumtumtumtum) 95
Variação 40 (Arrebate + contratempo 1 (4x4)
tatatata tumtum tumtum).. 96
Variação 41 (São Bento + contratempo 1 (4x4)
tatatata tumtumtumtum 97
Variação 42 (Nagô +
Contratempo 2 (tak ta tak ta ta/) 98

Variação 43 (Arrebate + Contratempo 2
(tak ta tak tata/) 99
Variação 44 (São Bento + Contratempo 2
(tak ta tak tata/) 100
Variação 45 (Nagô + Tamboreano) 101
Variação 46 (Arrebate + Tamboreano) 102
Variação 47 (São Bento + Tamboreano) 103
Início das Músicas nas Versões do Nagô 104
Música 6 (O Rei das Matas – autor: Pai Sandro Luiz) 105
Música 7 (Tem que Ter Fé – autor: Pai Sandro Luiz) 106
Música 8 (Mirongas da Bahia –
autor: Pai José Valdivino) 107
Música 9 (Sonho de ser Boiadeiro –
autor: Sr. Israel P. da Silva) 108
Versões do Barravento 109
Explicação do Toque do Barravento 110
Explicação do Encerramento do Toque do Barravento 111
Variação 48 (Base + versão de 5
toques (2x3)2 em cima x 3 embaixo) 112
Variação 49 (Base + versão de
5 toques (3x2) 3 em cima x 2 embaixo) 113
Variação 50 (Base + versão
(3x3) 3 em cima x 3 embaixo) 114
Variação 51 (Base + versão
pausa (𝄐) mão esquerda agudo) 115
Variação 52 (Base + versão (4x4)
pausa (𝄐) mão esquerda agudo) 116
Variação 53 (Base + repique com
pausa (𝄐) mão esquerda) 117

Variação 54 (Base + repique + pausa (∩) termina mão esquerda + direita grave)............ 118
Variação 55 (Base + repique breque agudo, termina mão direita).. 119
Variação 56 (Base + repique breque agudo, final mãos direita + esquerda) 120
Variação 57 (Base + repique grave, mão esquerda, final agudo mão direita) 121
Variação 58 (Base + repique grave, sequência esquerda e direita, agudo..................... 122
Variação 59 (Barravento base + repiqueque todo grave)... 123
Variação 60 (Barravento base + repiqueque todo agudo).... 124
Variação 61 (Base + repiqueque agudo (3x1) final direita grave 125
Variação 62 (Base + repiqueque agudo (2 x2) esquerda + direita grave) 126
Variação 63 (Base + repiqueque + versão Muzenza......... 127
Explicação do Barravento, também conhecido com MUZENZA 128
Variação 64 (Base + versão (5 agudos x 1 graves) +(4 agudos x 2 graves).................... 129
Variação 65 (Barravento 5 toques (3 x 2) + repique agudo, final grave) 130
Variação 66 (Barravento 5 toques (3 x 2) + repique grave, mão direita agudo)... 131
Variação 67 (Barravento 5 toques (3 x 2) + repique + pausa (∩) direita grave).. 132
Variação 68 (Barravento 5 toques (3 x 2) + repiqueque todo grave) 133

Variação 69 (Barravento 5 toques (3 x 2)
+ repiqueque todo agudo) 134
Variação 70 (Barravento 5 toques (3 x 2)+ (2 x1)
com pausa (𝒪) mão esquerda, final mão direita grave).. 135
Variação 71 (Barravento 5 toques (3 x 2)+ (3 x1)
com pausa (𝒪) mão esquerda, final mão direita grave).. 136
Variação 72 (Barravento 5 toques (2 x 3) + repique agudo,
breque mãos esquerda + direita grave............................... 137
Variação 73 (Barravento 5 toques (2 x 3) + repique grave,
final agudo mão direita 138
Variação 74 (Barravento 5 toques (2 x 3) + repique
com pausa (𝒪) mão esquerda, final mão direita grave).. 139
Variação 75 (Barravento 5 toques (2 x 3) + repique
todo grave) 140
Variação 76 (Barravento 5 toques (2 x 3) + repique
todo agudo) 141
Variação 77 (Barravento 5 toques (2 x 3) + (2 x1)
com pausa (𝒪) mão esquerda, final mão direita grave).. 142
Variação 78 (Barravento 5 toques (2 x 3)+ (3 x1) com
pausa (𝒪) mão esquerda, final mão direita grave)........... 143
Variação 79 (Barravento (3 x 5) com pausa mão
esquerda (𝒪) + repiqueque(𝒪) mão esquerda................. 144

Início das Músicas nas Versões do Barravento 145

Música 10 (A Pisada do Caboclo – Ogã Rafael Leonardo) ... 146

Música 11 (Iansã Abençoada – Domínio Público) 147

Música 12 (Vou Chamar Sr. Marabô – autor:
Ogã Fabio Passoni) 148

Música 13 (Bate Tambor - Baianos – autora: Yasmim
Cheia de Axé) 149

Música 14 (Caboclo da Mata Virgem
– Domínio Público) 150

Música 15 (Caboclo da Mata – Domínio Público).......... 151
Música 16 (Seu Águia Branca
– autor: Ogã Leonardo Rizzato)................................ 152
Versões do Angola 153
Explicação do Toque do Angola 154
Sequência do toque do Angola.. 155
Explicação do Encerramento do Toque do Angola.............. 156
Variação 80 (Angola com repiqueque,
o original é repique).. 157
Variação 81 (Pausa (𝄐), breque toque 6,
final sem repique) 158
Variação 82 (Som igual à variação 78, breque mão
esquerda início com mão direita.)......................... 159
Variação 83 (Pausa (𝄐), 7 toques, breque mão
direita/, toque 8, final sem repique)..................... 160
Variação 84 (Pausa (𝄐), 7toques + breque mão
esquerda/, toque 8, final sem repique)................. 161
Variação 85 (tak = ta(𝄐) ta c/pausa)
tak ta tak ta tak ta ta/ + repique grave).................... 162
Variação 86 (tak = ta(𝄐) ta c/pausa)
tak ta tak ta tak ta ta/ + repiqueque grave) 163
Explicação do Toque Buscão 164
Explicação do Toque do Samba de Cabula............................ 165
Explicação do Toque do Samba de Angola 166
Sequência do Toque do Samba de Angola............................ 167
Explicação do Toque do Tamboreano 168
Explicação do Toque do Evolução de Marcação.................... 169
Sequência do Toque do Evolução de Marcação.................... 170
Variação 87 (Evolução da Marcação com repiqueque) .. 171

Variação 88 (1ª parte: Evolução
+ 2ª parte: Samba de Cabula) 172

Variação 89 (1ª parte: do Evolução + só
os 3 toques finais do Samba de Cabula) 173

Variação 90 (1ª parte do Angola +
2ª parte do Buscão) 174

Variação 91 (1ª parte do Angola +
2ª parte do Congo de Ouro) 175

Variação 92 (1ª parte do Angola +
2ª parte do Congo de Nagô) 176

Variação 93 (1ª parte do Angola +
2ª parte do Congo de Caboclo Marcado) 177

Variação 94 (1ª parte do Samba de Cabula +
2ª parte do Congo de Ouro) 178

Variação 95 (1ª parte do Samba de Cabula +
2ª parte do Congo de Nagô) 179

Variação 96 (1ª parte Samba de Cabula +
2ª parte Congo Caboclo Marcado) 180

Variação 97 (1ª parte do Evolução +
2ª parte do Congo de Ouro) 181

Variação 98 (1ª parte do Evolução +
2ª parte do Congo Nagô) 182

Variação 99 (1ª parte do Evolução +
2ª Parte Congo de Caboclo Marcado) 183

Variação 100 (1ª parte do Angola
+ 2ª parte Tamboreano) 184

Variação 101 (1ª Parte do Samba de Cabula +
2ª Parte do Tamboreano) 185

Variação 102 (1ª parte do Evolução +
2ª parte do Tamboreano) 186

Variação 103 (1ª parte do Evolução +
2ª parte do By Tambor) 187

Variação 104 (1ª parte do Samba
de Cabula + 2ª Parte do By Tambor) 188
Variação 105 (1ª parte do Angola +
2ª parte do By Tambor).. 189
Início das Músicas nas Versões do Angola............................... 190
Música 17 (Canta Oxum – autor: Pai Sandro Luiz)...... 191
Música 18 (Me Chamo Tata Caveira
– autor: Ogã Fabio Passoni) 192
Música 19 (Galo Não Cantou – autor:
Ogã Fabio Passoni) 193
Música 20 (Senhor Meia Noite
– autor: Ogã Fabio Passoni) 193
Música 21 (Boiadeiro Gentileiro
– autor: Romeu Magalhães).. 194
Música 22 (Maria Mulambo – autor:
Guilherme Corrêa) 195
Versões do Congo de Ouro.. 196
Explicação do Toque do Congo de Ouro....................................... 197
Sequência do Toque Congo de Ouro 198
Encerramento do Toque Congo de Ouro....................................... 199
Variação 106 (Congo de Ouro
com breque toque 7 + repique).. 200
Variação 107 (Congo de Ouro
+ breque toque 7 + repiqueque)... 201
Variação 108 (1ª parte Congo
de Ouro + 2ª parte do Angola).. 202
Variação 109 (1ª parte Congo
de Ouro + 2ª Samba de Cabula).. 203
Variação 110 (1ª parte Congo
de Ouro + 2ª parte do Evolução) 204

Variação 111 (Versão A
(ta ta ta tum + 2ª parte Congo Nagô) 205
Variação 112 (Versão B
(breque mão esquerda agudo 2 vezes) 206
Variação 113 (Versão C (pausa(𝄑) mão esquerda
+ breque mão direita toque 6/) 207
Variação 114 (Versão igual à 110, porém mão
direita + breque na mão esquerda) 208
Variação 115 (Versão igual à 110 com 2 toques
a mais na 1ª parte do toque) 209
Variação 116 (Versão igual à 112, início mão
direita + breque mão esquerda) 210
Variação 117 (Igual à variação 82 –
tak ta tak ta tak ta ta/+ repique grave) 211
Variação 118 (Igual à variação 83 –
tak ta tak ta tak ta ta/+ repiqueque grave) 212
Variação 119 (1ª parte do Congo
de Ouro + By Tambor) 213
Variação 120 (1ª do Congo de Ouro
+ 2ª do Tamboreano) 214
Explicação do Toque do Arrebate
de Congo, versão A 215
Explicação do Toque do Arrebate
de Congo, versão B 216
Variação 121 (Arrebate de Congo + repique) 217
Variação 122 (Arrebate de Congo + repiqueque) 218
Explicação do Congo Nagô 219
Explicação do Congo de Caboclo 220
Explicação do Congo de Caboclo Marcado 221
Início das Músicas nas Versões do Congo 222

Música 23 (Estrela Matutina – Oxum
– autor: Pai José Valdivino) 223

Música 24 (Caboclo Pena Branca
– autor: Josimar de Oxóssi) 224

Música 25 (Na Língua de Zé da Boiada) –
autor: Ogã Jacy e Ogã Rafael – T.U.C. Oxóssi
Guerreiro e Mamãe Oxum/Jacuti Dourado) 225

Música 26 (O Levantar da Oxum
– autor: Pai José Valdivino) 226

Música 27 (Ogum de Lei – autor:
Pai José Valdivino) 227

Música 28 (Xangô, Estão Queimando Velas – autor:
Sandro Bernardes) 228

Música 29 (Hoje Sonhei com Ogum – autor:
Sandro Bernardo) 229

Música 30 (Ela é Oyá – autor: Pai Sandro Luiz) 230

Bibliografia 231

Apresentação

Quando pensei em escrever este livro, com estas variações de toques, não tive a pretensão de ser o dono da verdade, até porque os toques já existem há muito tempo.

No início não pensei em colocar pontos cantados, mas depois de um certo tempo de trabalho, senti que teria de incluir alguns pontos, não muitos, mas teríamos alguns pontos para ilustrar os toques aqui inseridos.

Aí colocamos pontos de autores já conhecidos, porém com pouca divulgação na mídia escrita.

Tivemos a calma e a vontade de colocar didaticamente e de forma explicativa, com riqueza de detalhes, os toques que ensinamos em nossos cursos e que gostaríamos que outras pessoas que não têm acesso ao nosso curso também tivessem a chance de aprender.

Com estas informações, seguindo as orientações de pausas, breques e sinais, qualquer pessoa pode ter acesso e fazer um bom toque, com calma, sem desespero.

O que muitos Ogãs esquecem é que estão tocando um instrumento musical e cantando uma música; então há regras a seguir, é preciso respeitar tempo, andamento, e procurar ser afinado, coisa que muitos esquecem.

Ao cantar não podemos esquecer que alguém estará ouvindo ou irá ouvir, então não devemos agredir os ouvidos dos outros.

Eu já ouvi pessoas dizerem: "canto para os Orixás, não me preocupo com issoS. Então digo que os Orixás veem o seu coração, os guias veem as suas cores e vibrações emanadas, e não a sua afinação, porém tenho certeza de que se você procurar aprender também estas informações, os Orixás, guias e irmãos ficarão contentes com o seu canto e toque.

Vejo com muita frequência que, quando existe um grupo de Ogãs tocando, há uma disputa entre eles para ver quem vai tocar mais alto, se sobressair em relação aos parceiros, e esquecem que na maioria das vezes os Ogãs estão tocando para alguém cantar, e aí é que a coisa pega.

Temos de tocar em acompanhamento a essa pessoa que está cantando, então não podemos esquecer disso. Precisamos respeitar a forma, a velocidade e ginga que a pessoa está fazendo ao cantar, e não podemos sair tocando igual a um louco, como vimos em diversas apresentações, festivais e giras.

Tem também aquela máxima: "Eu sou Ogã, aprendi na raça", kkkkk, gostaria de saber como é aprender na raça, pois para que possamos aprender alguém tem de nos passar. Alguém deve ter feito e você tentado copiar, precisou ver um vídeo, então alguém já fez antes de você. Mas quando isso acontece, geralmente não estaremos fazendo como deveria. Depois que você já domina tempo e melodia, começa a criar, é diferente.

Quem tem escola de curimba, geralmente ouve que o Ogã não precisa de escola, pois o Ogã já nasce feito, etc. SIMMMMMMM, Ogã já nasce feito, como também o diamante já nasce, e é compactado pela natureza, porém sem ser trabalhado, burilado, retificado, ensinado, treinado, ele será sempre uma joia bruta, com pouco valor, pois não tem o conhecimento que precisa para ser considerado uma joia de grande valor.

E você, meu irmão Ogã, atabaqueiro, atabaqueira, ou outros nomes usados, você é um filho de Orixá, com dom especial, é diferente dos demais filhos e filhas de Orixá. Você precisa de conhecimento em todas as áreas, não só no canto e toque; não que os outros filhos não precisem aprender, longe disso, precisam e muito, mas você é o braço direito do dirigente, você é o filho que o Orixá ou guia da sua casa escolheu para movimentar, alterar, aumentar as emanações energéticas na gira da sua casa.

Se não fosse assim, bastaria colocar uma um CD ou MP3 rodando e pronto, mas nós sabemos que na gira não é assim; sem o comando energético, sem a interação com a parte espiritual, o andamento da gira é diferente.

Você, Ogã, é um filho distinto, é o elemento que a espiritualidade escolheu para fazer a comunicação, a ligação entre o espiritual e o material, na forma de canto, toque e decisões, dentro de uma casa espiritual.

Meus respeitos à cora de todos os Ogãs.

Sou Severino Sena
Ogã, mestre de curimba, mago, maçom e ávido por conhecimento

AGRADECIMENTOS

Gostaria de começar agradecendo a Deus, sua lei maior, sua justiça divina, o nosso G.A.D.U. (Grande Arquiteto do Universo), aos nossos amados Orixás, guias, mentores, guardiões e, principalmente, ao meu Pai Oxóssi, por fazer de mim instrumento de sua vontade. Que eu seja sempre um multiplicador segundo a sua vontade, para aqueles que têm o entendimento para compreender as mensagens e também para os que ainda não conseguiram; para estes, tenham certeza, vou continuar tentando.

Agradeço à minha família, Cida, Maysa, Bruno; ao filho que ganhei na caminhada, Fabio Passoni; minha mãinha e meu pai Caximbinho, que quando comecei não entendiam muito o que eu estava fazendo, porém sempre me apoiaram. Cida e Maysa, sempre estivemos juntos, desde os primeiros passos. Muitas coisas aprendemos juntos, ficavam fazendo perguntas para que eu não esquecesse das respostas certas; minha cunhada Izolina, amigos. Aos dirigentes espirituais, aos quais estive sob o comando desde o início e sempre dividiram comigo as alegrias e tristezas da jornada.

A todos os companheiros de curso, desde a Umbanda e Ecologia, minha raiz, a quem devo muuuito. Depois aos alunos e mais adiante aos instrutores, que muito me ajudaram nos cursos e com quem aprendi e aprendo muito.

Hoje sou Mestre, mas não existe Mestre sem primeiro ser discípulo, e depois ter discípulos para orientá-los e ajudá-los na caminhada; espero estar fazendo um bom trabalho.

Agradeço imensamente a Paula da Gama, Engels de Xangô, Marcus, Silvia, Paulinho, Igor Brussokas, Silmara Gomes, Maurício Bertolacini, Marcela Faustino, Léo Rizzato, Hamilton Soares, Rafael Leonardo, Monica Lopes, Ana de Paula, Juliana Souza, Romeu Magalhaes, Marcos Fernandes, Sueli Mignon, Diogo Mignon, Jonnathan Barros, Guilherme Maia Alves, Marcio Moriyam, Isabel Moraes e muitos alunos próximos que sempre estão conosco nos eventos, centenas já formados e milhares que já passaram por nosso curso e já trilharam suas caminhadas.

Cada um deles deixou em mim uma marca, e a somatória desses encontros resultaram nesta obra, que estamos colocando para a apreciação de todos.

Agradecido e meu respeito a todos.

Severino Sena

Prefácio

Nosso grande Mestre Severino Sena nos presenteia com mais um magnífico livro musical.

Isso mesmo, um livro musical!

Só quem tem conhecimento, experiência, sensibilidade, amor e dom pode traduzir, por meio da escrita de um livro, toda sonoridade musical na sua mais sagrada essência, tradição e raiz das músicas cantadas dentro e fora dos nossos terreiros de Umbanda.

Neste livro, você irá aprender a cantar as músicas ou pontos raízes da mesma maneira que seus compositores os fizeram desde a sua criação. Isso significa que a mesma energia de uma música ou ponto raiz, cantado anos atrás, você poderá trazer para o presente assim que começar a estudar e aprender a cantar na sua essência, no decorrer das páginas deste livro.

Além do canto, esta magnífica obra disponibiliza a você versões de toques para harmonizar lindamente sua reza cantada e tocada.

Uma oportunidade única, oferecida pelo nosso grande Mestre aos amantes dos toques, e o mais interessante é que esse conhecimento oferecido tem uma base forte, um estudo e uma prática de muitos anos, para, enfim, poder levar àqueles que buscam um conhecimento concretizado.

Depois deste livro, tenho certeza de que as Casas de Axé jamais serão as mesmas, e os grandes amantes dos toques também não serão os mesmos.

Agradeço imensamente ao Mestre Severino Sena, que elaborou esta obra para embasar o conhecimento dos nossos queridos irmãos, Pais, amigos e amantes dos toques. Este livro foi esperado por muitos anos por todos, e estou feliz em saber que foi por meio de sua bagagem que ganhamos um presente em nosso meio.

Do seu aluno, amigo e irmão,

Sandro Luiz

Composição dos Atabaques no Terreiro

O conjunto de atabaques no terreiro é em "trio", conjunto este também utilizado no culto de algumas Nações, com a denominação de RHUM, RUMPI e LE ou RHUM, RUMPI e MI. No culto de nação, cada atabaque tem um toque diferente, uma obrigação distinta. Na Umbanda, não utilizamos esse ritual, até porque no culto de nação são utilizadas as varinhas de Aguidavi ou outros nomes que queiram usar. Na Umbanda, só usamos as mãos diretamente no couro.

Na Umbanda, trabalhamos usando o grave (rhum), o médio (rumpi) e o agudo (lê). No atabaque grave, deve tocar o Ogã responsável pelos trabalhos, neste caso o melhor Ogã da casa, o mais responsável, o que conhece melhor o ritual, os pontos, toques, procedimentos do terreiro e que melhor movimenta a energia cantando e tocando.

Dentro da hierarquia segue esse mesmo procedimento para o Ogã do rumpi e o Ogã do lê. Como são instrumentos com sons diferentes, cabe a cada Ogã respeitar o instrumento que está tocando no momento. Se estiver no grave, usar contratempos de grave; se estiver no agudo, usar contratempo de agudo; se estiver no médio, sustentar o toque e dentro do tempo fazer um ou outro contratempo.

Esse procedimento é utilizado nas casas que usam o sistema de trio. Existe casa que tem os três atabaques, mas não é um conjunto; cada um toca o que o Ogã sabe tocar. Nessas casas normalmente se usam três atabaques do mesmo tamanho.

Quando usamos mais que três atabaques, por exemplo, cinco: devemos respeitar a sequência Lê Rumpi Rhum Rumpi Lê como na representação seguinte. Ao lado do Rhum, sempre um Rumpi e, ao lado do Rumpi, sempre o Lê.

Composição dos Atabaques no Terreiro

A composição para cinco é: LÊ - RUMPI - RHUM - RUMPI - LÊ

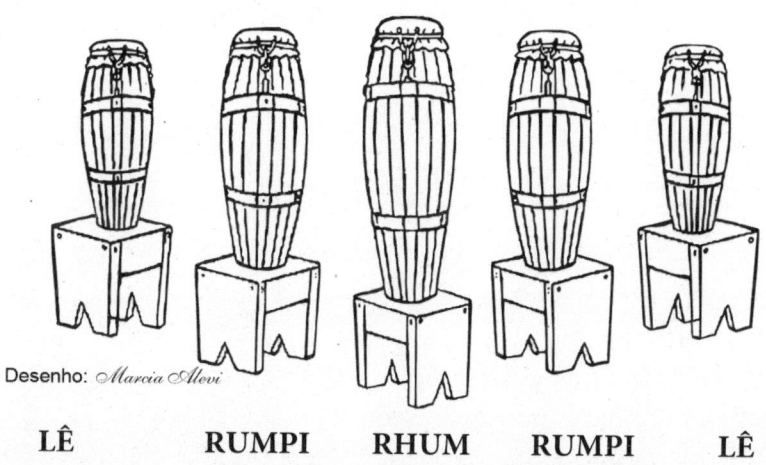

   LÊ   RUMPI   RHUM   RUMPI   LÊ

A composição indicada para três é: RHUM - RUMPI - LÊ
"Para este caso, o RHUM deve ficar próximo ao Congá.

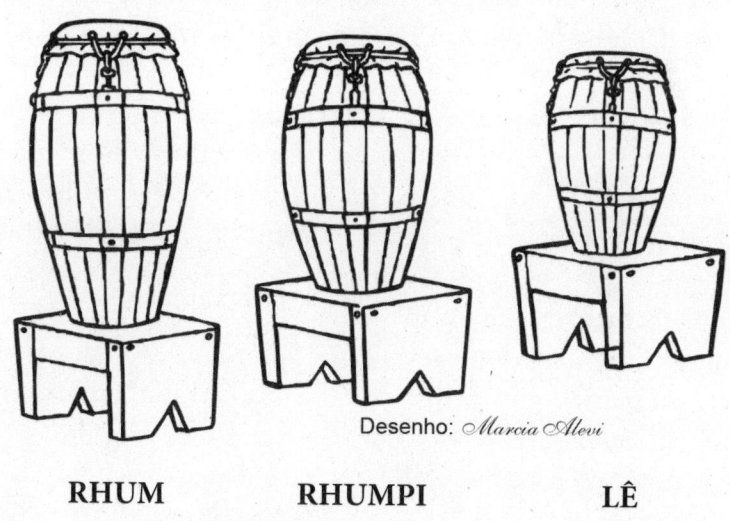

  RHUM   RHUMPI   LÊ

Posturas

Devemos observar sempre nossa posição e postura perante os atabaques, pois em nossa religião eles são instrumentos sagrados; são, com os pontos cantados, o elo entre o mundo material e o espiritual, por isso devemos tratá-los com todo o respeito.

Ao terminar de tocar o ponto, não podemos debruçar nem descansar sobre o atabaque, pois sendo ele sagrado, como consideramos as imagens, guias e outras peças de nosso congá, se o fizermos, estaremos desrespeitando um instrumento de função sagrada para a nossa religião.

A medida ideal para se tocar o atabaque é que o couro fique entre a altura do umbigo e o cotovelo, pois assim não estaremos com os braços pendurados, o que causa dores musculares, nem muito baixo para não tocarmos arqueados e sairmos falando que o trabalho foi tão pesado que estamos até com dores nas costas. Nesse caso, foi o Ogã que tocou errado mesmo!.

Se o Ogã estiver tocando com os dedos enrolados no esparadrapo, também é sinal de que está tocando errado, indica que está tocando na madeira, no ferro e não no couro.

A distância é fundamental para se obter um bom toque. Mantendo um palmo aberto terá um bom espaço e mobilidade para um bom toque. Devemos ainda ter uma boa altura das mãos, também de aproximadamente um palmo de altura.

Para tocar atabaque basta se posicionar corretamente, porque assim você passará a tocar atabaque, e "não bater atabaque".

Aquele Ogã que termina o trabalho machucado, com dores nas mãos, nos braços e "muito cansado", é sinal de que não tem boa postura de toque e, com certeza, ele não está tocando, e sim batendo atabaque, pois não precisamos ter força para tocar, e sim saber tocar com jeito e leveza.

Observando-se todos os detalhes anteriores, praticando um bom toque, cantando o ponto dentro da melodia, com certeza o Ogã movimentará uma energia boa dentro do terreiro.

Explicações de Sinais

A partir deste momento, passaremos a tratar as definições de toques e, a cada finalização dos toques, teremos uma sequência de pontos da linha.

Como a grande maioria dos praticantes da Umbanda e de nosso curso toca porque precisa e não tem conhecimento musical, com suas cifras, partituras, etc., desenvolvemos um método prático para conciliar os leigos e os que já possuem esse conhecimento musical.

Todos os pontos que teremos após cada sequência de toques estão codificados com caracteres que facilitam o entendimento.

Para melhor trabalharmos as melodias ou pausas, altos e baixos dos pontos, devemos respeitar o toque indicado e as informações dos caracteres, pois irão facilitar a forma de cantar.

1 - → Ao cantar um ponto com esse símbolo na frente, significa que o tom a ser cantado é moderado, ou seja, na sua voz natural, sem subir ou descer a nota musical.

2 - ↗ Ao cantar um ponto com esse símbolo na frente, significa que o tom a ser cantado é um pouco mais alto que o normal, ou seja, devemos subir a nota musical, procurar uma nota mais aguda.

3 - ↘ Ao cantar um ponto com esse símbolo na frente, significa que o tom a ser cantado é um pouco mais baixo que o normal, ou seja, devemos procurar o tom grave.

4 – ↑ Ao cantar um ponto com esse símbolo na frente, significa que o tom a ser cantado é bem alto, subir bruscamente a nota musical.

5 – ↓ Ao cantar um ponto com esse símbolo na frente, significa que o tom a ser cantado é bem baixo, tom grave.

6 – ↙ Ao cantar um ponto com esse símbolo da frente, significa que o tom a ser cantado é baixo, grave, como se estivéssemos voltado a palavra com o som fechado.

7 – **sai** Ao cantar um ponto que exista alguma palavra grifada, significa que devemos sustentar a nota musical, arrastar a palavra mais um pouco, respeitando o tempo musical.

8 –/– Ao cantar um ponto com esse símbolo após a palavra, significa que tem uma pausa ou um breque no ponto e que devemos respeitar.

9 – ∩ Ao praticar um toque com esse sinal (**CESURA**), significa que o toque tem uma pausa de meio tempo, concheia, diferente da pausa anterior que pode ser de um tempo inteiro ou mais que um.

10 – ✓ Ao cantar um ponto com esse símbolo no final da palavra ou no final da linha, significa que nesse momento devemos respirar no ponto, para que tenhamos calma para falar e tempo para respirar.

11 – ( ) Ao cantar um ponto em que existe uma palavra ou sílaba entre parêntese, significa que neste momento deve ser iniciado o toque a ser praticado, é o momento (1) do toque.

12 – ⌣ Este sinal se chama ELISÃO, é quando emendamos duas letras ou palavras para dar o som de uma terceira letra. (Ex: vida assim, na leitura fica: vidasim)

13 – Em todas as músicas teremos um Código QR, para você acessar o YouTube e ver o autor ou grupo cantando.

VERSÕES DO IJEXÁ

Este é o Ijexá, também conhecido como o toque da Orixá Oxum, mas na Umbanda ele é tocado para todos os Orixás, sempre com os quatro dedos. É um toque que, para sua beleza, precisamos definir bem os sons graves e agudos, principalmente o toque (3). Não devemos tocar nenhuma posição com mais força que a outra, porém no toque (3) existe uma pausa, como se estivéssemos arrastando o som do (3). Ex: TA, TA, TUMM, TA.

Ijexá

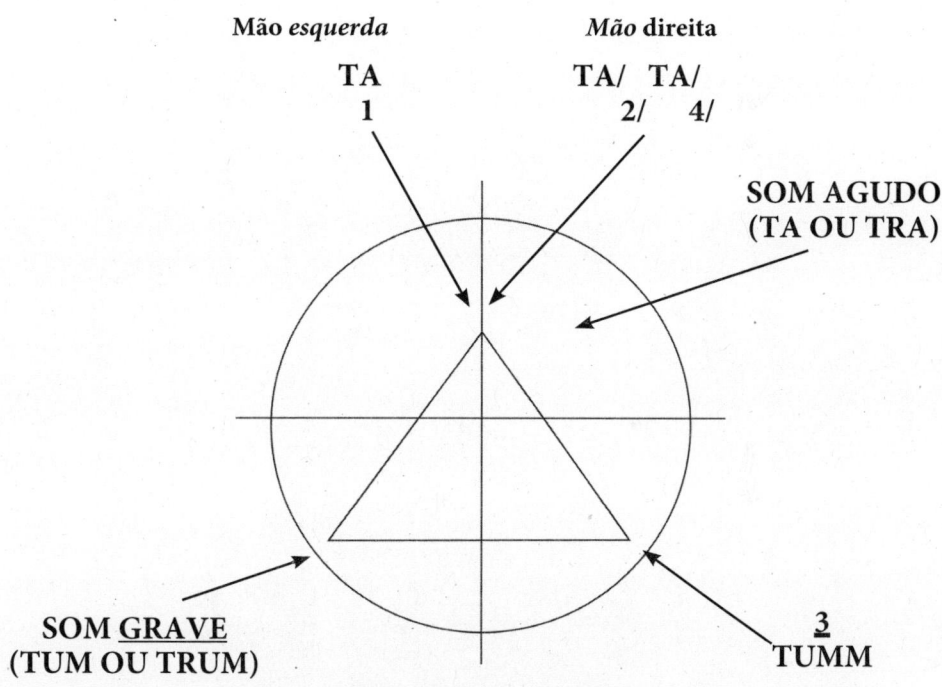

Falando, fica assim:
TA TA breque TUMM TA breque

Sinal (/): essa barra significa que, ao tocar, você deve fazer um breque seco.
Sinal (⌒): essa pausa de meio significa que você deve subir e descer a mesma mão suavemente, como se estivesse passando por uma lombada.

ENCERRAMENTO DO TOQUE

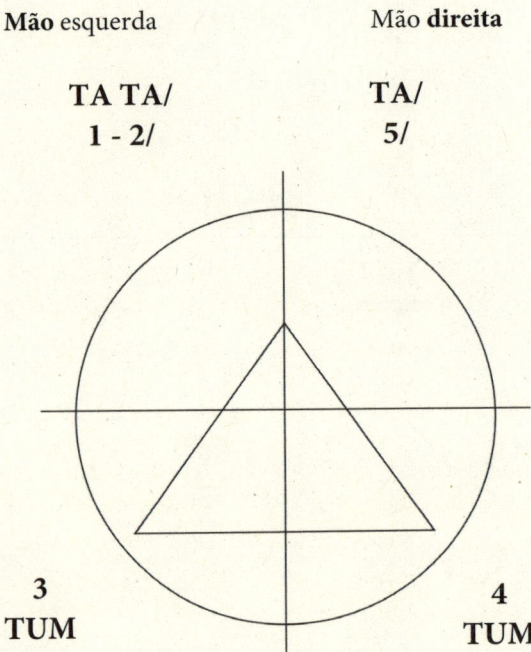

Falando, fica assim:
TA TA breque TUM TUM TA breque

REPIQUES

O repique faz parte de todos os toques; serve para embelezar, gingar, contratempar os toques. Em alguns toques ele faz parte, em outros ele entra como alternativa de uso.

A quantidade de repiques depende do toque praticado; alguns são duas vezes, outros três, outros cinco, etc., e depende também do local no toque que você vai iniciar o repique.

A regra é: se o toque praticado tiver um total de números pares (exemplo 2, 4, 8...), e você for repicar no final do toque, a quantidade também será par. Se for repicar no meio do toque, a quantidade será ímpar, pois se repicar em quantidade de vezes diferente, o retorno ao toque estará fora do tempo e terá de ser completado com pausa, breque ou outro contratempo.

Existe um padrão para tocá-lo, NÃO É CRIAÇÃO NOSSA, mas aceitamos como padrão, e a explicação acima você só terá em nossa escola ou nas escolas de instrutores formados por nós.

O padrão é:

RE: usar as duas mãos, uma levemente mais baixa que a outra.
PI: usar a mão esquerda.
QUE: usar a mão direita.

Por que essa ordem? Os toques normalmente são direcionados aos destros e, na maioria das vezes, o último toque, do último repique (que), já será o primeiro do toque que estivermos praticando. Para alguns contratempos essa regra não se aplica.

Se você é canhoto, **IVERTA A SEQUÊNCIA**: duas mãos, mão direita, terminando com a mão esquerda.

Voltando à explicação inicial, grave e agudo, o som **TUM** ou **TRUM** é grave e o som **TA** ou **TRA** é agudo.

Exemplo do repique:

RE: 2 MÃOS	PI: MÃO ESQUERDA	QUE: MÃO DIREITA
1 - TRUM TUM TUM	2 - TRUM TUM TA	3 - TRUM TA TUM
4 - TRUM TA TA	5 - TRA TA TA	6 - TRA TA TUM
7 - TRA TUM TUM	8 - TRA TUM TA	

Com a numeração acima você vai alternando (1+2+4) (5+1+6), dependendo do toque, local no toque e quantidade de vezes praticado.

DEMONSTRAÇÃO DE REPIQUE PARA O DESTRO
VERSÃO 1

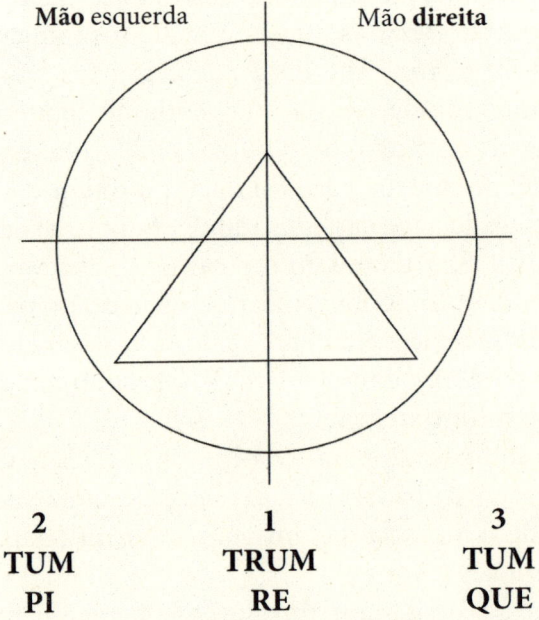

VERSÃO 2 PARA CANHOTO

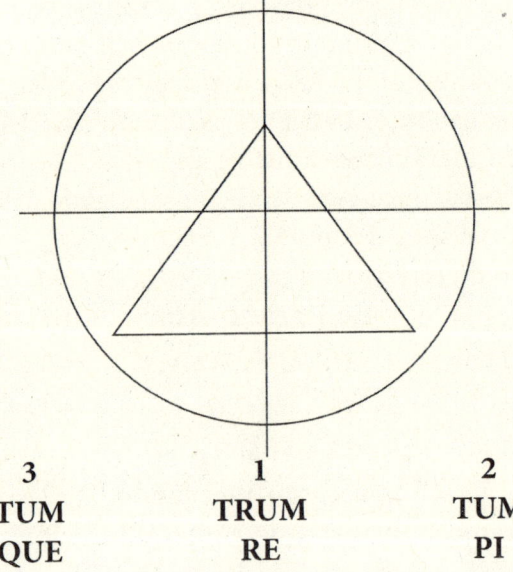

REPIQUEQUE

O repiqueque segue a mesma regra do repique.

A quantidade de repiqueque depende do toque praticado; alguns são duas vezes, outros são três, outros são cinco, etc., e depende também do local no toque em que você vai iniciar o repiqueque.

A regra é:

Se o toque praticado tiver um total de números pares (exemplo 2, 4, 8...) e você for repicar no final do toque, a quantidade também será par. Se for repicar no meio do toque, a quantidade será ímpar, pois se repicar em quantidade de vezes diferente, o retorno ao toque estará fora do tempo e terá de ser completado com pausa, breque ou outro contratempo.

Existe um padrão para tocá-lo, repito, NÃO É CRIAÇÃO NOSSA, mas aceitamos como padrão, pois a divisão musical é simplesmente matemática.

O padrão é:

RE: usar as duas mãos, uma levemente mais baixa que a outra.
PI: usar a mão direita.
QUE: usar a mão esquerda.
QUE: usar a mão direita.

Por que essa ordem? Os toques normalmente são direcionados aos destros, e na maioria das vezes, o último toque, do último repiqueque (que), já será o primeiro do toque que estivermos praticando. Para alguns contratempos essa regra não se aplica.

Se você é canhoto, **IVERTA A SEQUÊNCIA**: duas mãos, mão esquerda, mão direita, terminando com a mão esquerda.

Voltando à explicação inicial, grave e agudo, o som **TUM** ou **TRUM** é grave e o som **TA** ou **TRA** é agudo.

Exemplo do repiqueque:

RE: 2 MÃOS   PI: MÃO DIREITA   QUE: MÃO ESQUERDA   QUE: MÃO DIREITA

1 - TRUM TUM TUM TUM   -   2 - TRUM TUM TUM TA   -   3 - TRUM TUM TA TUM
4 - TRUM TUM TA TA   -   5 - TRA TA TA TA   -   6 - TRA TUM TA TUM
7 - TRA TA TUM TUM   -   8 - TRA TA TA TUM   E muito mais

Com a numeração acima você vai alternando (1 + 4 + 8) (7 + 8 + 1), dependendo do toque, local no toque e quantidade de vezes praticado.

DEMONSTRAÇÃO DE REPIQUEQUE PARA O DESTRO
VERSÃO 01 PAGINA ANTERIOR

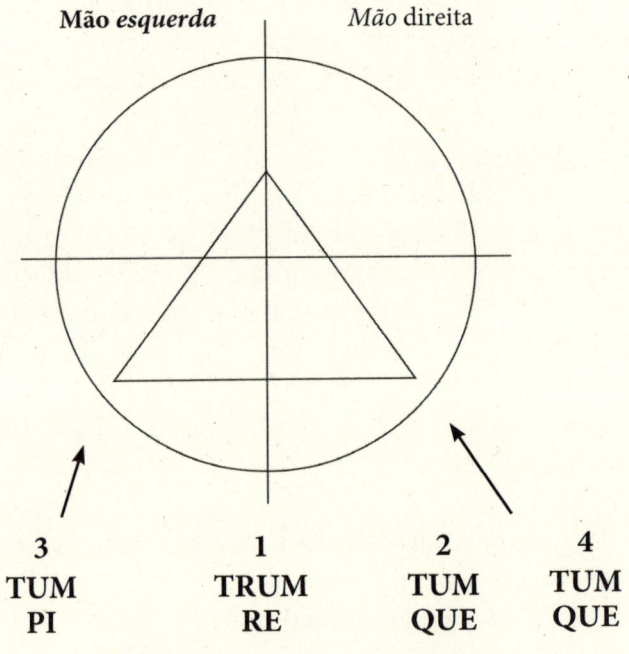

VERSÃO 2 PARA CANHOTO

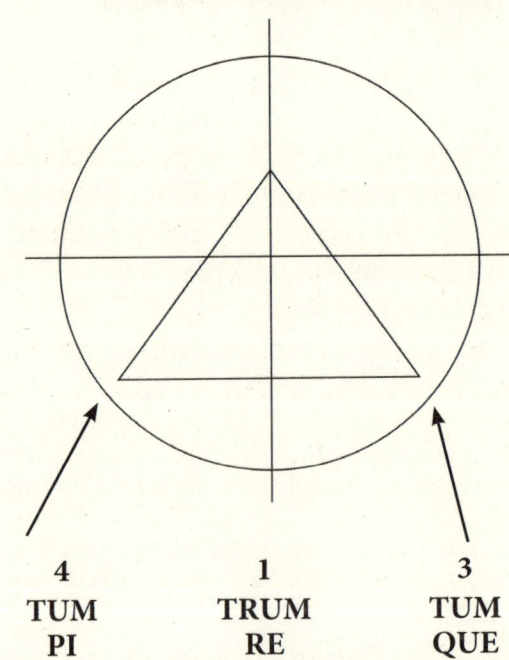

VARIAÇÃO 1
IJEXÁ COM REPIQUES

NESTE CASO, COM O REPIQUE COMEÇANDO APÓS O TOQUE 3 OU 7.

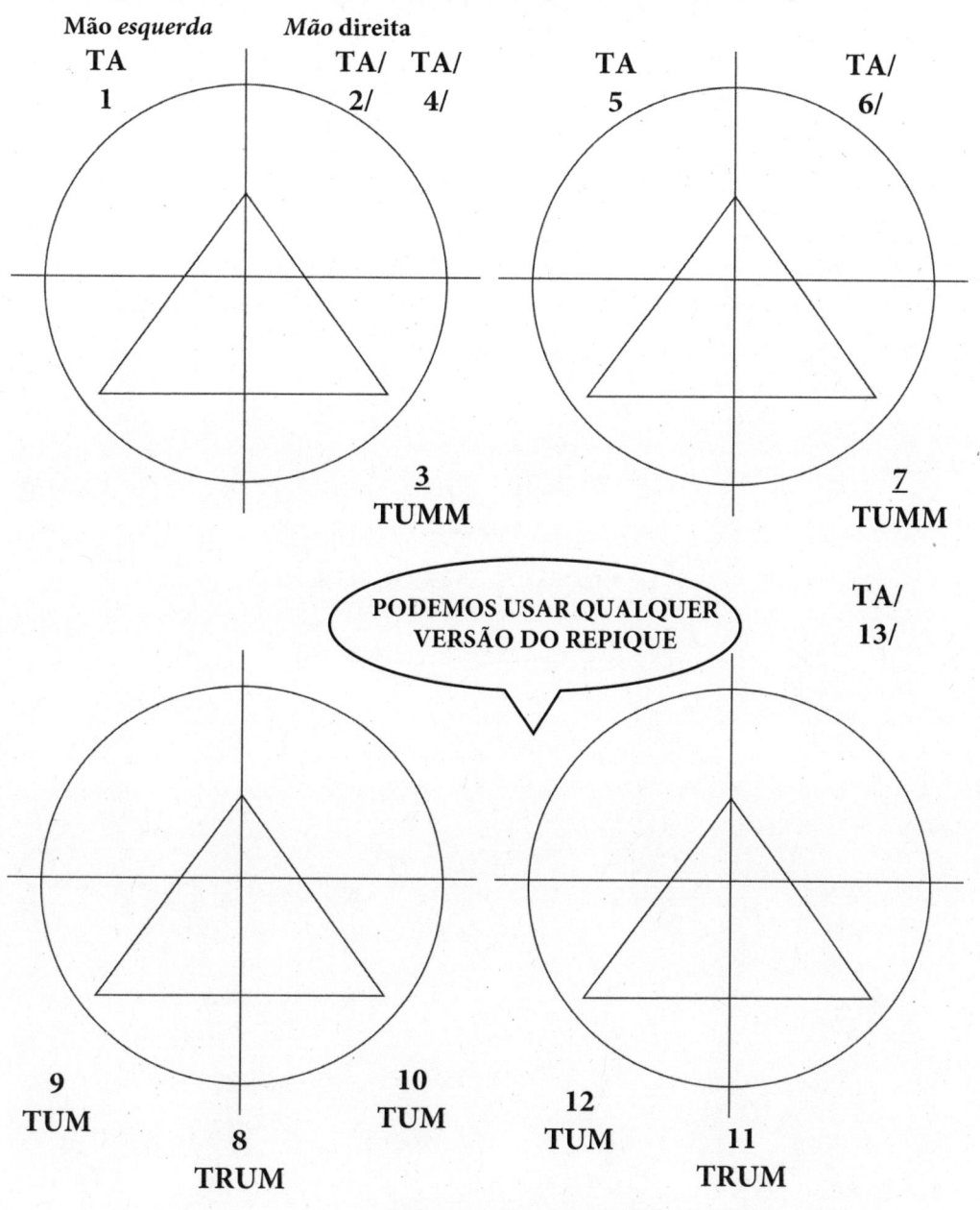

Mão *esquerda*   Mão direita
TA   TA/ TA/   TA   TA/
1   2/   4/   5   6/

                3   7
              TUMM   TUMM

        PODEMOS USAR QUALQUER   TA/
         VERSÃO DO REPIQUE   13/

9   10   12
TUM   TUM   TUM
      8   11
     TRUM   TRUM

FALANDO, FICA ASSIM:
TA TA/TUM TA/TA TA/TUMM TRUM TUM TUM TRUM TUM TA/

VARIAÇÃO 2
IJEXÁ COM REPIQUEQUE
NESTE CASO, COM O REPIQUEQUE COMEÇANDO APÓS O TOQUE 3 OU 7.

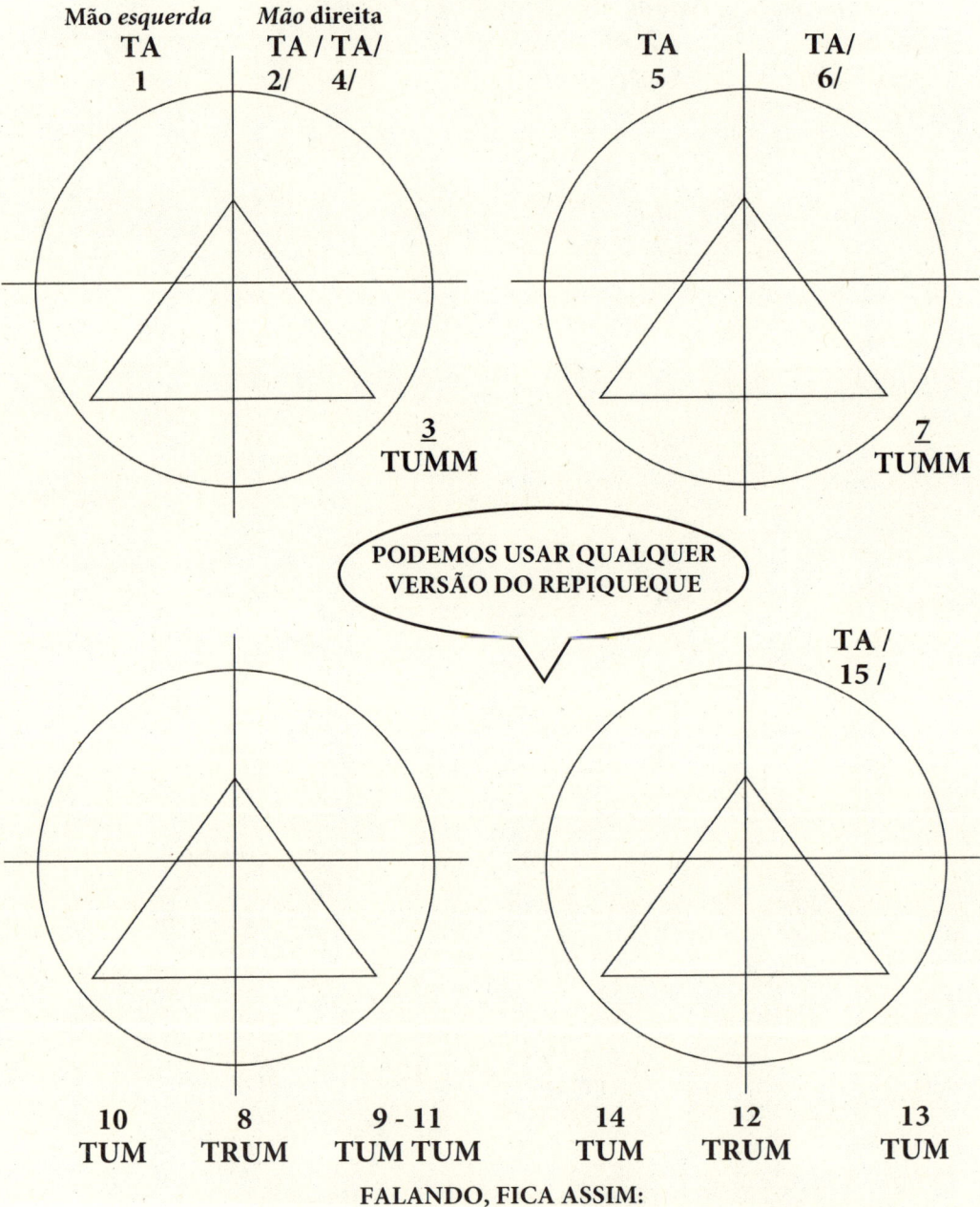

Mão *esquerda* Mão *direita*
TA   TA / TA/   TA   TA/
1   2/   4/   5   6/

<u>3</u>   <u>7</u>
TUMM   TUMM

PODEMOS USAR QUALQUER VERSÃO DO REPIQUEQUE

TA /
15 /

10   8   9 - 11   14   12   13
TUM   TRUM TUM TUM   TUM   TRUM   TUM

FALANDO, FICA ASSIM:
TA TA/TUM TA/TA TA/ TUMM TRUM TUM TUM TUM
TRUM TUM TUM TA/

VARIAÇÃO 3
IJEXÁ COM REPIQUE + REPIQUEQUE
NESTE CASO, COM O REPIQUE COMEÇANDO APÓS O TOQUE 3 OU 7.
PODEMOS TAMBÉM INVERTER, REPIQUEQUE + REPIQUE

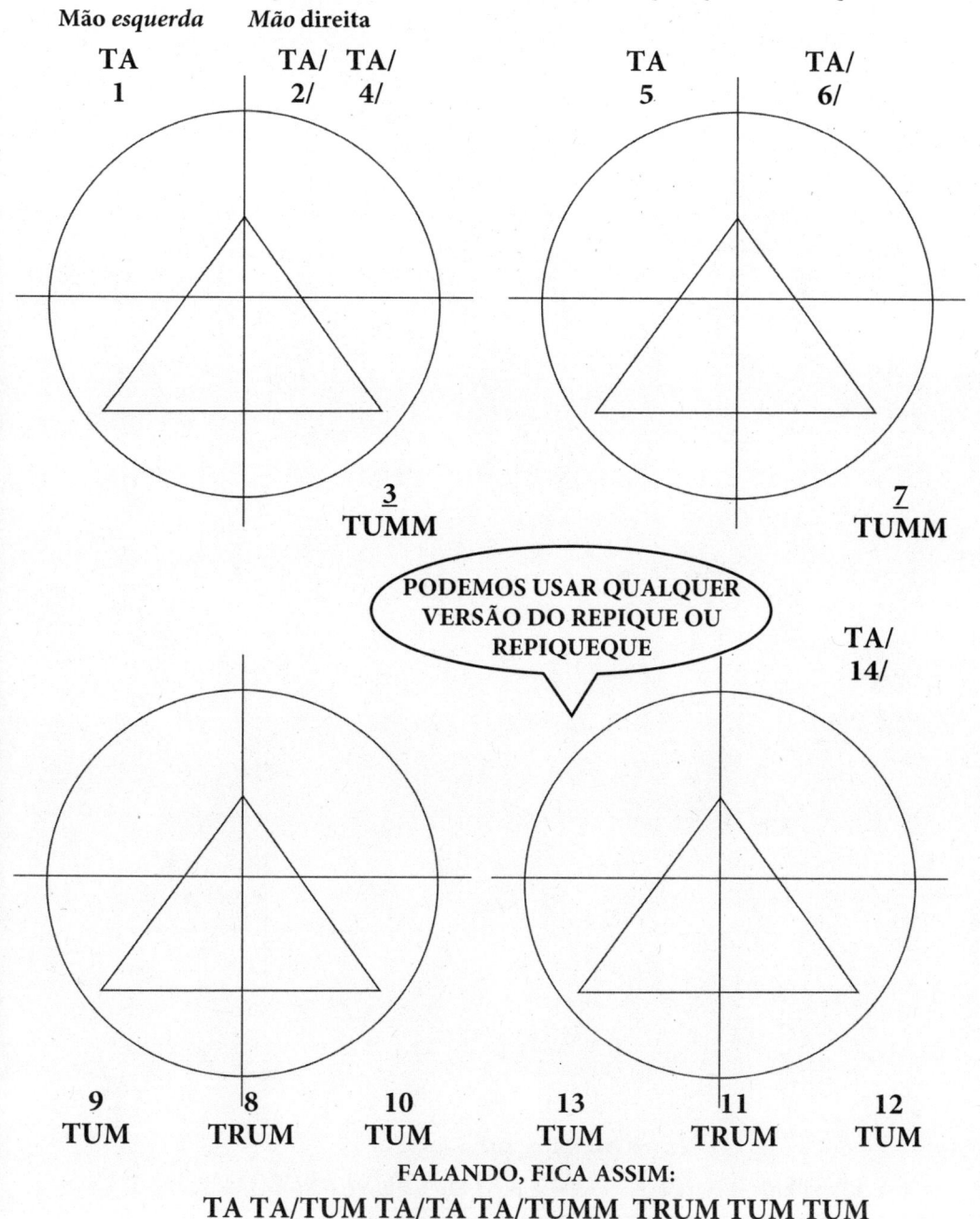

Mão *esquerda*   Mão *direita*

TA 1   TA/ 2/   TA/ 4/   TA 5   TA/ 6/

3 TUMM   7 TUMM

PODEMOS USAR QUALQUER VERSÃO DO REPIQUE OU REPIQUEQUE

TA/ 14/

9 TUM   8 TRUM   10 TUM   13 TUM   11 TRUM   12 TUM

FALANDO, FICA ASSIM:
TA TA/TUM TA/TA TA/TUMM TRUM TUM TUM
TRUM TUM TUM TA/

VARIAÇÃO 4
BASE + CONTRATEMPO 5 (3 X TUM TUM TA)

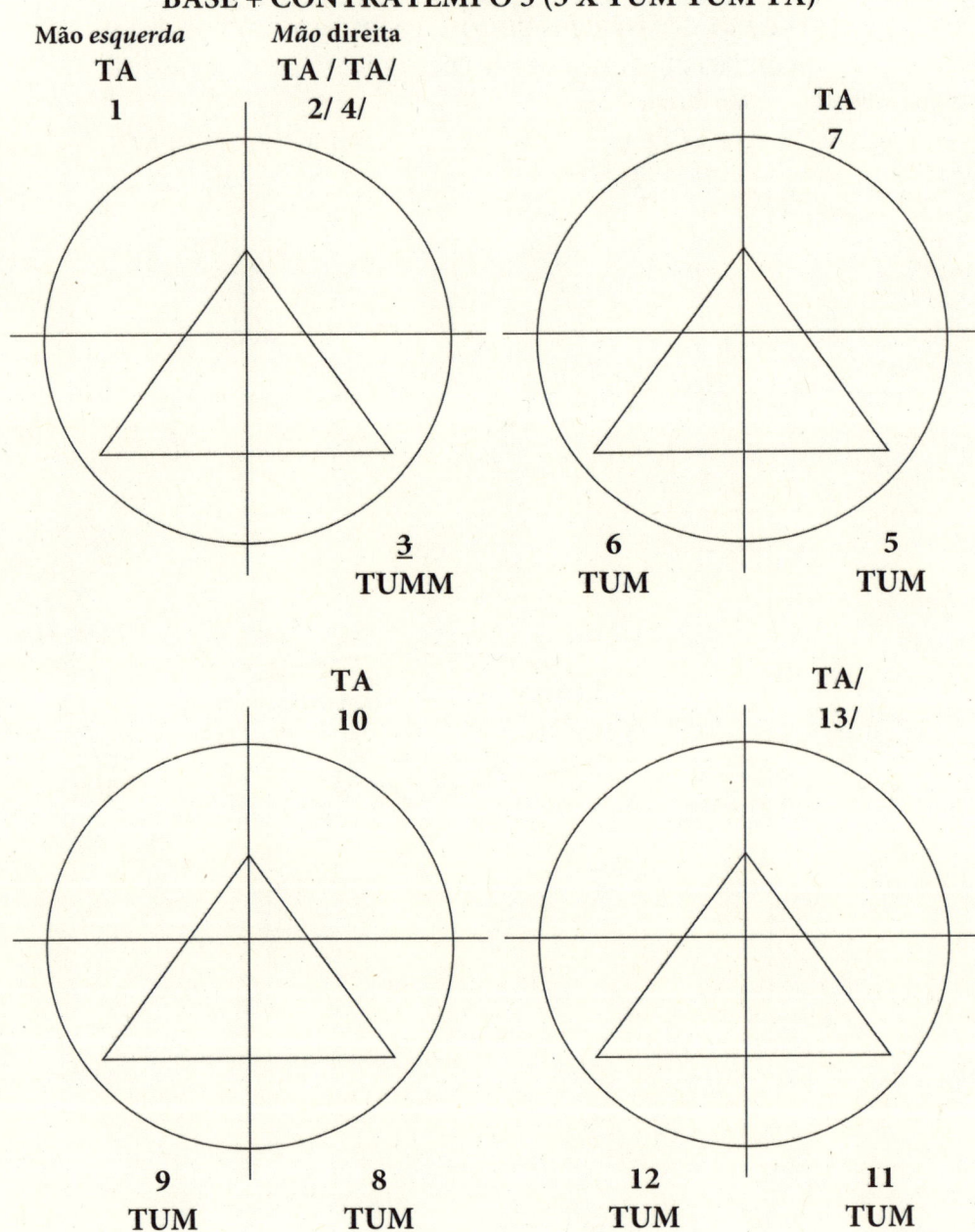

Mão *esquerda*   Mão direita

TA   TA / TA/
1   2/ 4/

                                 TA
                                 7

3   6   5
TUMM   TUM   TUM

TA   TA/
10   13/

9   8   12   11
TUM   TUM   TUM   TUM

FALANDO, FICA ASSIM:
TA TA/ TUM TA/ TUM TUM TA/ TUM TUM TA/ TUM TUM TA/

VARIAÇÃO 5
BASE DO IJEXÁ MAIS CONTRATEMPO 1
(TATATATA TUMTUMTUMTUM)

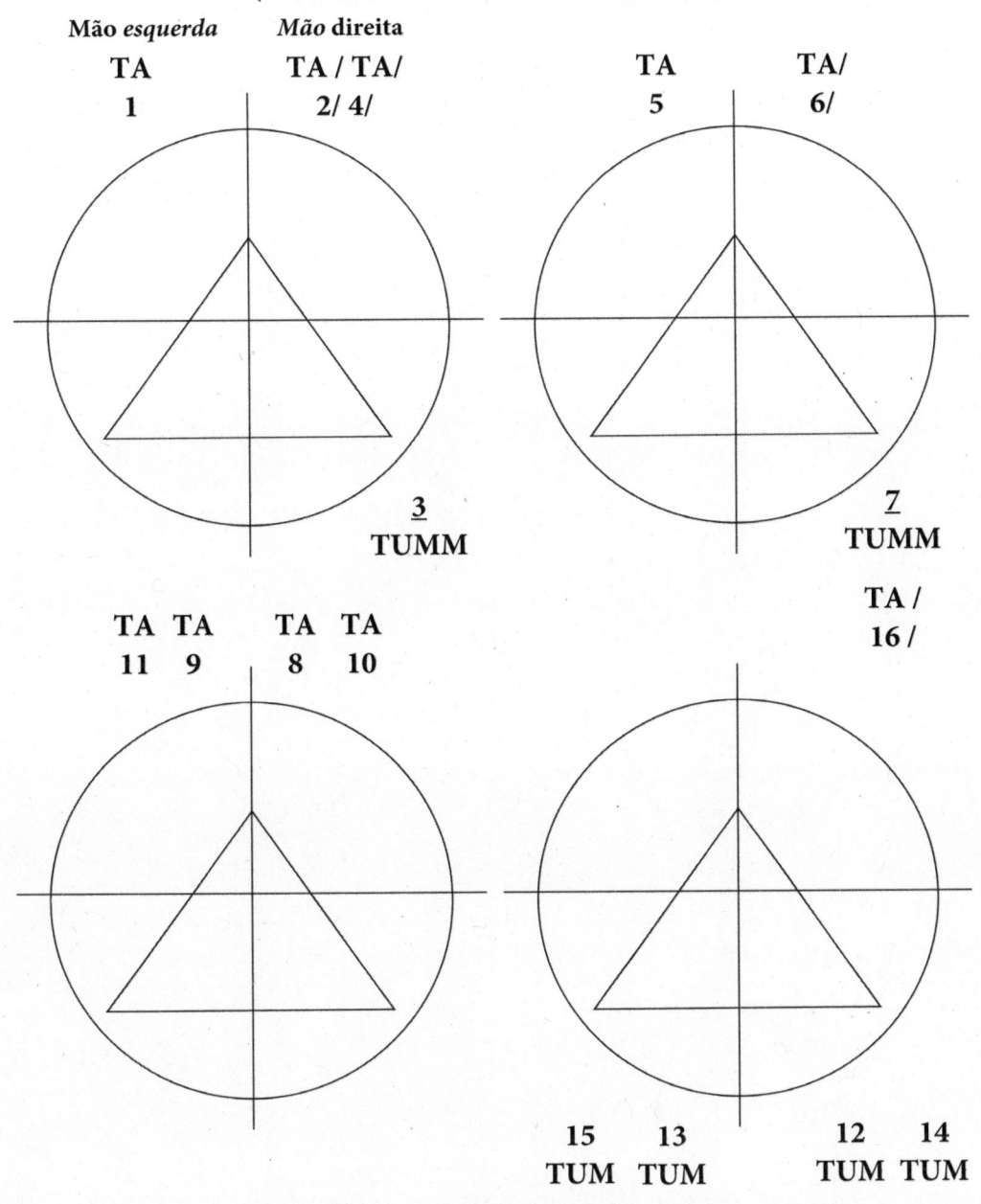

Mão *esquerda*   *Mão* direita

TA   TA / TA/   TA   TA/
1   2/ 4/   5   6/

<u>3</u>   <u>7</u>
TUMM   TUMM

TA TA   TA TA   TA /
11   9   8   10   16 /

15   13   12   14
TUM TUM   TUM TUM

FALANDO FICA ASSIM
TA TA/ TUM TA/ TA TA/ TUMM TA TA TA TA TUM TUM
TUM TUM TA/

VARIAÇÃO 6
BASE DO IJEXÁ MAIS A VARIAÇÃO DO CONTRATEMPO 2
(TAK TA TAK TA TA/)

Mão *esquerda*   Mão direita

BASE

TA   TA/ TA/   TA   TA/
1   2/   4/   5   6/

<u>3</u>   <u>7</u>
TUMM   TUMM

TAK ⌒ TA   TAK ⌒ TA TA/
11 ⌒ 10   8 ⌒ 9 12/

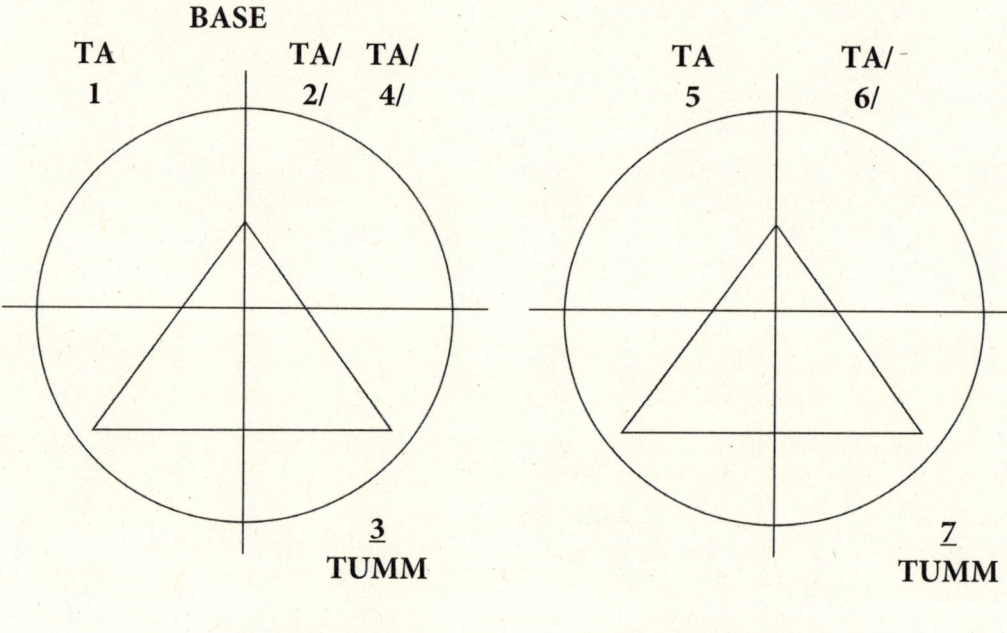

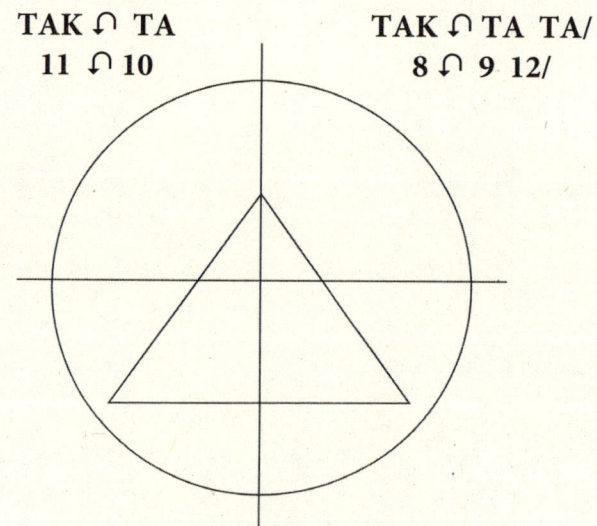

FALANDO, FICA ASSIM:
TA TA/ TUM TA/ TA TA/ TUMM TA⌒TA TA⌒TA/

VARIAÇÃO 7
BASE + CONTRATEMPO 2 (TAK TA TAK TA TA/) + REPIQUE

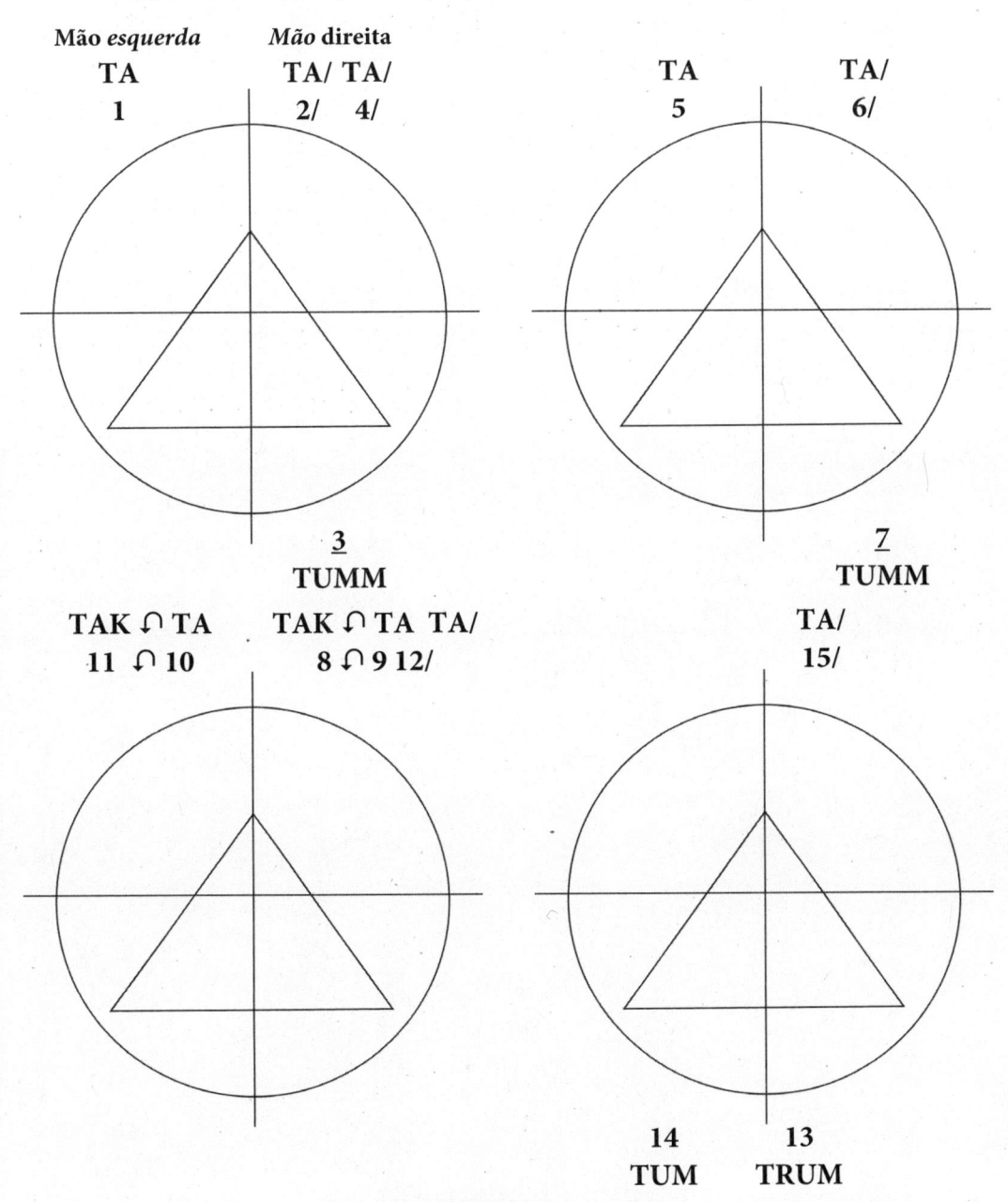

Mão *esquerda* Mão direita
TA   TA/ TA/   TA   TA/
1   2/   4/   5   6/

<u>3</u>   <u>7</u>
TUMM   TUMM

TAK ⌒ TA   TAK ⌒ TA TA/   TA/
11   ⌒ 10   8 ⌒ 9 12/   15/

14   13
TUM   TRUM

FALANDO, FICA ASSIM:
TA TA/ TUM TA/ TA TA/ TUMM TA⌒TA TA⌒ TA/ TRUM TUM TA/

IJEXÁ COM VARIAÇÃO 08
BASE + CONTRATEMPO 2 (TAK TA TAK TA TA/) + REPIQUEQUE

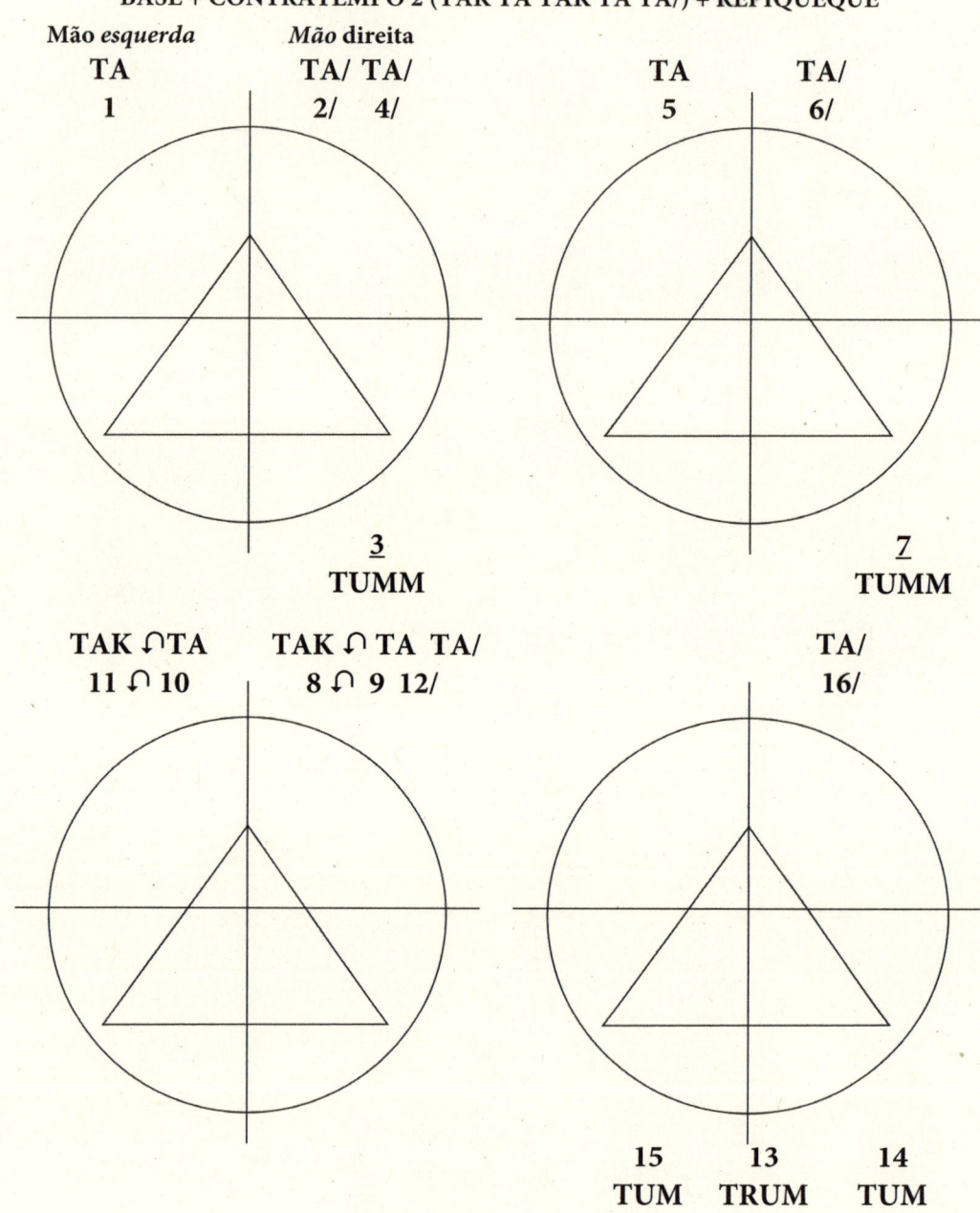

Mão *esquerda* Mão direita
TA TA/ TA/   TA   TA/
1   2/   4/   5   6/

3   7
TUMM TUMM

TAK ⌒TA   TAK ⌒ TA TA/   TA/
11 ⌒ 10   8 ⌒ 9 12/   16/

15   13   14
TUM TRUM TUM

FALANDO, FICA ASSIM:
TA TA/ TUM TA/ TA TA/TUMM TA⌒TA TA⌒ TA/ ww TUM TUM TA/

BY TAMBOR

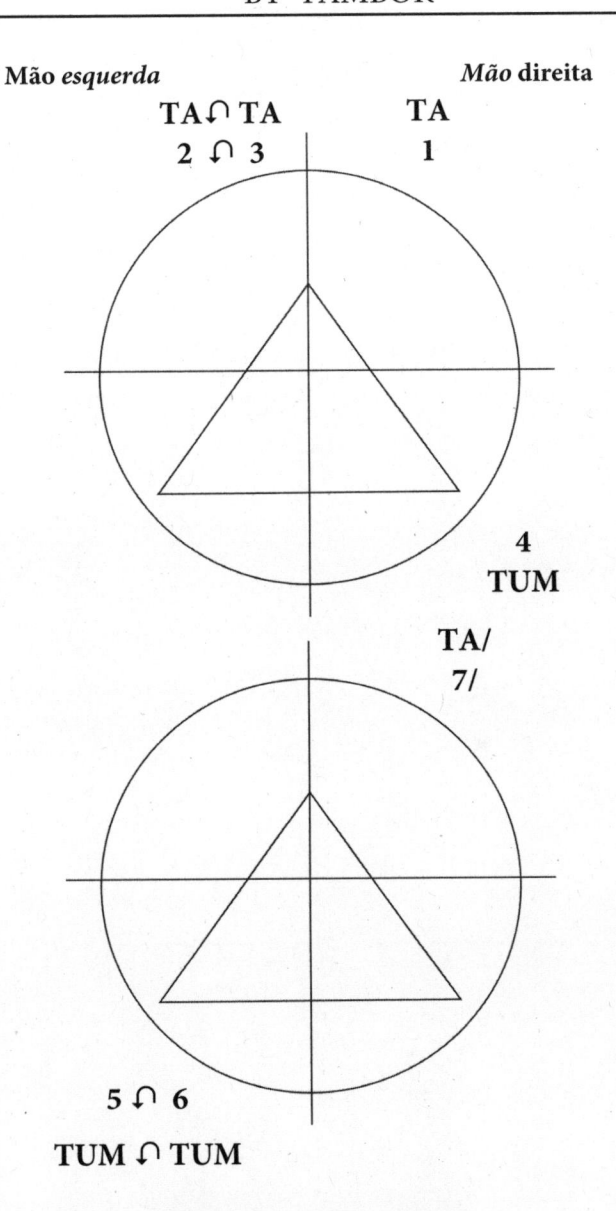

Mão *esquerda*   Mão direita

TA ∩ TA   TA
2 ∩ 3   1

4
TUM

TA/
7/

5 ∩ 6
TUM ∩ TUM

FALANDO, FICA ASSIM:
TA TA ∩ TA TUM TUM ∩ TUM TA/

EM CADA TOQUE BASE QUE ESTE CONTRATEMPO FOR UTILIZADO, ELE ALTERNA O TOQUE (1 E 7) DE LUGAR. NESTE CASO, ESTÁ ENCERRANDO NO AGUDO EM CIMA.

VARIAÇÃO 9
BASE IJEXÁ + UMA PARTE DO BY TAMBOR

Mão *esquerda* Mão *direita*

TA   TA/ TA/   TA   TA/
1   2/   4/   5   6/

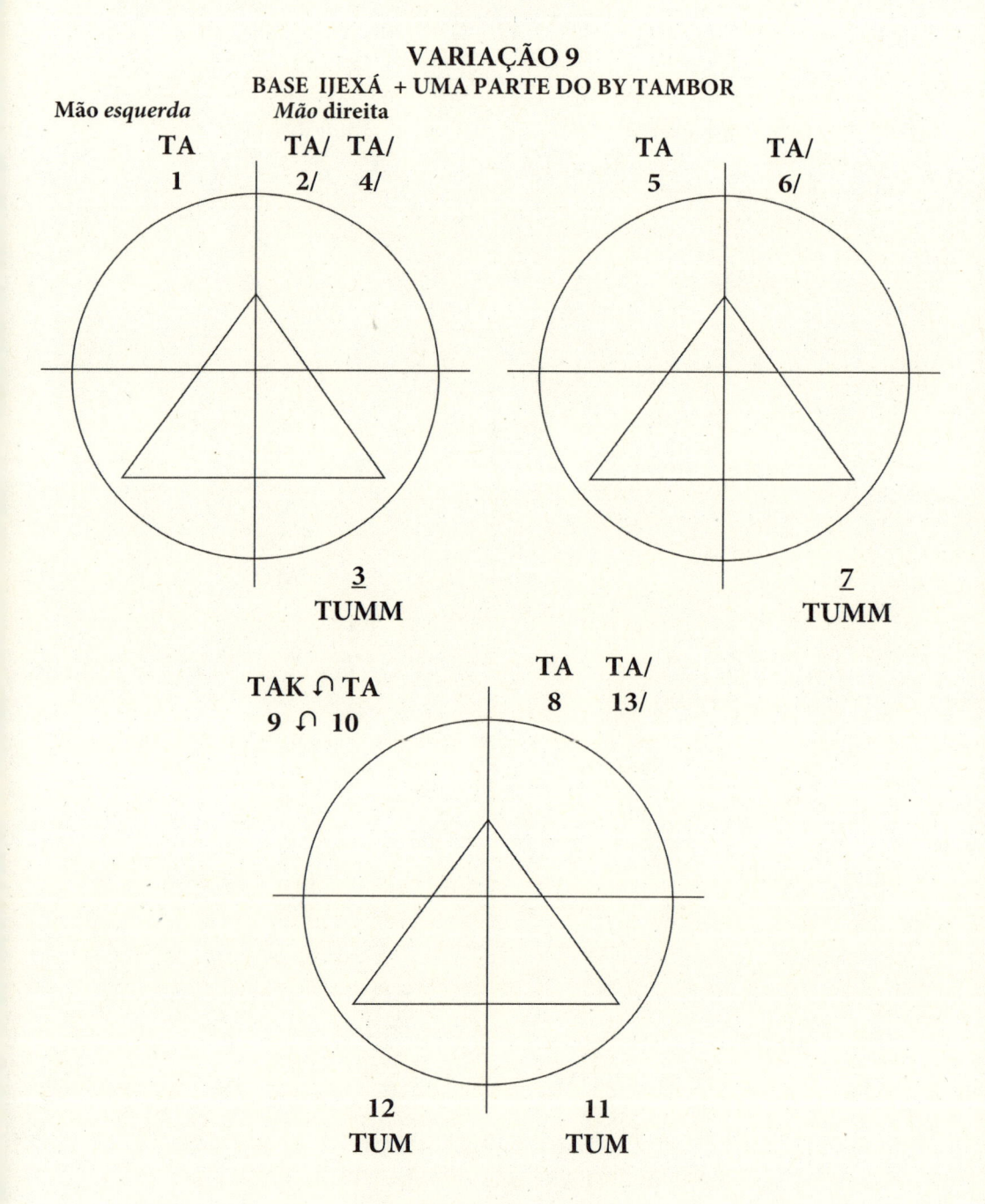

3   7
TUMM   TUMM

TAK ↷ TA   TA   TA/
9 ↷ 10   8   13/

12   11
TUM   TUM

FALANDO, FICA ASSIM:
TA TA/ TUM TA/ TA TA/ TUM TA TA↷TA TUM TUM TA/

VARIAÇÃO 10
BASE IJEXÁ + BY TAMBOR

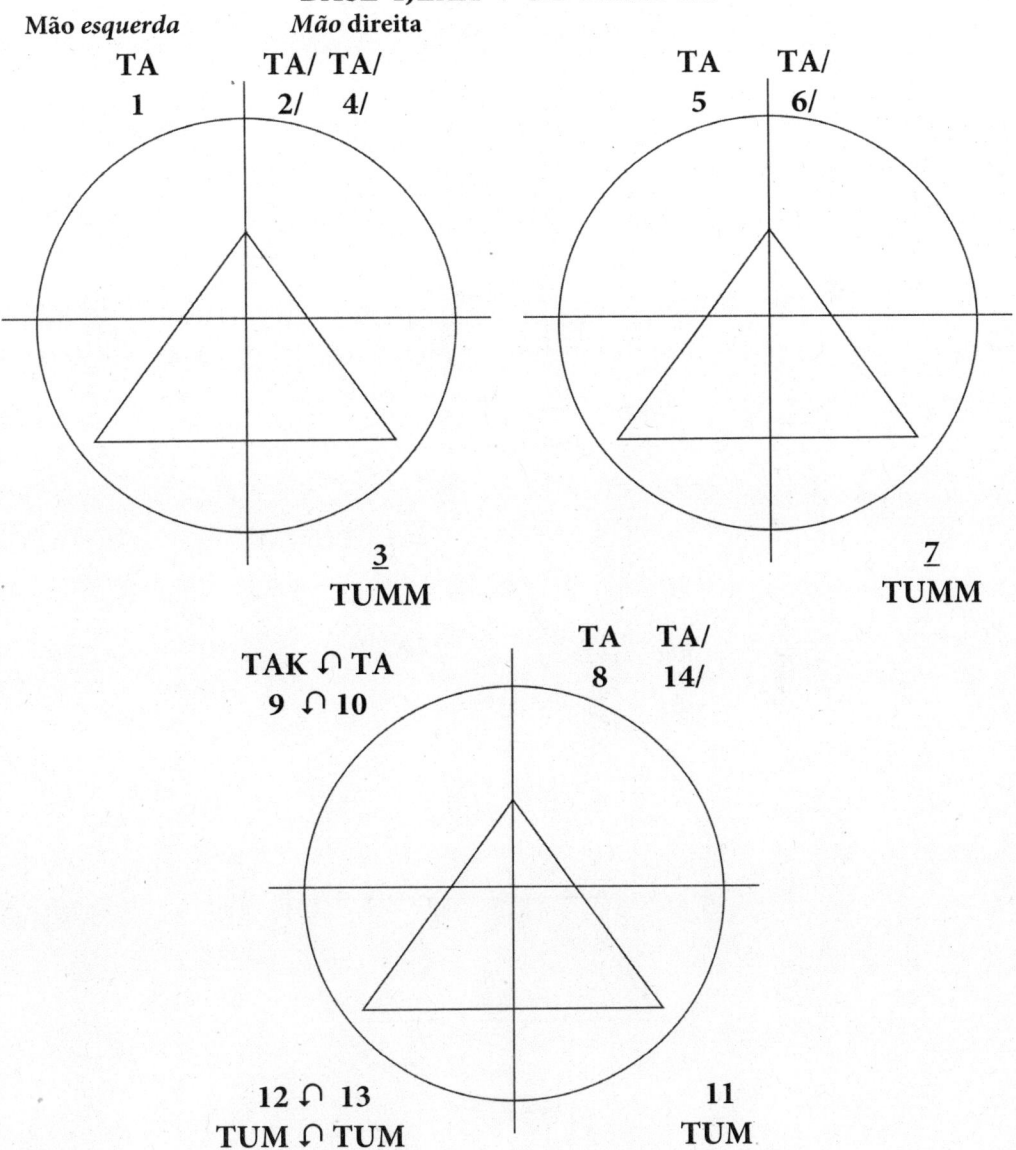

Mão *esquerda* Mão direita

TA TA/ TA/ TA TA/
1   2/ 4/   5   6/

3   7
TUMM   TUMM

TAK ∩ TA   TA TA/
9 ∩ 10   8   14/

12 ∩ 13   11
TUM ∩ TUM   TUM

FALANDO, FICA ASSIM:
TA TA/ TUM TA/ TA TA/ TUMM TA TA∩TA TUM TUM∩
TUM TA/

VARIAÇÃO 11
IJEXÁ BASE COM BREQUE SECO, MÃO ESQUERDA, TOQUE 6.

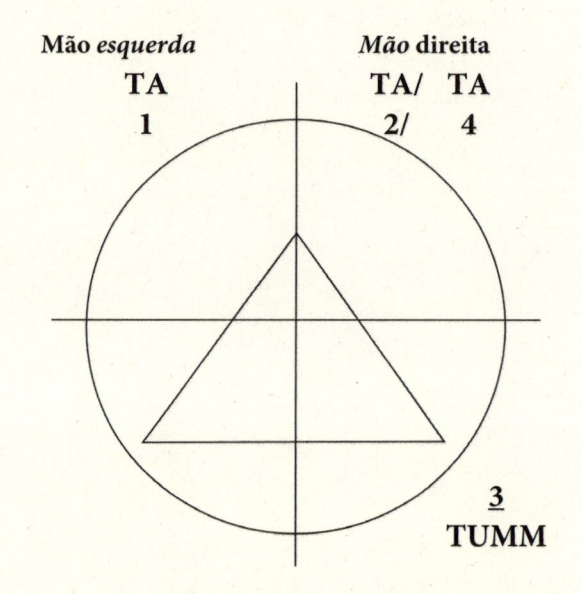

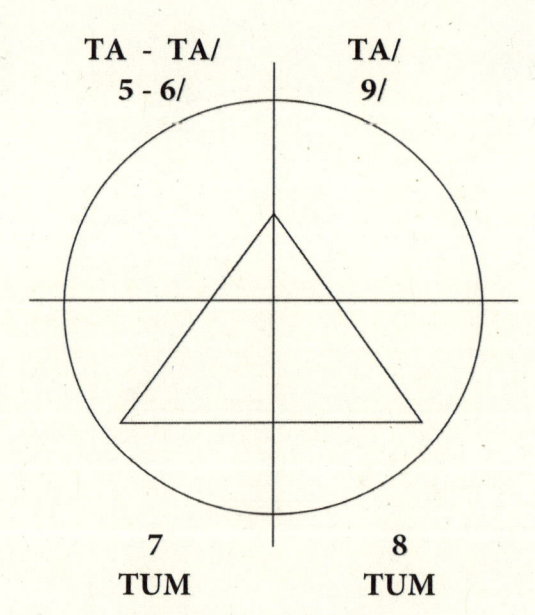

Mão *esquerda*   Mão direita

TA   TA/   TA
1   2/   4

<u>3</u>
TUMM

TA - TA/   TA/
5 - 6/   9/

7   8
TUM   TUM

FALANDO, FICA ASSIM:
TA TA/ TUMM TA TA TA/ TUM TUM TA/

VARIAÇÃO 12
IJEXÁ VERSÃO DE 5 TOQUES, SENDO O TOQUE 3 NA MÃO DIREITA.

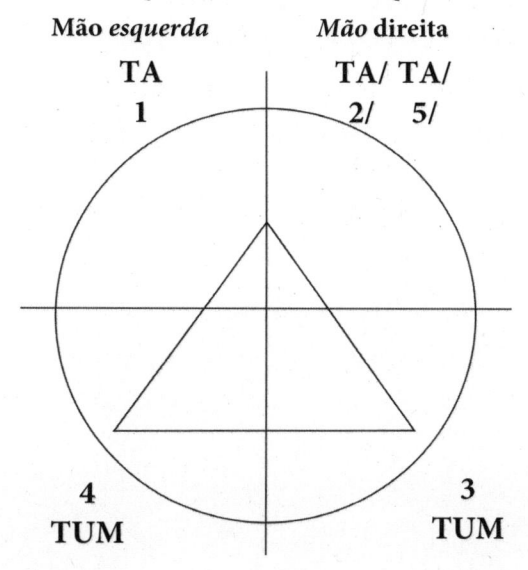

Mão esquerda   *Mão* direita

TA   TA/ TA/
1   2/   5/

4   3
TUM   TUM

VERSÃO DE 5 TOQUES COM O <u>TOQUE 3 NA MÃO ESQUERDA</u>, PORÉM, NESTA VERSÃO, NÃO TEM A PAUSA NO TOQUE 2.

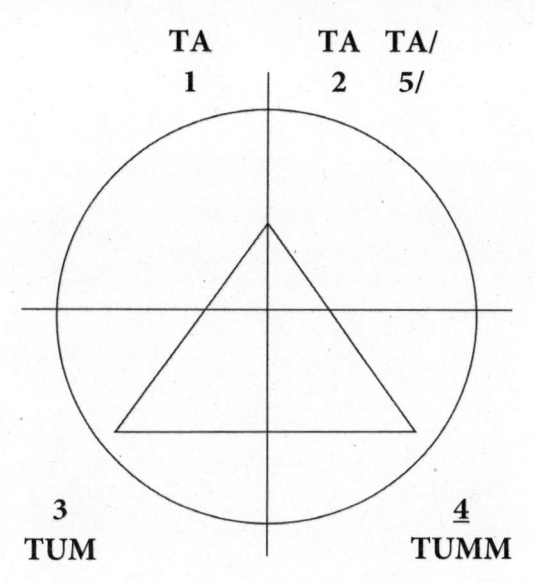

TA   TA TA/
1   2   5/

3   <u>4</u>
TUM   TUMM

FALANDO, FICA ASSIM:
TA TA/ TUM TUM TA/ TA TA/ TUM TUMM TA/

VARIAÇÃO 13
IJEXÁ BASE + VERSÃO DE 5 TOQUES, SENDO O TOQUE 3 NA MÃO DIREITA.

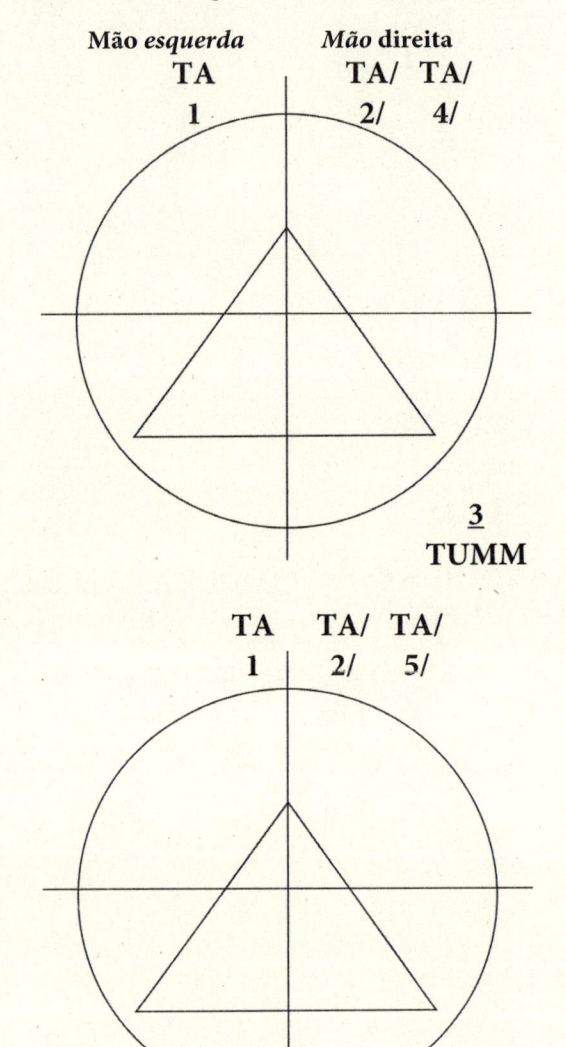

Mão *esquerda*   Mão direita
TA   TA/   TA/
1   2/   4/

3
TUMM

TA   TA/   TA/
1   2/   5/

4   3
TUM   TUM

FALANDO, FICA ASSIM:
TA TA/ TUMM TA/ TA TA/ TUM TUM TA/

IJEXÁ COM VARIAÇÃO 14
IJEXÁ BASE + VERSÃO DE 5 TOQUES, SENDO O TOQUE 3 NA MÃO ESQUERDA.

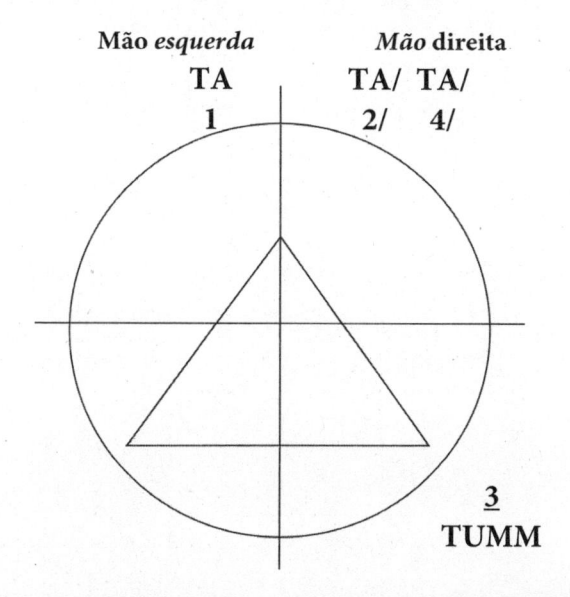

Mão *esquerda*   **Mão** direita

TA   TA/ TA/
1   2/   4/

3
TUMM

VERSÃO DE 5 TOQUES COM O TOQUE 3 NA MÃO ESQUERDA. NESTE CASO, NÃO TEM O BREQUE DO TOQUE 2.

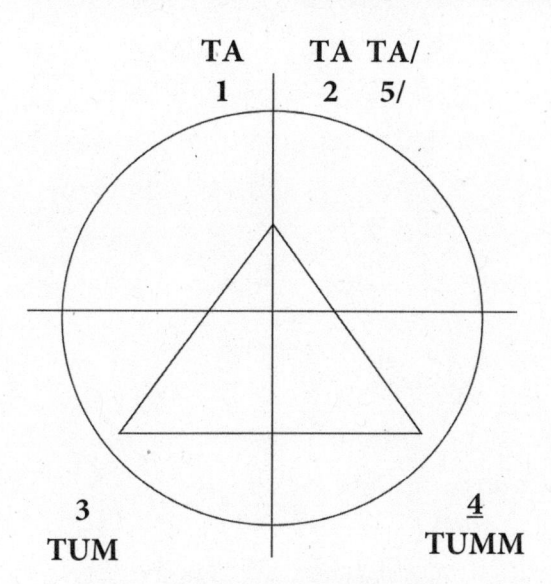

TA   TA TA/
1   2   5/

3   4
TUM   TUMM

FALANDO, FICA ASSIM:
TA TA/ TUMM TA/ TA TA TUM TUMM TA/

VARIAÇÃO 15
IJEXÁ VERSÃO DE 5 TOQUES, SENDO O TOQUE 3 NA MÃO DIREITA,
COM BREQUE SECO NA MÃO ESQUERDA, TOQUE (7/).

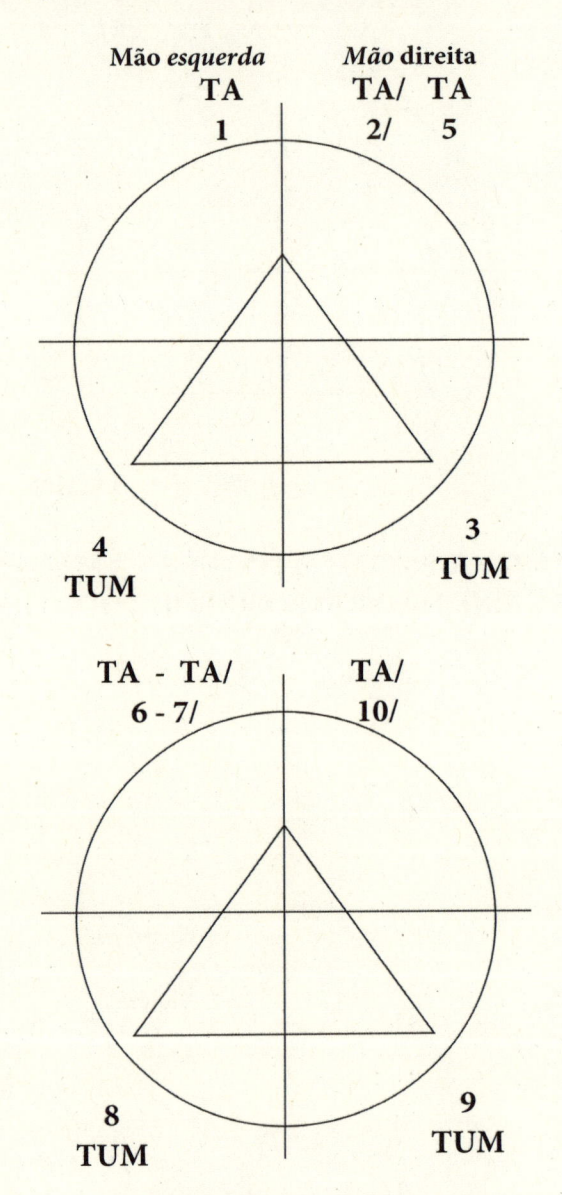

Mão *esquerda* Mão direita
TA   TA/ TA
1   2/ 5

4   3
TUM   TUM

TA - TA/   TA/
6 - 7/   10/

8   9
TUM   TUM

FALANDO, FICA ASSIM:
TA TA/ TUM TUM TA TA TA/ TUM TUM TA/

VARIAÇÃO 16
IJEXÁ VERSÃO DE 5 TOQUES + BY TAMBOR, SENDO O TOQUE 3 NA MÃO DIREITA.

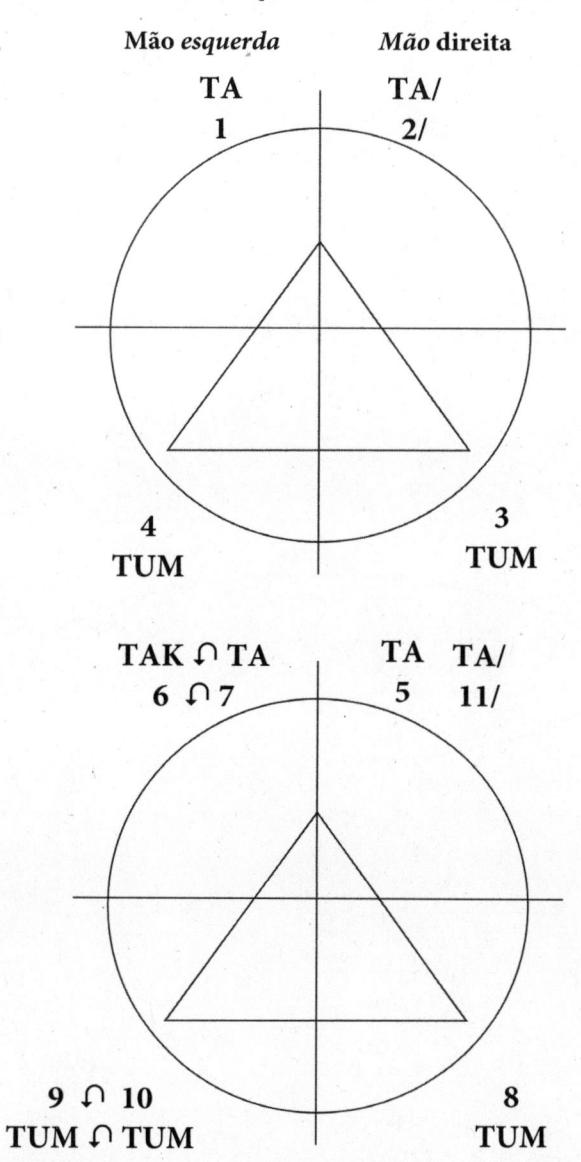

Mão *esquerda*   Mão direita

TA   TA/
1   2/

4   3
TUM   TUM

TAK ∩ TA   TA   TA/
6 ∩ 7   5   11/

9 ∩ 10   8
TUM ∩ TUM   TUM

FALANDO, FICA ASSIM:
TA TA/ TUM TUM TA TA∩TA TUM TUM ∩ TUM TA/

VARIAÇÃO 17
IJEXÁ DE 5 TOQUES + REPIQUE,
SENDO O TOQUE 3 (7) NA MÃO DIREITA.

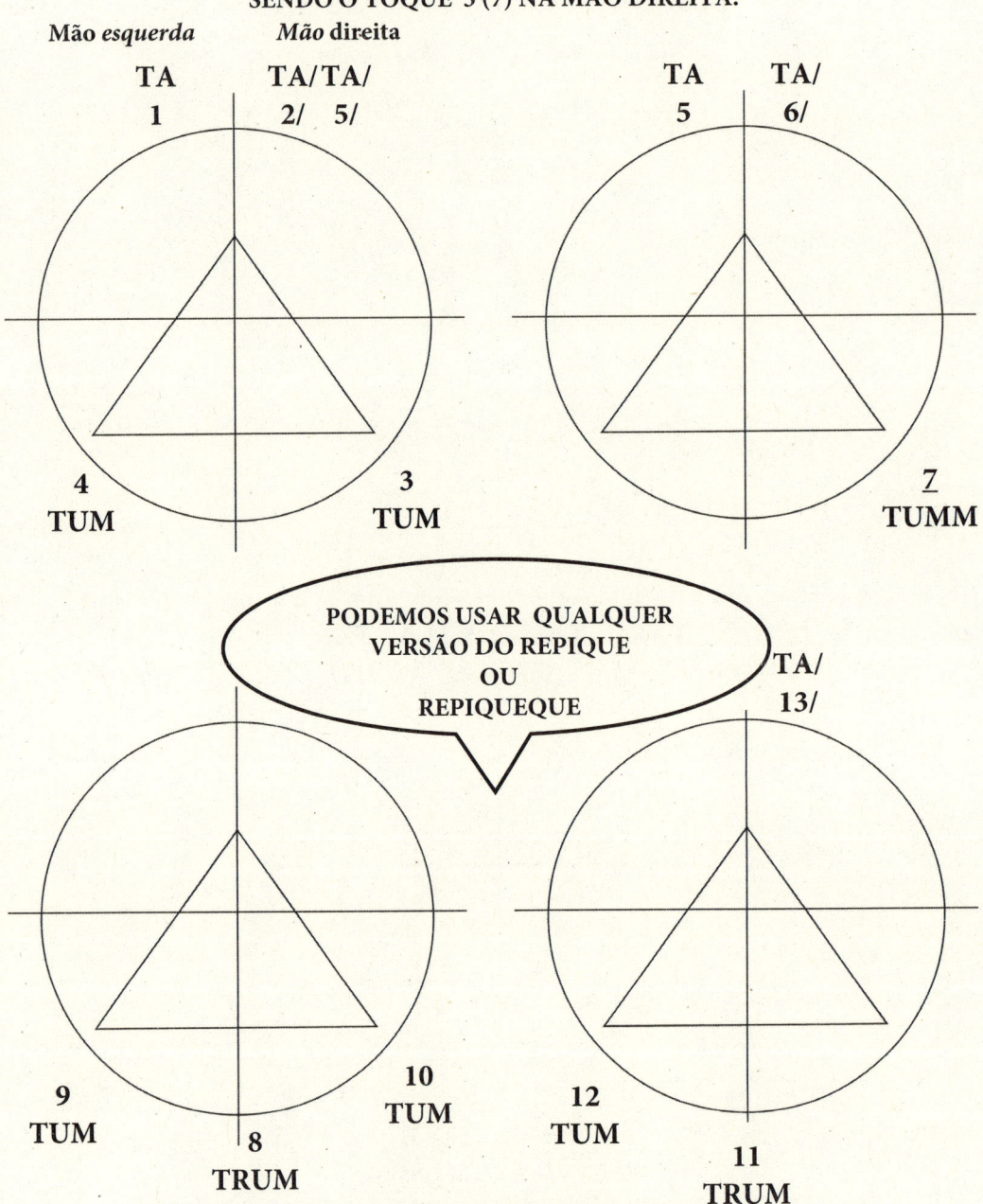

Mão *esquerda*   Mão direita

TA   TA/ TA/   TA   TA/
1   2/   5/   5   6/

4   3   7
TUM TUM   TUMM

PODEMOS USAR QUALQUER
VERSÃO DO REPIQUE
OU
REPIQUEQUE

TA/
13/

9   10   12
TUM   TUM   TUM   11
      8   TRUM
      TRUM

FALANDO, FICA ASSIM:
TA TA/ TUM TUM TA/ TA TA/ TUMM TRUM TUM TUM
TRUM TUM TA/

VARIAÇÃO 18
IJEXÁ DE 5 TOQUES + REPIQUE,
SENDO APÓS TOQUE 4 (9) NA MÃO ESQUERDA.

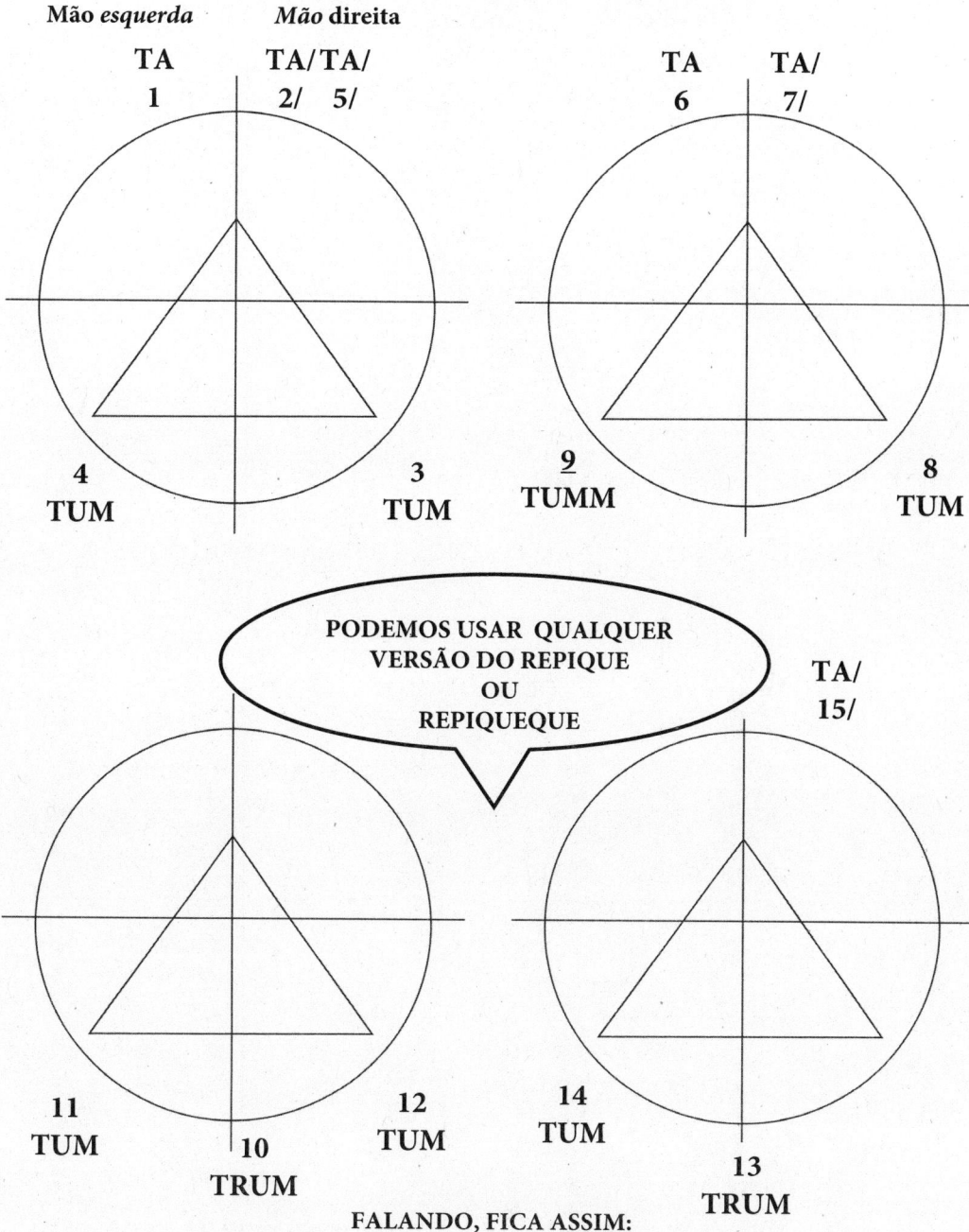

Mão *esquerda*   Mão *direita*

TA   TA/ TA/   TA   TA/
1   2/   5/   6   7/

4   3   9   8
TUM   TUM   TUMM   TUM

PODEMOS USAR QUALQUER
VERSÃO DO REPIQUE
OU
REPIQUEQUE

TA/
15/

11   12   14
TUM   TUM   TUM
    10   13
   TRUM   TRUM

FALANDO, FICA ASSIM:
TA TA/ TUM TUM TA/ TA TA/ TUM TUMM TRUM TUM
TUM TRUM TUM TA/

VARIAÇÃO 19
IJEXÁ DE 5 TOQUES + REPIQUE,
SENDO APÓS TOQUE 5 (10) NA MÃO DIREITA.

Mão *esquerda* Mão *direita*

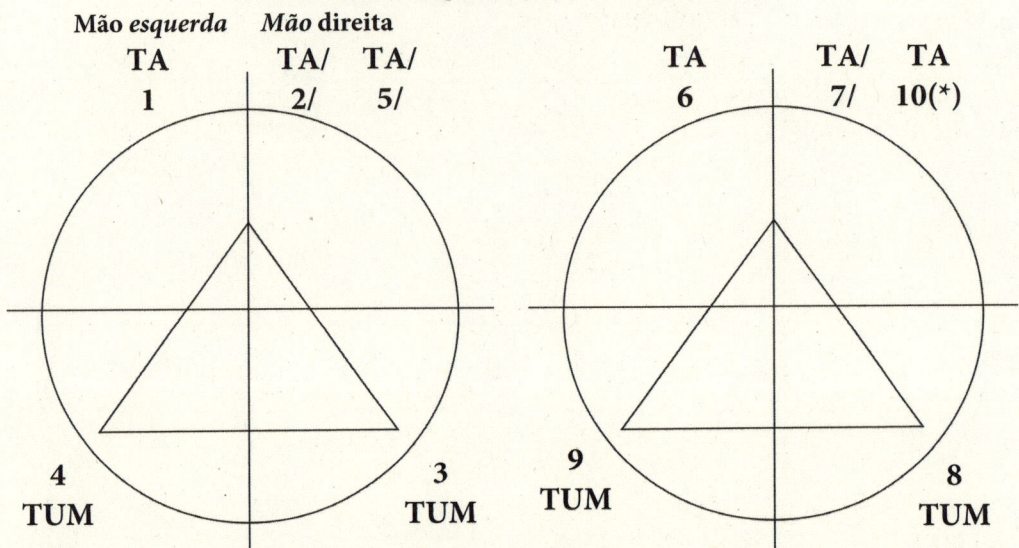

TA 1   TA/ 2/   TA/ 5/   TA 6   TA/ 7/   TA 10(*)

4 TUM   3 TUM   9 TUM   8 TUM

(*) NESTE CASO ESPECIAL, NÃO TEREMOS A PAUSA APÓS O TOQUE 10.

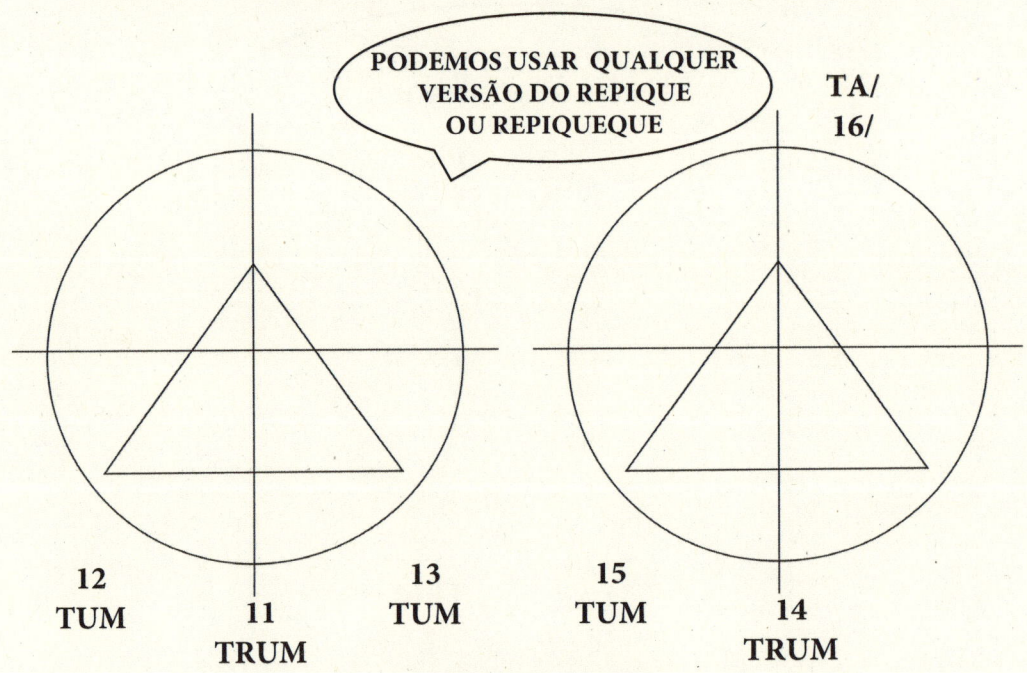

PODEMOS USAR QUALQUER VERSÃO DO REPIQUE OU REPIQUEQUE

TA/ 16/

12 TUM   11 TRUM   13 TUM   15 TUM   14 TRUM

FALANDO, FICA ASSIM:
TA TA/ TUM TUM TA/ TA TA/ TUM TUM TA TRUM TUM TUM TRUM TUM TA/

VARIAÇÃO 20
IJEXÁ DE 5 TOQUES + TAK TA TAK TA TA/ + REPIQUE OU REPIQUEQUE,
SENDO O TOQUE, PAUSA 3 (8) NA MÃO DIREITA.

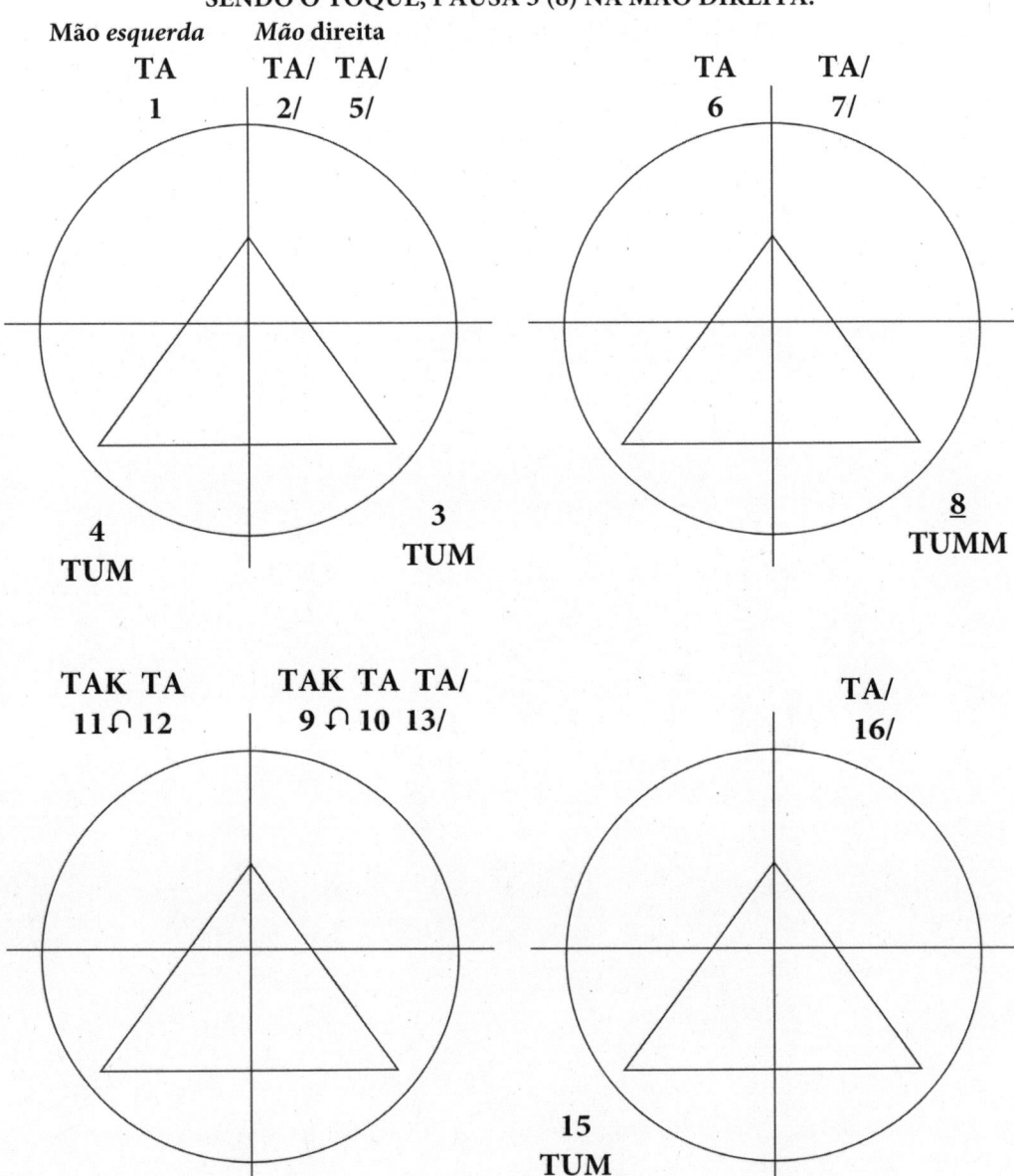

Mão *esquerda*   Mão direita

TA | TA/ TA/ .... TA | TA/
1 | 2/ 5/ .... 6 | 7/

4   3   8
TUM   TUM   TUMM

TAK TA   TAK TA TA/   TA/
11 ⌒ 12   9 ⌒ 10 13/   16/

                                    15
                                    TUM
                                    14
                                    TRUM

FALANDO, FICA ASSIM:
TA TA/ TUM TUM TA/ TA TA/ TUMM TA⌒TA TA⌒ TA TA/
TRUM TUM TA/

VARIAÇÃO 21
IJEXÁ VERSÃO DE 5 TOQUES, COM TOQUE 3 MÃO ESQUERDA,
COM BREQUE SECO MÃO ESQUERDA, TOQUE 7.
NESTE CASO, NÃO TEM BREQUE APÓS TOQUES 2 E 5.

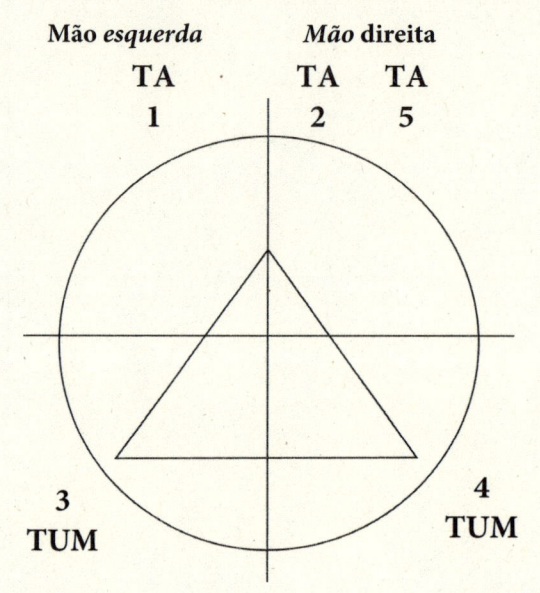

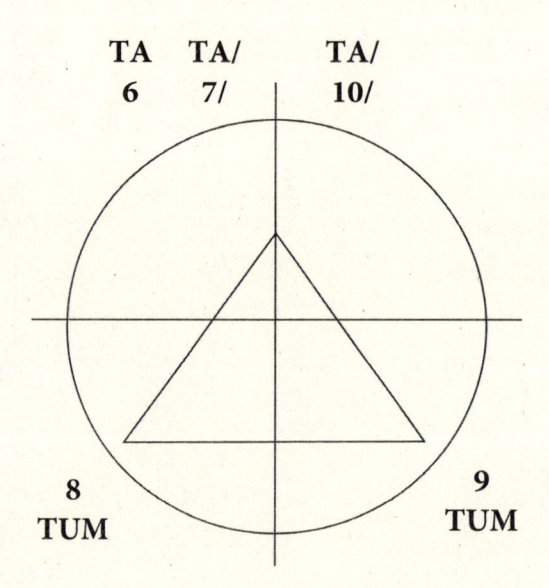

Mão *esquerda*   Mão *direita*

TA   TA   TA
1   2   5

3   4
TUM   TUM

TA   TA/   TA/
6   7/   10/

8   9
TUM   TUM

FALANDO, FICA ASSIM:
TA TA TUM TUM TA TA TA/ TUM TUM TA/

VARIAÇÃO 22
IJEXÁ VERSÃO DE 5 TOQUES, COM TOQUE 3 MÃO ESQUERDA,
COM BREQUE SECO MÃO ESQUERDA, TOQUE 7 + REPIQUE.
PODEMOS USAR QUALQUER VERSÃO DO REPIQUE OU REPIQUEQUE.

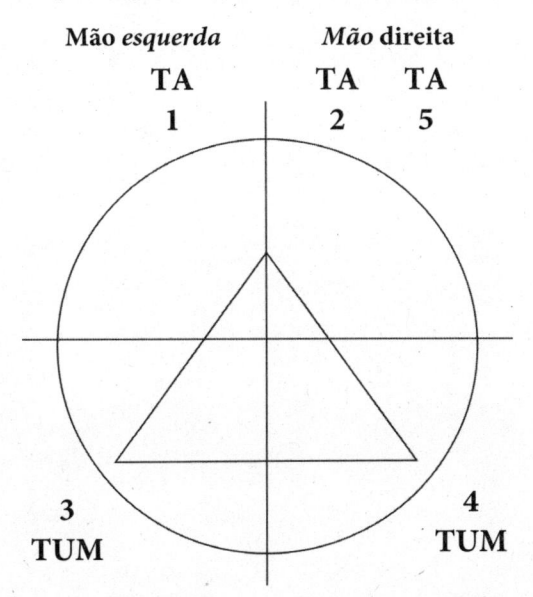

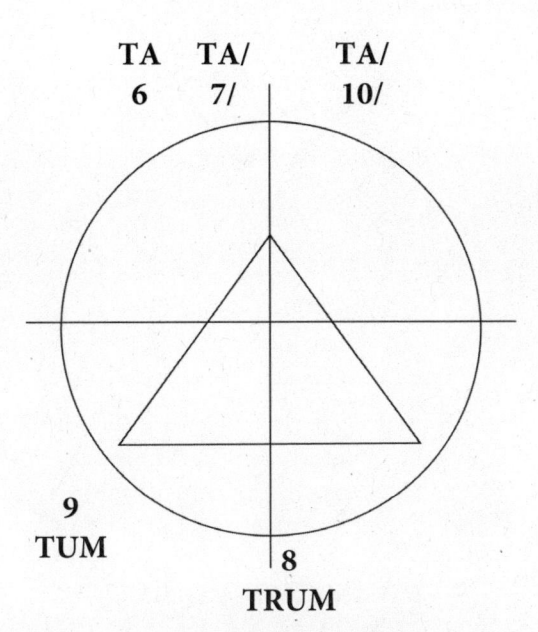

Mão *esquerda*   Mão direita

TA   TA   TA
1   2   5

3
TUM

4
TUM

TA   TA/   TA/
6   7/   10/

9
TUM

8
TRUM

FALANDO, FICA ASSIM:
TA TA/ TUM TUM TA/ TA TA/ TRUM TUM TA/

AFOXÉ

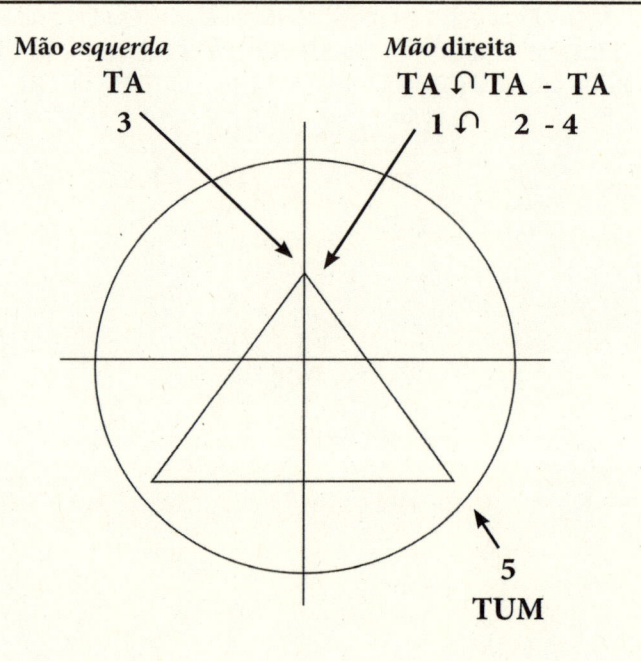

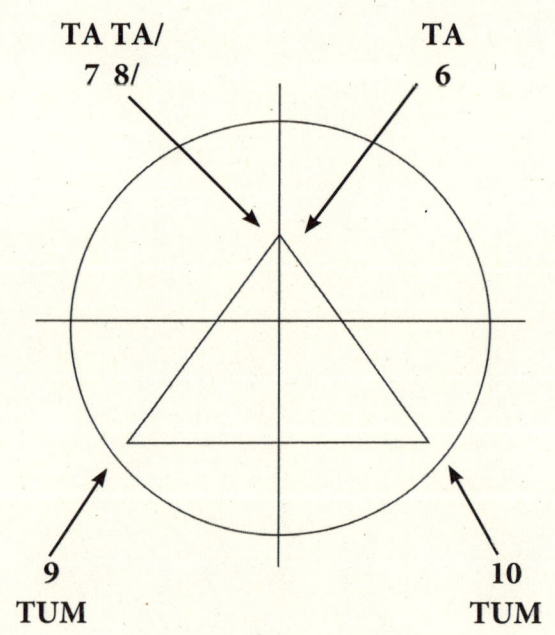

Mão *esquerda*
TA
3

Mão *direita*
TA ↻ TA - TA
1   2 - 4

5
TUM

TA TA/
7 8/

TA
6

9
TUM

10
TUM

FALANDO, FICA ASSIM:
TA ↻ TA TA TA TUM TA TA TA/ TUM TUM

VARIAÇÃO 23
AFOXÉ + REPIQUE APÓS O BREQUE DO TOQUE 8.
Mão **esquerda**   *Mão* **direita**

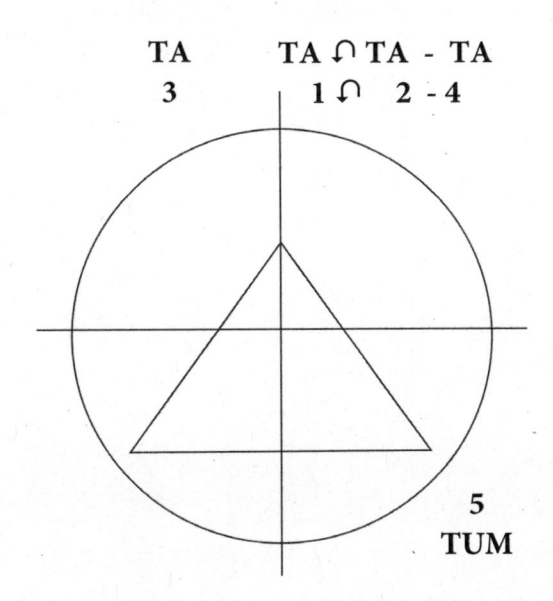

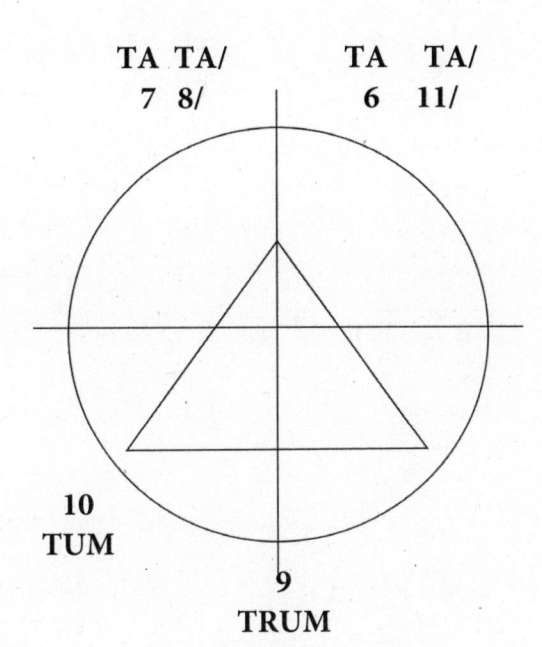

TA   TA ⌒ TA - TA
3   1 ⌒ 2 - 4

5
TUM

TA TA/   TA TA/
7 8/   6 11/

10
TUM

9
TRUM

FALANDO, FICA ASSIM:
TA⌒TA TA TA TUM TA TA TA/ TRUM TUM TA/

VARIAÇÃO 24
AFOXÉ COM REPIQUEQUE APÓS O BREQUE DO TOQUE 8

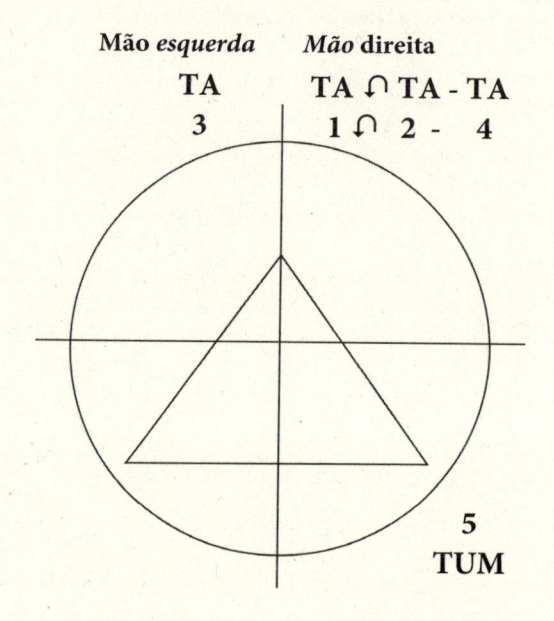

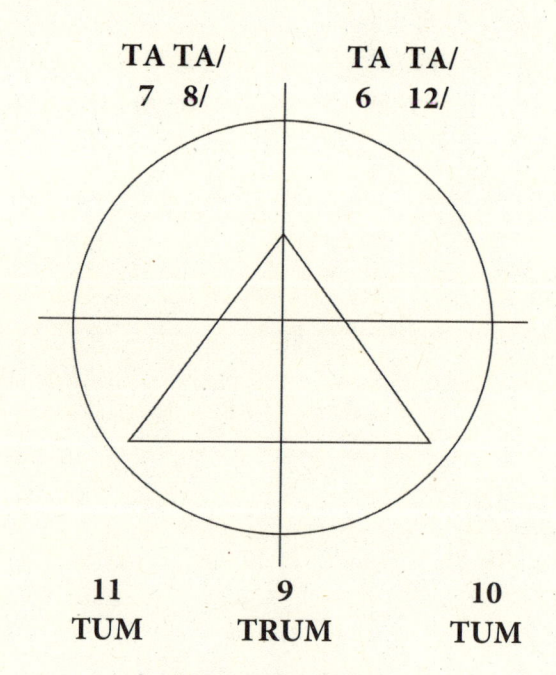

Mão *esquerda* Mão direita

TA   TA ⌒ TA - TA
3   1 ⌒ 2 - 4

5
TUM

TA TA/   TA TA/
7   8/   6   12/

11   9   10
TUM   TRUM   TUM

Falando, fica assim:
TA⌒TA TA TA TUM TA TA TA/ TRUM TUM TUM TA/

COMPLEMENTO DO AFOXÉ

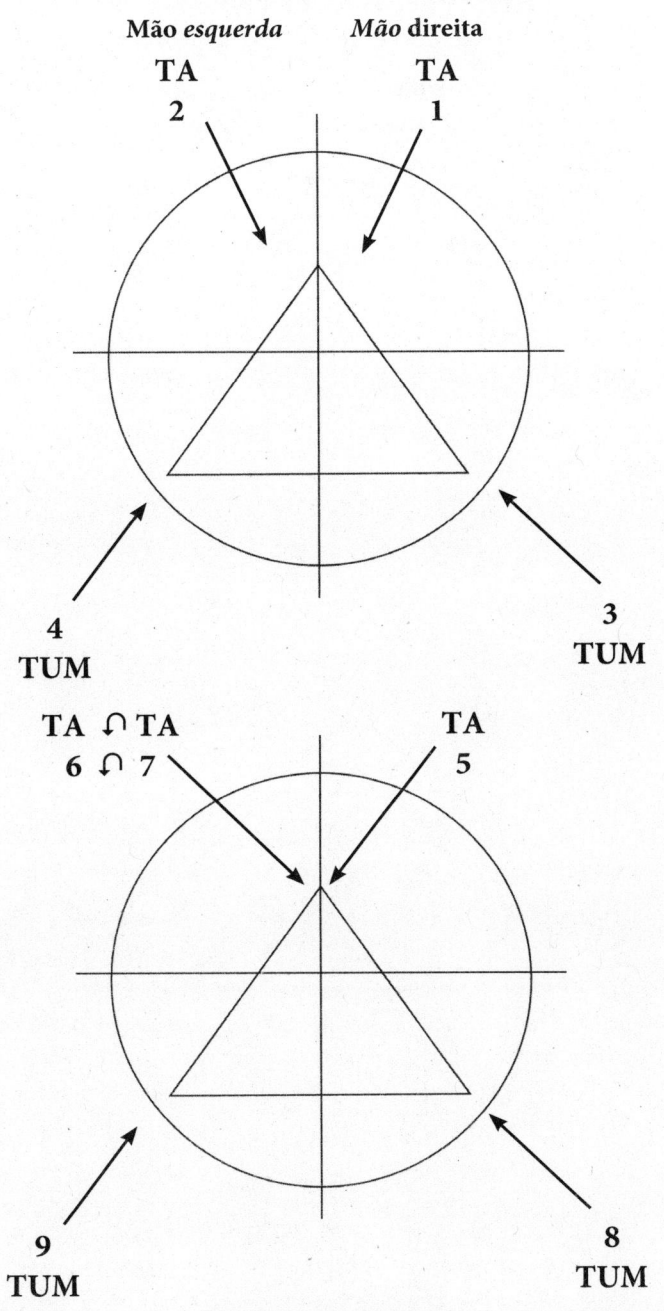

Mão *esquerda*   **Mão** *direita*

TA   TA
2   1

4   3
TUM   TUM

TA ⌒ TA   TA
6 ⌒ 7   5

9   8
TUM   TUM

Falando, fica assim:
TA TA TUM TUM TA TA ⌒ TA TUM TUM

VARIÇÃO 25
COMPLEMENTO DO AFOXÉ,
TERMINANDO EM REPIQUEQUE NA MÃO ESQUERDA.

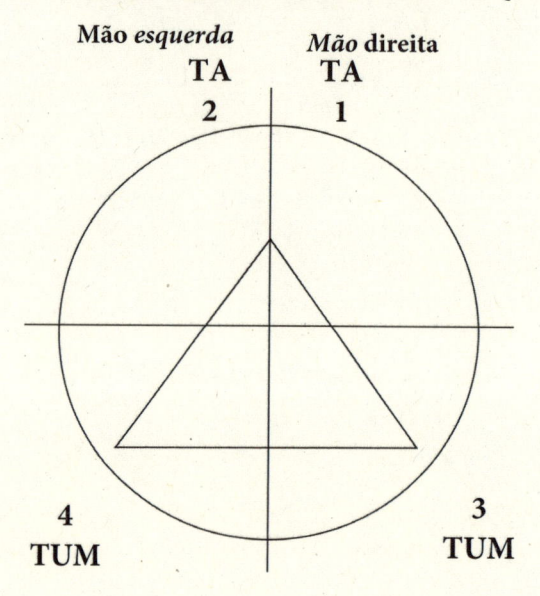

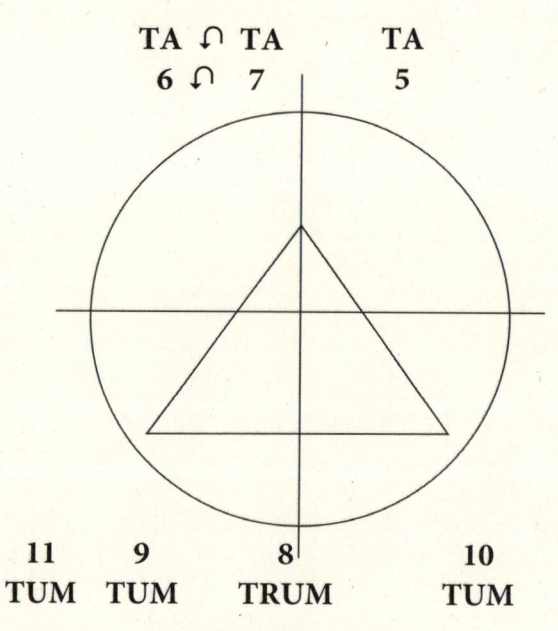

Mão *esquerda* Mão direita
TA TA
2 1

4 3
TUM TUM

TA ↩ TA   TA
6 ↩ 7   5

11 9 8 10
TUM TUM TRUM TUM

Falando, fica assim:
TA TA TUM TUM TA TA ↩ TA TRUM TUM TUM TUM

AGUERÊ DE OXÓSSI

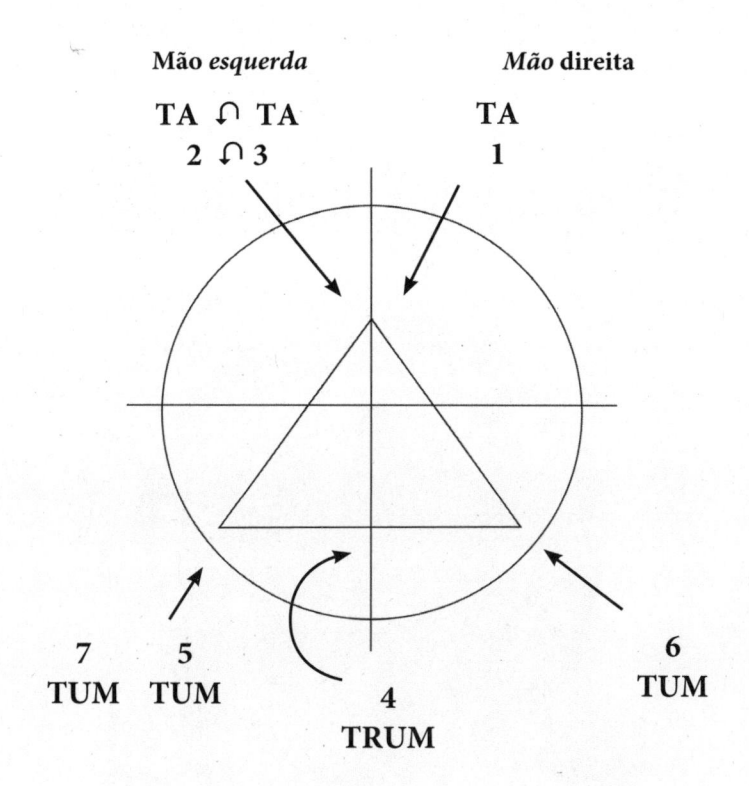

Mão *esquerda*   Mão **direita**

TA ∩ TA   TA
2 ∩ 3   1

7   5   6
TUM TUM   4   TUM
         TRUM

Falando, fica assim:
TA TA ∩TA TRUM TUM TUM TUM

Músicas nas Versões do Ijexá

(1)

(180 BPM)

DE FRENTE PARA O MAR
Pai Sandro Luiz

https://www.youtube.com/watch?v=1dvFmIuZAbA

→ De (fren)te para o <u>mar</u> ✓
→ Eu fiz minha <u>oração</u> ✓

→ De frente para o <u>mar</u> ✓
→ Eu fiz minha <u>oração</u> ✓

→ Meus pés descalços na areia
→ Sentindo a água/ ✓ sagrada ✓ da mãe ↗ ser<u>eia</u> ✓

→ Meus pés descalços na areia
→ Sentindo a água/ ✓ sagrada ✓ da m<u>ãe</u> ↘ ser<u>eia</u> ✓

→ Oh lua ✓ ilumine neste momento ✓
→ A for<u>çá</u> das águas ✓ e meus ↗ <u>pensamentos</u> ✓

→ Oh lua ✓ ilumine neste momento ✓
→ A for<u>çá</u> das águas ✓ e meus → <u>pensamentos</u> ✓

→ A for<u>çá</u> das águas ✓ e meus↗ <u>pensamentos</u> ✓
→ A for<u>çá</u> das águas ✓ e meus→ <u>pensamentos</u> ✓

Observação: Para entender as marcações de todas as músicas deste livro, ver o capítulo "Explicações de Sinais".

(2)

(165 BPM)

PONTO DE BAHIANO SEVERINO
Ogã Fabio Passoni

https://www.youtube.com/watch?v=p_rvipy1Awg

- → Foi na pisada do Ba<u>hi</u>ano ✓
- → Que eu vi pedra ro<u>lar</u> ✓
- ↗ Na pisada do Ba<u>hi</u>ano ✓
- ↗ que eu vi → balance<u>ar</u> ✓

- → Na pisada do Ba<u>hi</u>ano ✓
- → Que eu vi pedra ro<u>lar</u> ✓
- ↗ Oi na pisada do Ba<u>hi</u>ano ✓
- ↗ Que eu vi → balance<u>ar</u> ✓

- → Ele é Ba<u>hi</u>ano ✓
- → Seu Severino me fa<u>lou</u> ✓
- ↗ Eu sou Bahiano e sigo ao Nosso Se<u>nhor</u> ✓

- → Ele é Ba<u>hi</u>ano ✓
- → Seu Severino me fa<u>lou</u> ✓
- ↗ Eu sou Bahiano e sigo ao Nosso Se<u>nhor</u> ✓

(3)

ACALANTO
Sandro Bernandes

(165 BPM)

https://www.youtube.com/watch?v=zSxV7QT9HvE

→ Quando eu for lá pra Aru<u>an</u>da ✓
→ Sei que vou te encon<u>trar</u> ✓
→ Rode<u>a</u>da de cri<u>an</u>ças ✓
→ Do lado de Iemanj<u>á</u> ✓

→ Vou pedir ↗ O<u>muluu</u> ✓
→ E aos Sagrados Orix<u>ás</u> ✓
→ Pra chover chuva de <u>ro</u>sas ✓
→ Quando eu for te abra<u>çar</u> ✓

→ Perdoa Nanã, per<u>doa</u> ✓
→ Perdoa que eu vou cho<u>rar</u> ✓
→ Quem eu amava foi em<u>bo</u>ra ✓
→ Está nos braços de Oxa<u>lá</u> ✓

→ Perdoa Nanã, ↗ <u>perdoa</u> ✓
→ Perdoa que eu vou cho<u>rar</u> ✓
→ Quem eu amava foi em<u>bo</u>ra ✓
→ Está nos braços de Oxa<u>lá</u> ✓

(4)

(170 BPM)

TRONO DE AREIA - IEMANJÁ
Ogã Hamilton Soares de Oliveira

https://youtu.be/BQfWG8don1s

→ Ieman(já)/Rainha do <u>mar</u> venha rece<u>ber</u> ✓
→ Suas oferendas iremos oferecer ✓

↗ Na beira da praia ✓ → num trono de areia ✓
→ O seu canto suave ✓ ↗ é a bela sereia ✓
↗ Na beira da praia ✓ → num trono de areia ✓
↗ O seu manto azulado ✓ → é o véu das estrelas ✓

→ O mar o campo sagrado eu choro de emoção ✓
↗ Lençóis tremulantes de grande imensidão ✓

↗ Na beira da praia ✓ → num trono de areia ✓
→ O seu canto suave ✓ →é a bela ↗ sereia ✓
↗ Na beira da praia ✓ → num trono de areia ✓
↗ O seu manto azulado ✓ → é o véu das estrelas ✓

↗ Orixá Divina/de força e proteção ✓
↗ Rege nossa coroa ✓
↗ Com amor e compaixão ✓

↗ Na beira da praia ✓ →num trono de areia ✓
↗ O seu canto suave ✓ →é a bela↗ sereia ✓
↗ Na beira da praia ✓ → num trono de areia ✓
↗ O seu manto azulado ✓ → é o véu das estrelas ✓

(5)

(170 BPM)

AJEUM DA OXUM
Ogã Guilherme Corrêa

https://www.youtube.com/watch?v=6OgAKjwDGSw

→Vamos cantar ✓
→Para Deusa da Beleza
→A rainha das cachoeiras ✓
↗A mais bela Orixáá ✓

→Dona das águas doces
→Dos rios e da pureza ✓
→Desça neste terreiro ✓
↗Pra seus filhos purificar ✓

→Leve a vaidade, ✓
→O orgulho e a dor ✓
→Traga em meu peito
→ Sua leveza e seu↗ amor ✓

→Transforme minha vida
→Trazendo felicidade ✓
→Baile neste terreiro levando/ ✓
↗Toda a maldade ✓

↗Ora ieieo/minha mãe ✓
↗Ora ieieo mamãe Oxuum ✓
→Eu peço sua proteção ✓
↗E lhe ofereço um↗ ajeum ✓

↗Ora ieieo/minha mãe ✓
↗Ora ieieo mamãe Oxuum ✓
→Eu peço sua proteção ✓
→E lhe ofereço um ajeum ✓

Versões do Nagô

NAGÔ

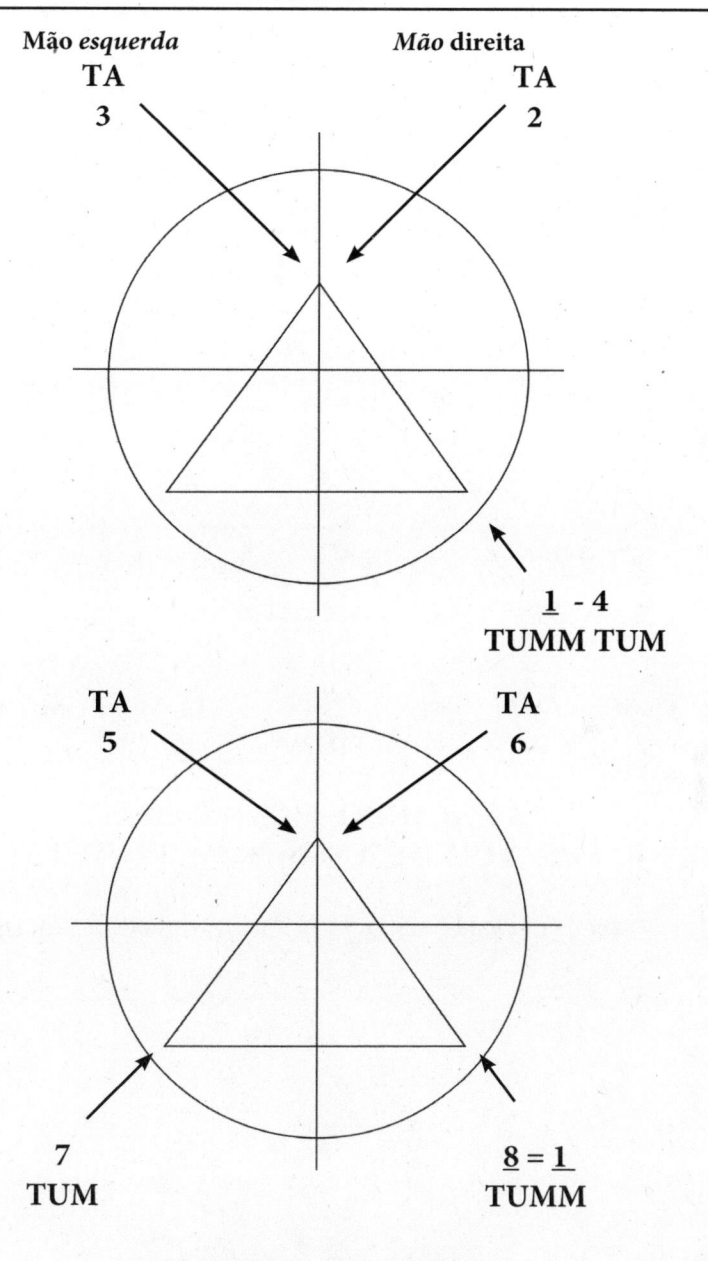

Mão *esquerda*
TA
3

Mão direita
TA
2

1 - 4
TUMM TUM

TA
5

TA
6

7
TUM

8 = 1
TUMM

FALANDO, FICA ASSIM:

TUMM TA TA TUM TA TA TUM TUMM

*O TUMM COM DUAS LETRAS (M) SIGNIFICA UM SOM ARRASTADO, NÃO SECO.

ENCERRAMENTO DO TOQUE

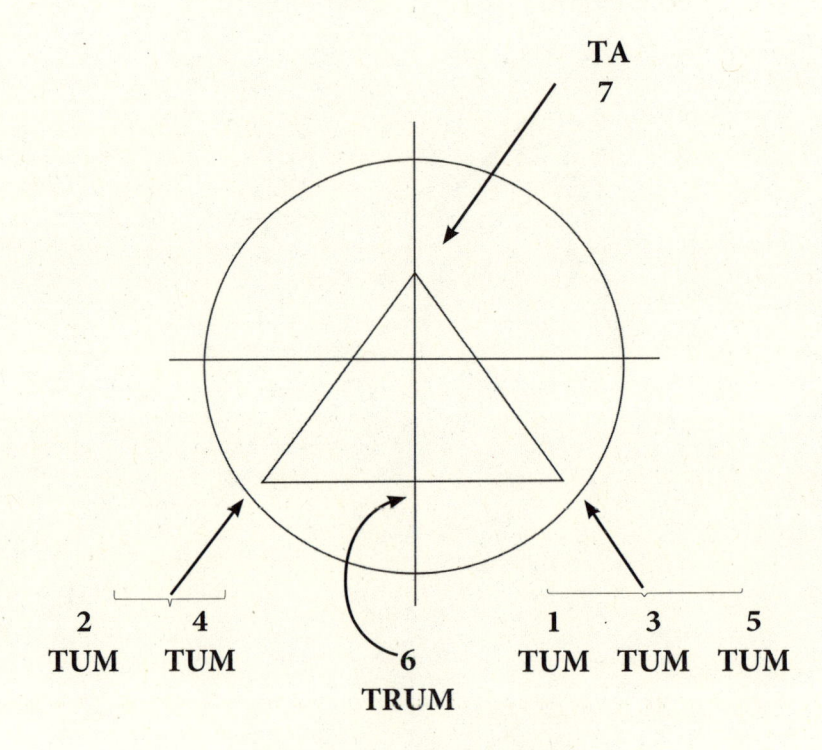

TA
7

2   4   1   3   5
TUM TUM   6   TUM TUM TUM
      TRUM

FALANDO, FICA ASSIM:
TUM TUM TUM TUM TUM TRUM TA
 1   2   3   4   5   6   7
NESTE CASO, O TOQUE (1) DO ENCERRAMENTO É O (8) DO NAGÔ.

VARIAÇÃO 26
NAGÔ COM REPIQUES NO FINAL

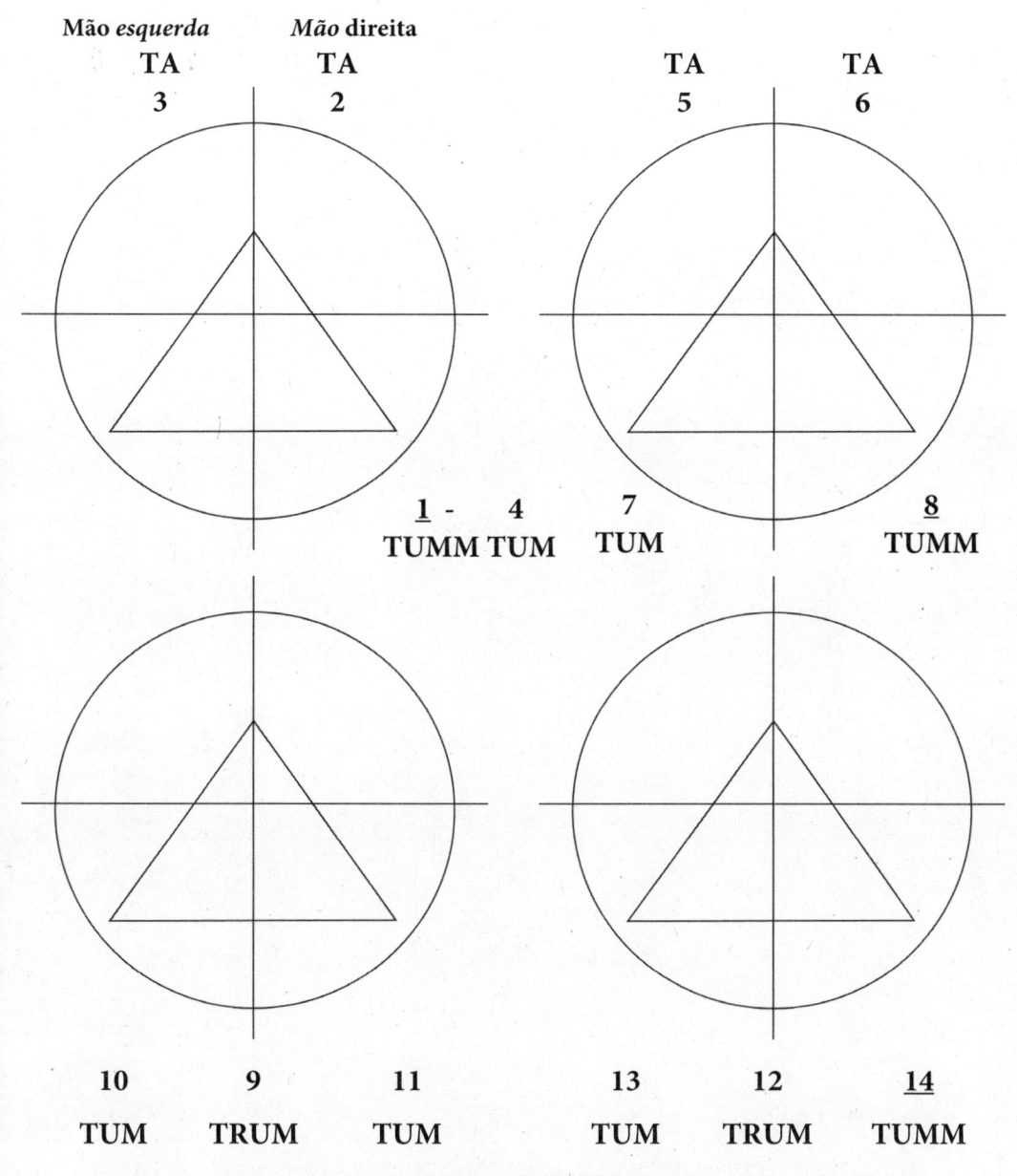

Mão *esquerda*   Mão direita
TA   TA   TA   TA
3   2   5   6

          1 - 4   7   8
         TUMM TUM TUM   TUMM

10   9   11   13   12   14
TUM TRUM TUM   TUM TRUM TUMM

NESTE CASO, O TOQUE (14) DO REPIQUE JÁ É O TOQUE (1) DO NAGÔ, LEMBRANDO QUE PODEMOS USAR QUALQUER VERSÃO DO REPIQUE, TERMINANDO NO GRAVE.

VARIAÇÃO 27
NAGÔ COM REPIQUE NO MEIO DO TOQUE

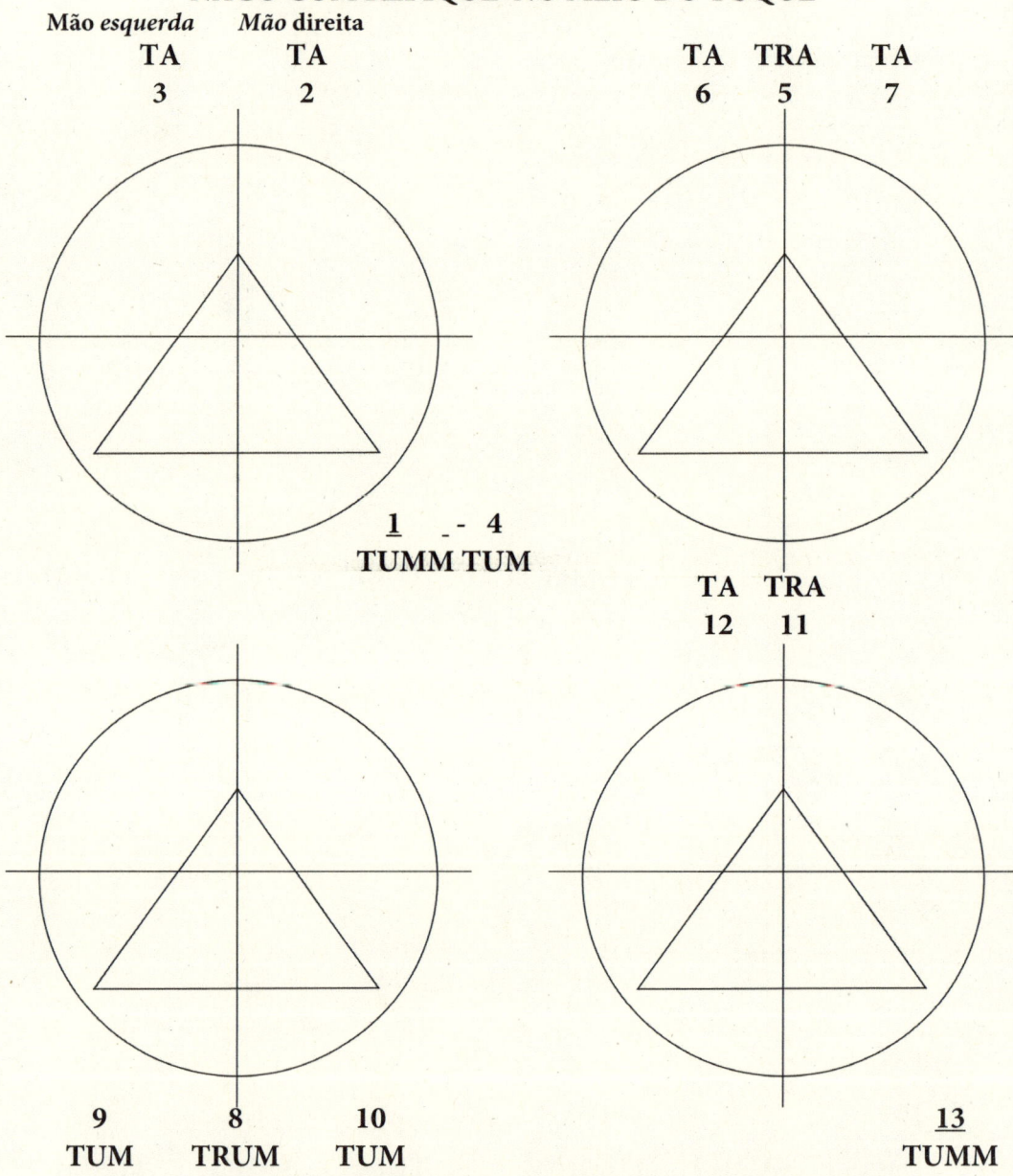

Mão *esquerda*   Mão *direita*

	TA	TA		TA	TRA	TA
	3	2		6	5	7

<u>1</u> - 4
TUMM TUM

TA   TRA
12   11

9	8	10		<u>13</u>
TUM	TRUM	TUM		TUMM

NESTE CASO O TOQUE É PAR, MAS O REPIQUE ENTRA NO MEIO DO TOQUE, ENTÃO A QUANTIDADE DE VEZES DO REPIQUE É IMPAR. PODEMOS USAR QUALQUER VERSÃO DO REPIQUE, SE FOR UMA VEZ TERMINANDO NO GRAVE. SE FOR TRÊS OU MAIS, PODEMOS VARIAR TODAS AS ANTERIORES E O ÚLTIMO TOQUE DO ÚLTIMO REPIQUE TERMINA NO GRAVE, PARA SER O TOQUE 1 DO NAGÔ.

VARIAÇÃO 28
NAGÔ COM REPIQUEQUE NO FINAL

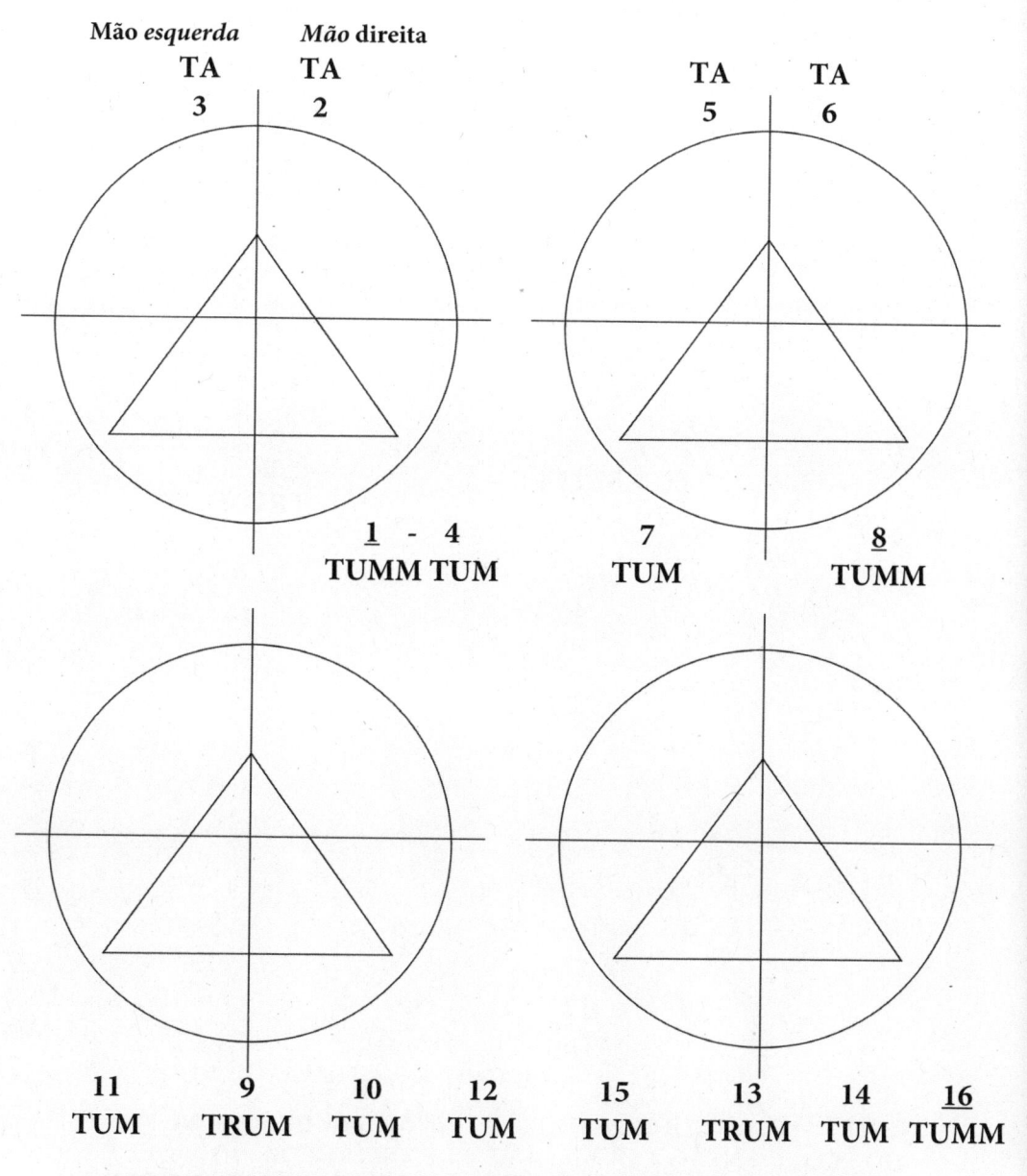

Mão *esquerda* Mão direita
TA TA   TA TA
3   2   5   6

1 - 4   7   8
TUMM TUM   TUM   TUMM

11   9   10   12   15   13   14   16
TUM TRUM TUM TUM   TUM TRUM TUM TUMM

NO REPIQUEQUE, A REGRA É A MESMA DO REPIQUE. PODEMOS VARIAR TODAS AS MÃOS, PORÉM O ÚLTIMO TOQUE DO ÚLTIMO REPIQUEQUE TEM DE TERMINAR NO GRAVE, PARA JÁ SER O TOQUE 1 DO NAGÔ.

VARIAÇÃO 29
NAGÔ COM REPIQUEQUE NO MEIO DO TOQUE (3X)

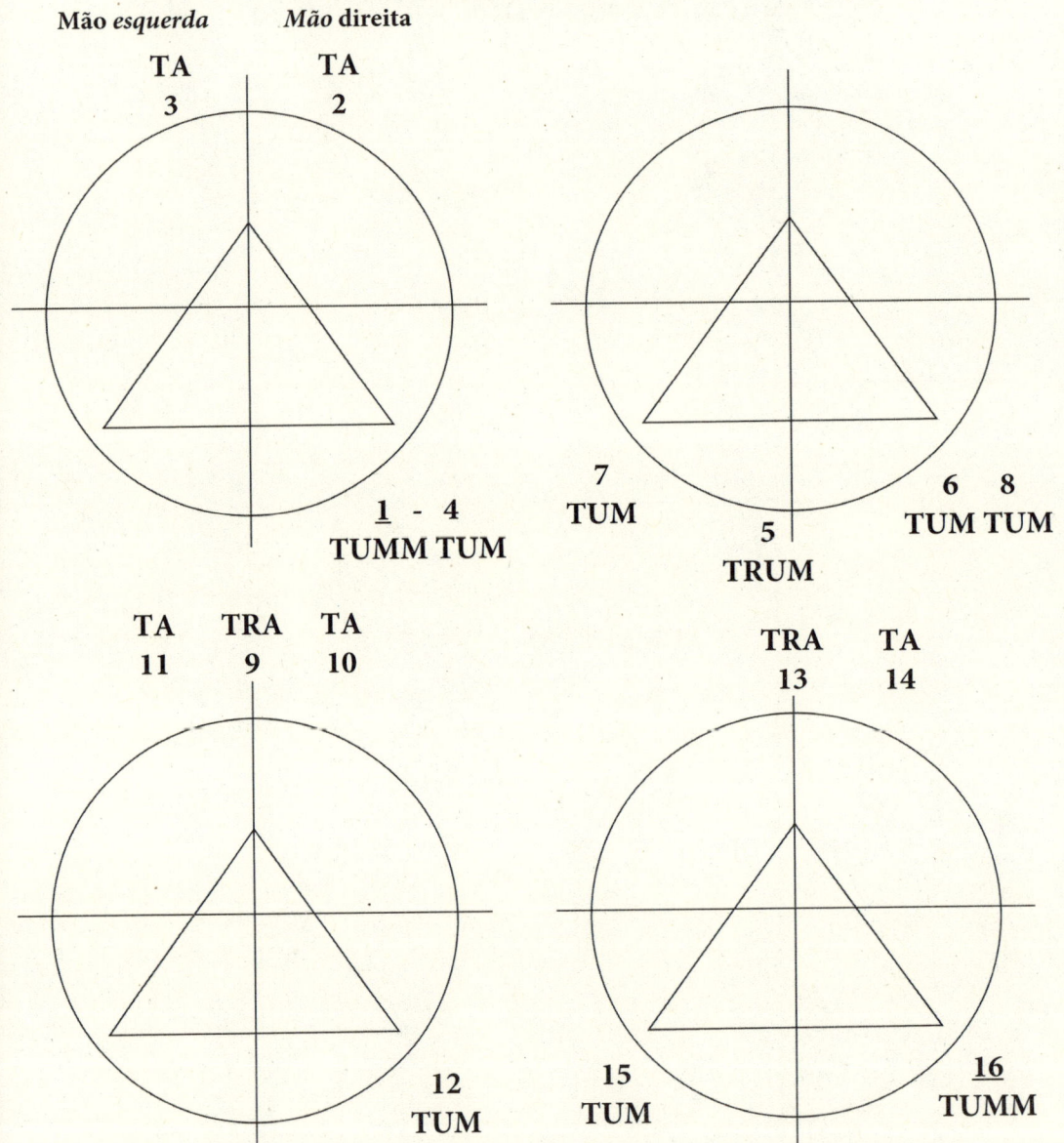

Mão *esquerda*   Mão *direita*

TA 3   TA 2

1 - 4
TUMM TUM

7 TUM   5 TRUM   6 8 TUM TUM

TA 11   TRA 9   TA 10

TRA 13   TA 14

12 TUM

15 TUM

16 TUMM

NESTE CASO, O TOQUE É PAR, MAS O REPIQUEQUE ENTRA NO MEIO DO TOQUE, ENTÃO A QUANTIDADE DE VEZES DO REPIQUEQUE É IMPAR. TAMBÉM PODEMOS USAR QUALQUER VERSÃO DO REPIQUEQUE, SE FOR UMA VEZ TERMINANDO NO GRAVE. SE FOR TRÊS OU MAIS, PODEMOS VARIAR TODAS AS ANTERIORES E O ÚLTIMO TOQUE DO ÚLTIMO REPIQUEQUE TERMINA NO GRAVE, PARA SER O TOQUE 01 DO NAGÔ.

ARREBATE

Mão *esquerda*   Mão direita
TA ↶   TA
3 ↶   2

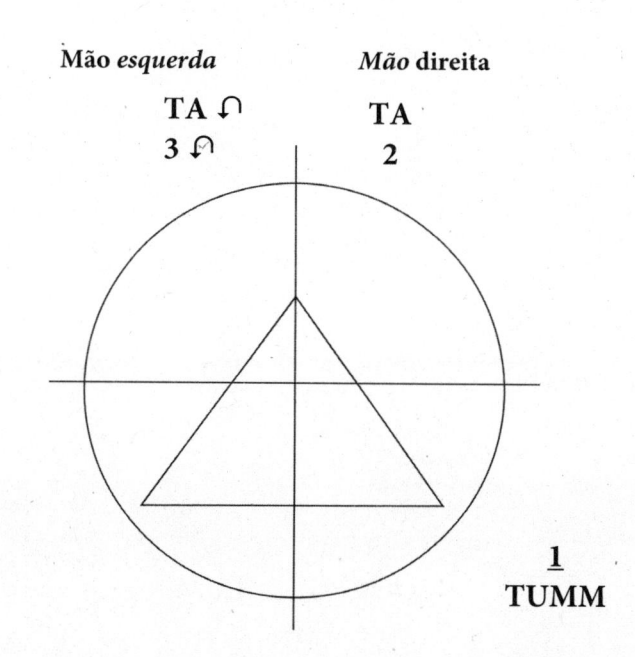

1
TUMM

TA   TA
4   5

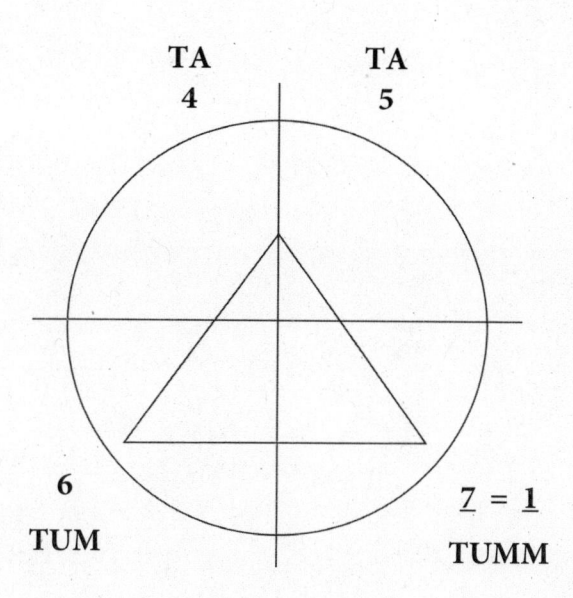

6   7 = 1
TUM   TUMM

Neste caso falamos que o toque é par, mais são 7 toques, porém são 8 tempos, porque contamos os tempos e tem uma pausa após o toque 3, por isso, consideramos toque par.

FALANDO, FICA ASSIM:
TUMM TA TA ↶ TA TA TUM TUMM
  1   2   3 ↶4   5   6   7=1

VARIAÇÃO 30
ARREBATE COM REPIQUE NO FINAL (2 X)

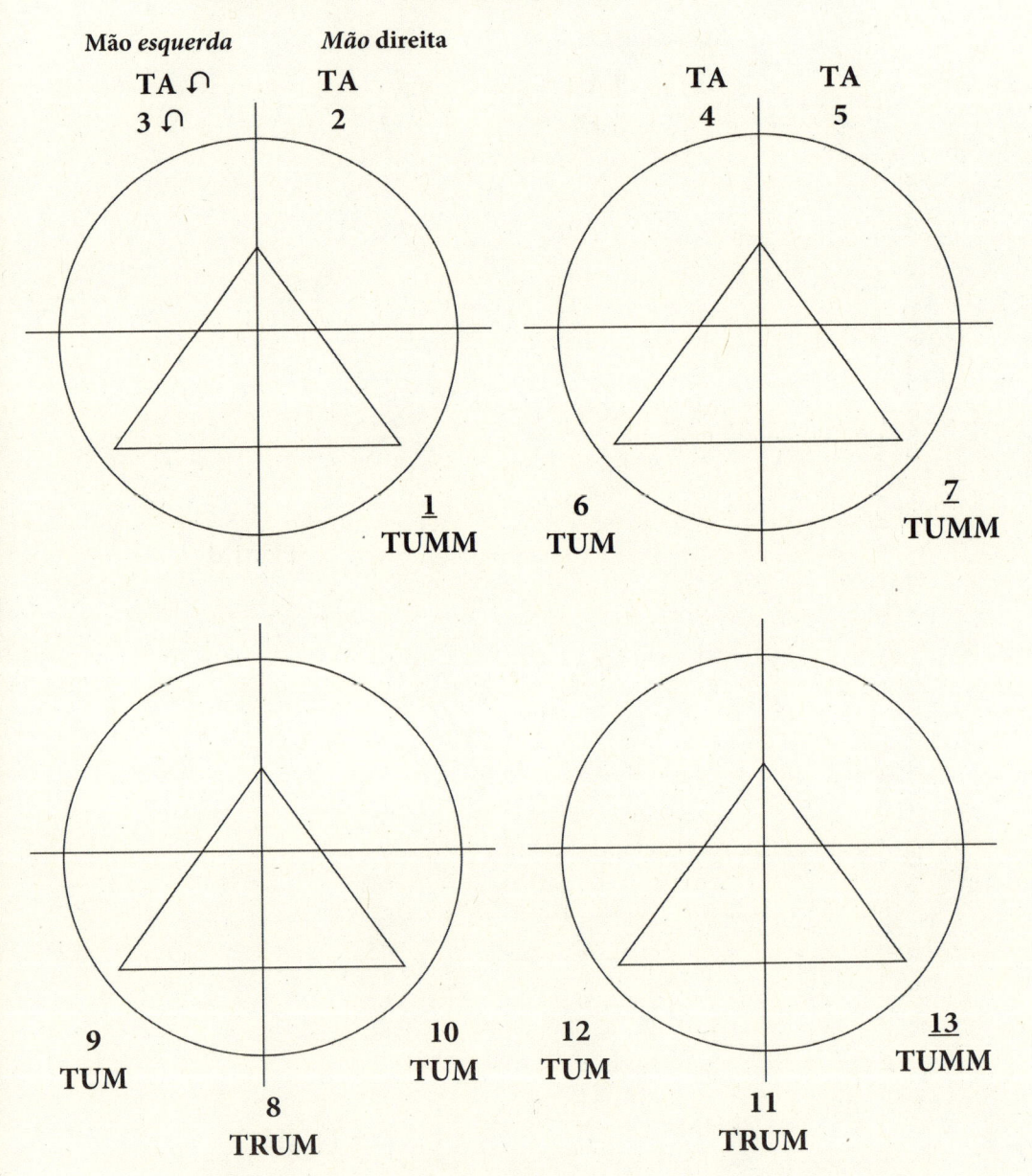

Mão *esquerda*   Mão direita

TA ↶   TA   TA   TA
3 ↶   2   4   5

1   6   7
TUMM   TUM   TUMM

9   10   12   13
TUM   TUM   TUM   TUMM
        8   11
        TRUM   TRUM

NESTE CASO, O TOQUE (13) DO REPIQUE JÁ É O TOQUE (1) DO ARREBATE, LEMBRANDO QUE PODEMOS USAR QUALQUER VERSÃO DO REPIQUE, TERMINANDO DO GRAVE.

VARIAÇÃO 31
ARREBATE COM REPIQUE NO MEIO DO TOQUE (1 X)

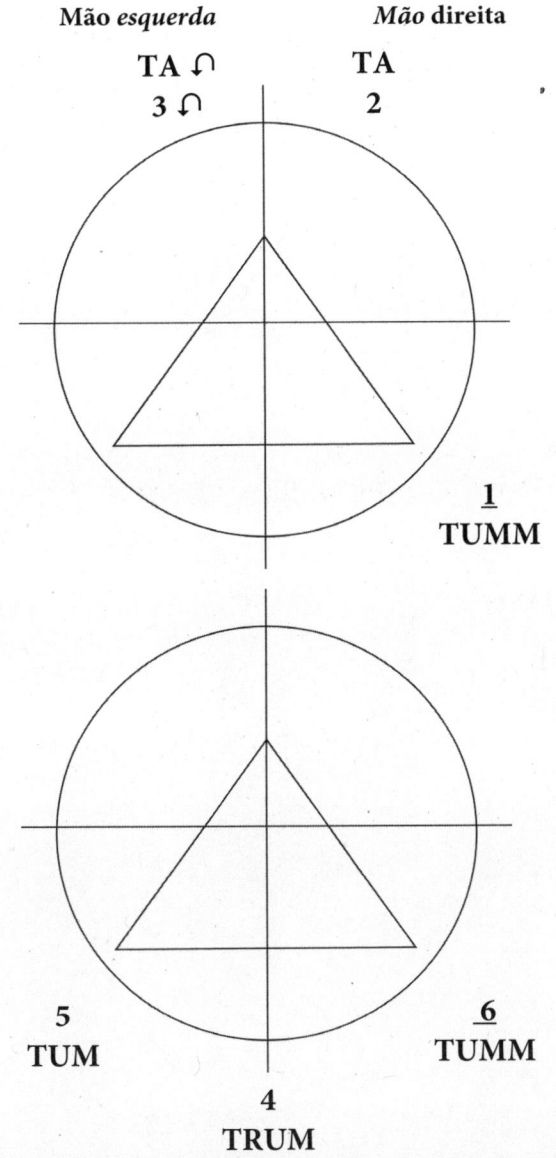

Mão *esquerda*   Mão direita

TA ↶   TA
3 ↶   2

<u>1</u>
TUMM

5   <u>6</u>
TUM   TUMM

4
TRUM

NESTE CASO, O TOQUE É PAR, MAS O REPIQUE ENTRA NO MEIO DO TOQUE, ENTÃO A QUANTIDADE DE VEZES DO REPIQUE É IMPAR. PODEMOS USAR QUALQUER VERSÃO DO REPIQUE, SE FOR UMA VEZ TERMINANDO NO GRAVE. SE FOR TRÊS OU MAIS, PODEMOS VARIAR TODAS AS ANTERIORES E O ÚLTIMO TOQUE DO ÚLTIMO REPIQUE TERMINA NO GRAVE, PARA SER O TOQUE 1 DO ARREBATE.

VARIAÇÃO 32
ARREBATE COM REPIQUEQUE NO FINAL DO TOQUE (2 X)

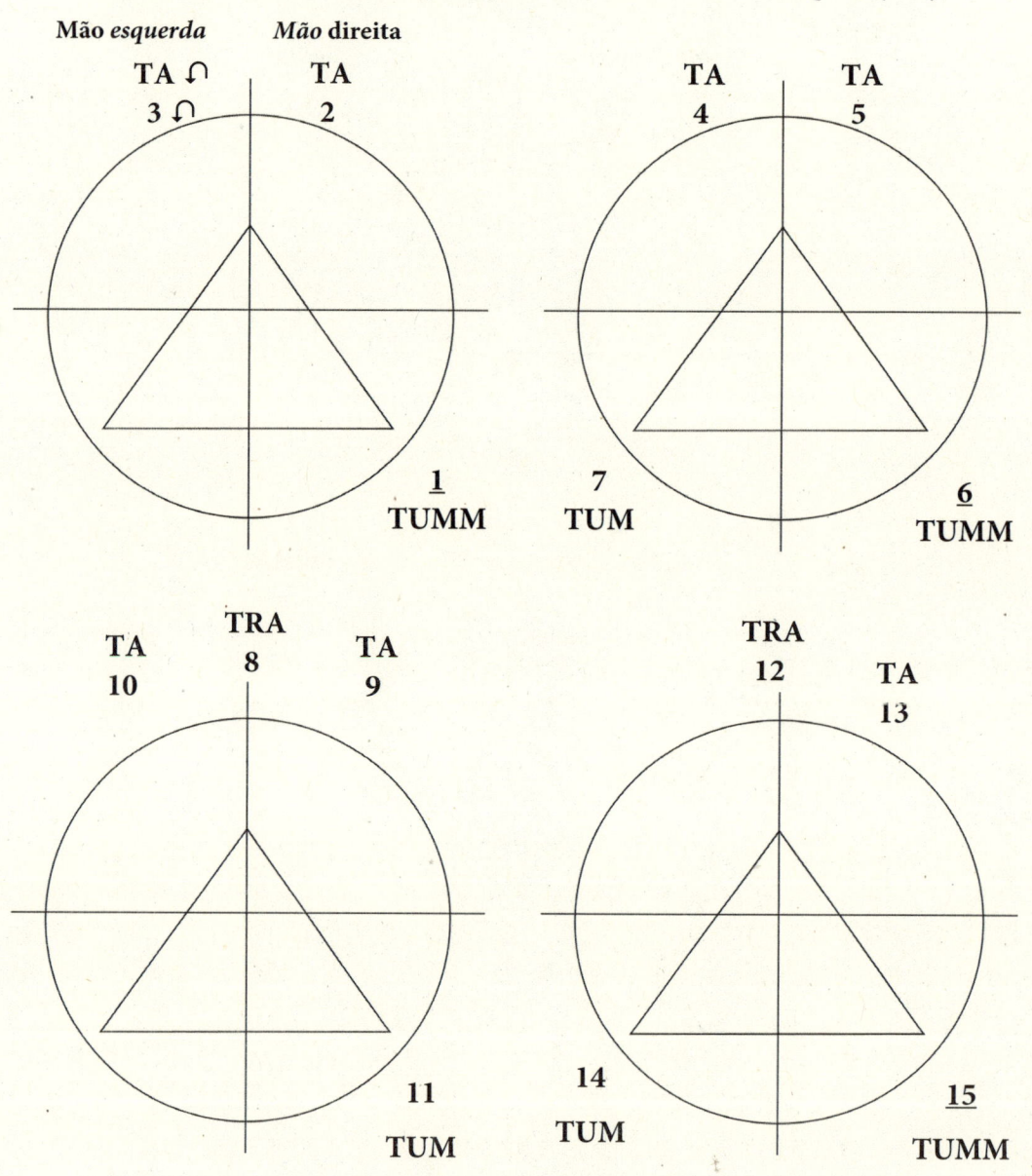

Mão *esquerda*   Mão *direita*

TA ↻   TA
3 ↻   2   TA   TA
                                     4   5

                1   7   6
                TUMM   TUM   TUMM

        TRA   TRA
TA   8   TA   12   TA
10   9   13

                11   14   15
                TUM   TUM   TUMM

NESTE CASO O TOQUE É PAR, PODEMOS USAR QUALQUER VERSÃO DO REPIQUEQUE, SE FOR 2 OU MAIS, PODEMOS VARIAR TODAS AS ANTERIORES E O ÚLTIMO TOQUE DO ÚLTIMO REPIQUEQUE, TERMINA NO GRAVE, PARA SER O TOQUE 01 DO ARREBATE.

VARIAÇÃO 33
ARREBATE COM REPIQUEQUE NO MEIO DO TOQUE (1 X)

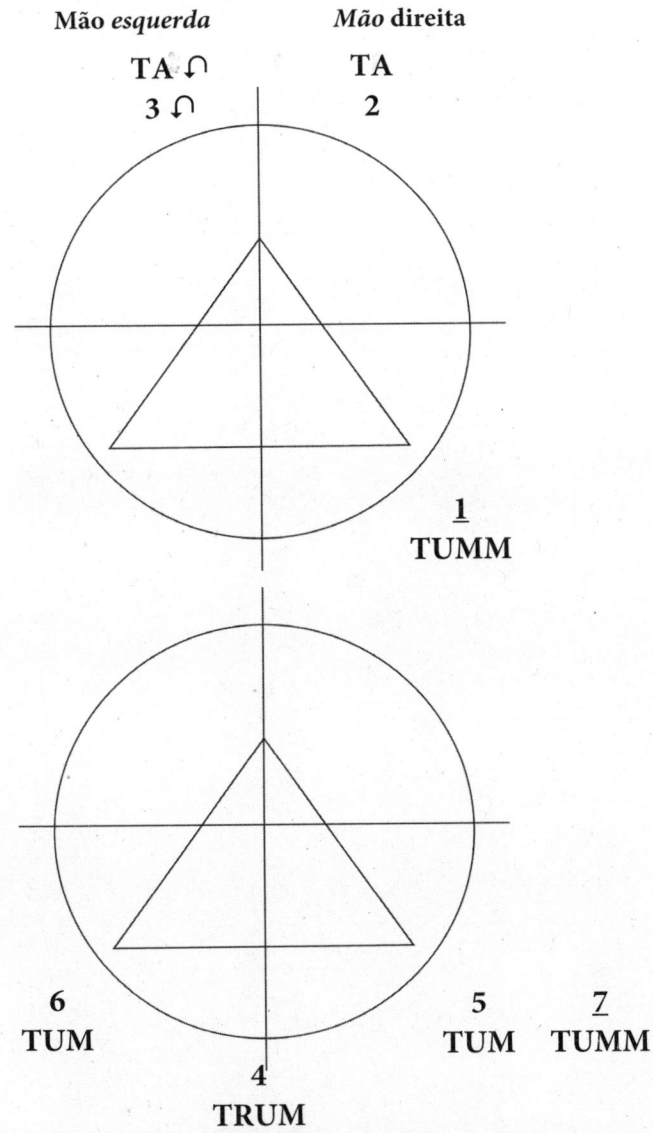

Mão *esquerda* Mão *direita*

TA ⌒ TA
3 ⌒ 2

1
TUMM

6 5 7
TUM TUM TUMM
4
TRUM

NESTE CASO, O TOQUE É PAR, MAS O REPIQUEQUE ENTRA NO MEIO DO TOQUE, ENTÃO A QUANTIDADE DE VEZES DO REPIQUEQUE É IMPAR. PODEMOS USAR QUALQUER VERSÃO DO REPIQUEQUE, SE FOR UMA VEZ TERMINANDO NO GRAVE. SE FOR TRÊS OU MAIS, PODEMOS VARIAR TODAS AS ANTERIORES E O ÚLTIMO TOQUE DO ÚLTIMO REPIQUEQUE TERMINA NO GRAVE, PARA SER O TOQUE 01 DO ARREBATE.

DOUBLE FOUR

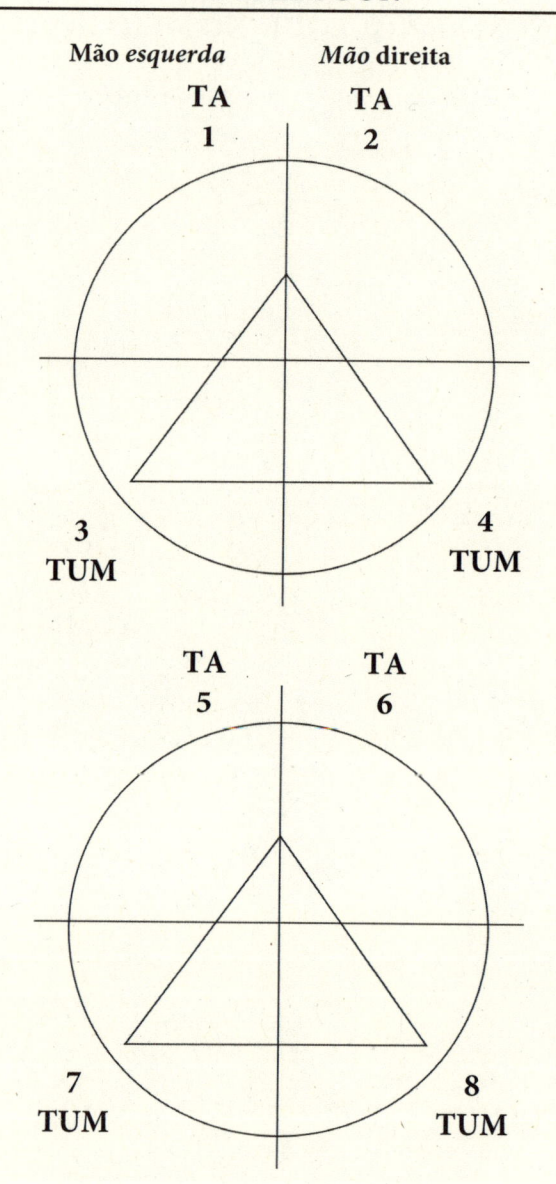

Mão *esquerda* Mão direita

TA TA
1   2

3   4
TUM TUM

TA TA
5   6

7   8
TUM TUM

FALANDO, FICA ASSIM:

TA TA TUM TUM TA TA TUM TUM

SÃO BENTO

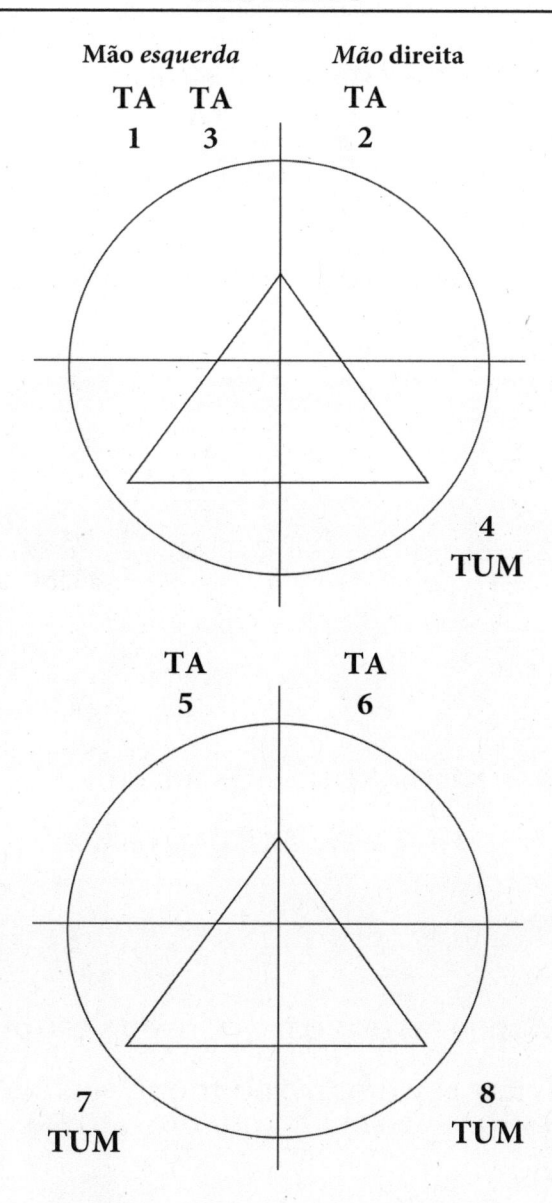

Mão *esquerda*   Mão direita

TA TA   TA
1   3   2

4
TUM

TA   TA
5   6

7   8
TUM   TUM

FALANDO, FICA ASSIM:

TA TA TA TUM TA TA TUM TUM
NESTE CASO, O TOQUE (7) NÃO SERÁ O TOQUE (1).

SÃO BENTO GRANDE

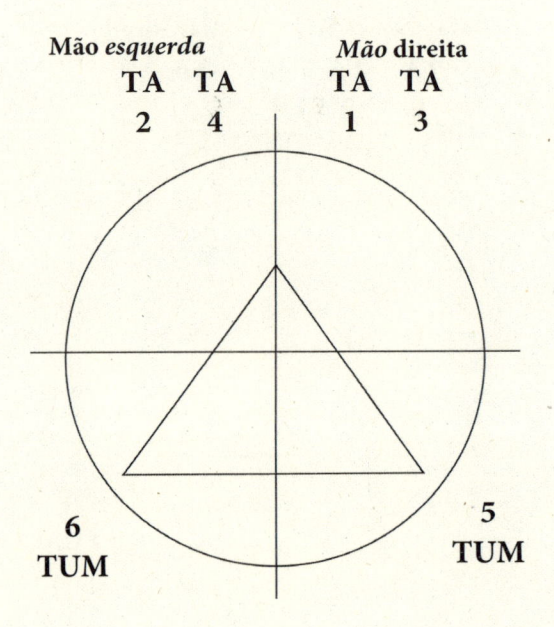

```
Mão esquerda      Mão direita
 TA   TA           TA   TA
  2    4            1    3
```

```
         6                    5
        TUM                  TUM
```

FALANDO, FICA ASSIM:

TA TA TA TA TUM TUM

NESTE CASO, O TOQUE (6) SERÁ O TOQUE (1) DO NAGÔ OU ARREBATE.

"PRECISA DIVIDIR BEM O TEMPO DO TOQUE, POIS FAREMOS 6 TOQUES NO TEMPO DE 8 (NAGÔ) OU (SÃO BENTO).

SÃO BENTO PEQUENO

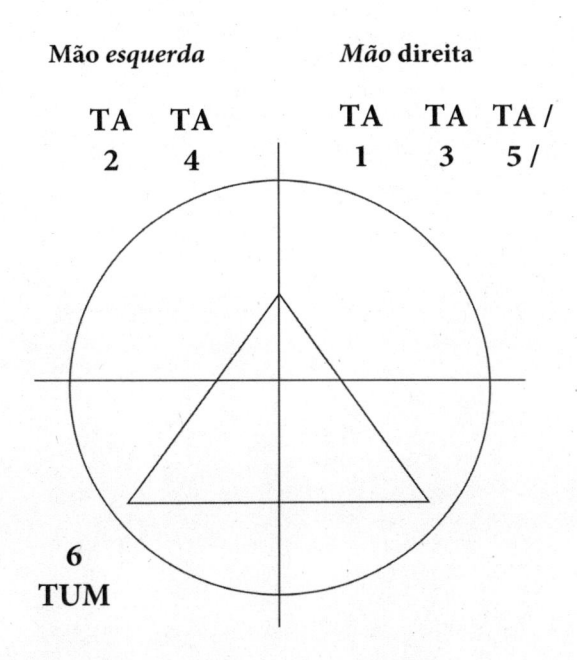

Mão *esquerda*   **Mão** direita

TA TA   TA TA TA /
2   4   1   3   5 /

6
TUM

FALANDO, FICA ASSIM:

TA TA TA TA TA/TUM

NESTE CASO, O TOQUE (6) SERÁ O TOQUE (1) DO NAGÔ OU ARREBATE.

BY TAMBOR

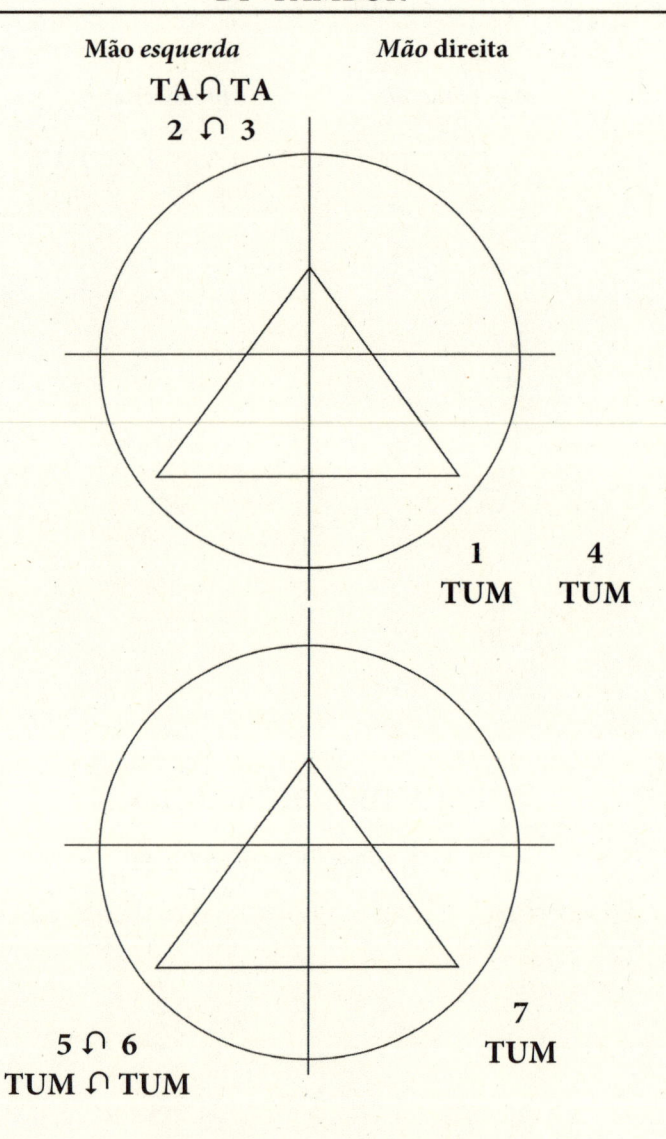

Mão *esquerda*　　　Mão direita

TA ∩ TA
2 ∩ 3

　　　　　　1　　4
　　　　　TUM　TUM

　　　　　　　7
5 ∩ 6　　　　TUM
TUM ∩ TUM

FALANDO, FICA ASSIM:

TUM TA ∩ TA TUM TUM ∩ TUM TUM

EM CADA TOQUE BASE QUE ESTE CONTRATEMPO FOR UTILIZADO, ELE ALTERNA O TOQUE (1 E 7) DE LUGAR. NESTE CASO, ESTÁ ENCERRANDO NO GRAVE MÃO DIREITA POR SER NAGÔ. SE FOSSE IJEXÁ SERIA NO AGUDO, EM CIMA.

TAMBOREANO

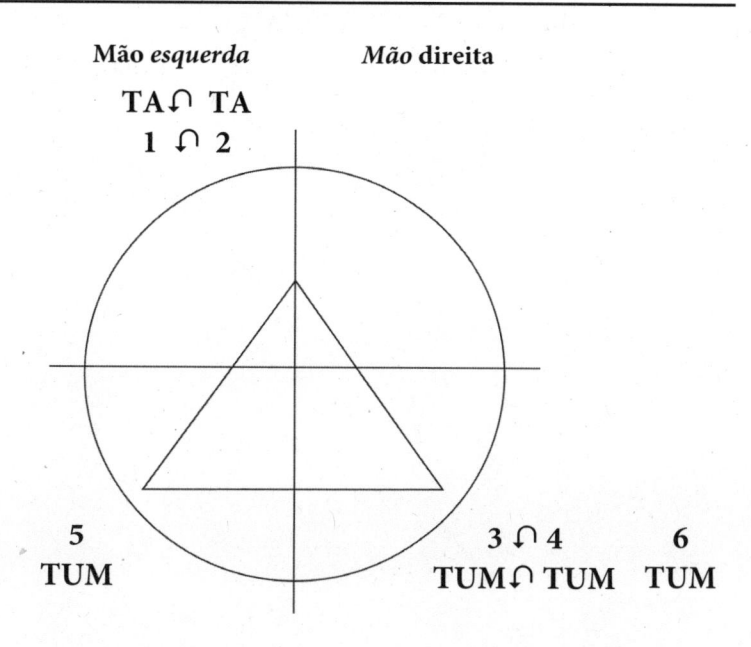

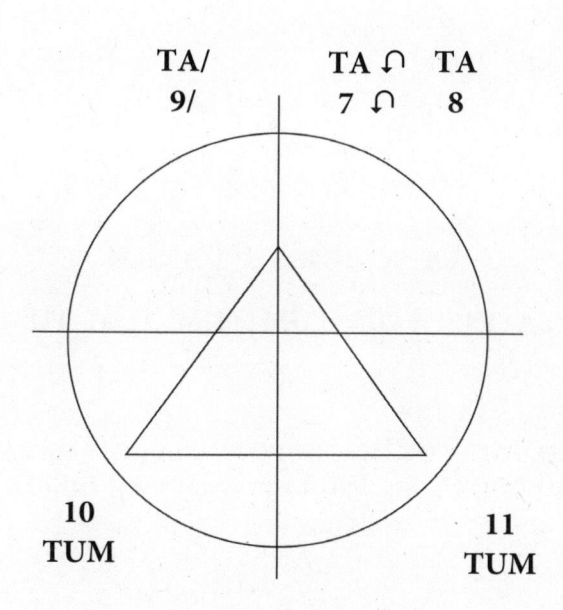

Mão *esquerda*   Mão direita

TA ↷ TA
1 ↷ 2

5   3 ↷ 4   6
TUM   TUM ↷ TUM   TUM

TA/   TA ↷ TA
9/   7 ↷ 8

10   11
TUM   TUM

FALANDO, FICA ASSIM:

TA ↷ TA TUM ↷ TUM TUM TUM TA ↷ TA TA/ TUM TUM

VARIAÇÃO 34
TATATATA TUMTUMTUMTUM (4X4)

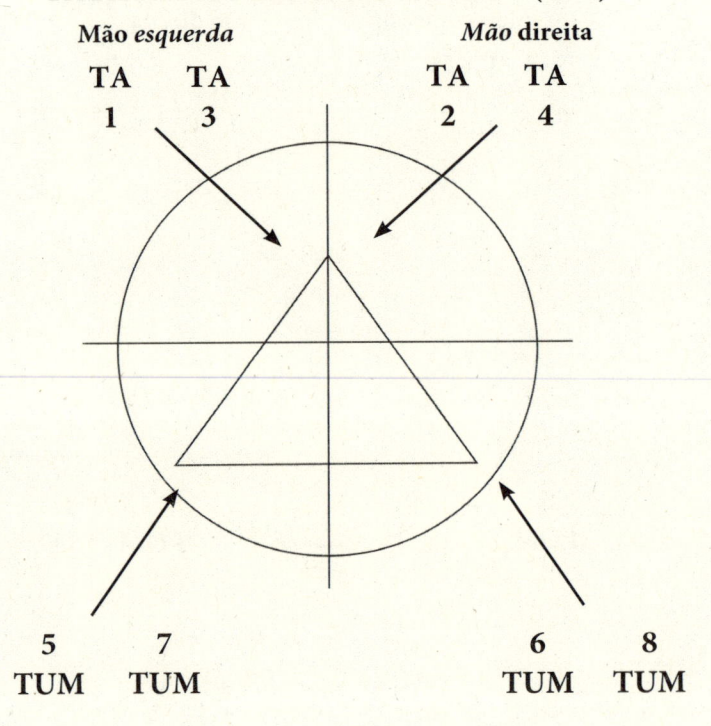

Mão *esquerda*   Mão direita

TA	TA		TA	TA
1	3		2	4

5	7		6	8
TUM	TUM		TUM	TUM

FALANDO, FICA ASSIM:

TA TA TA TA TUM TUM TUM TUM

NESTE CASO, ESTE CONTRATEMPO INICIA COM MÃO ESQUERDA. CONFORME O TOQUE, ELE INICIARÁ COM MÃO DIREITA (Ex: IJEXÁ).

VARIAÇÃO 35
TAKTATAKTATA/

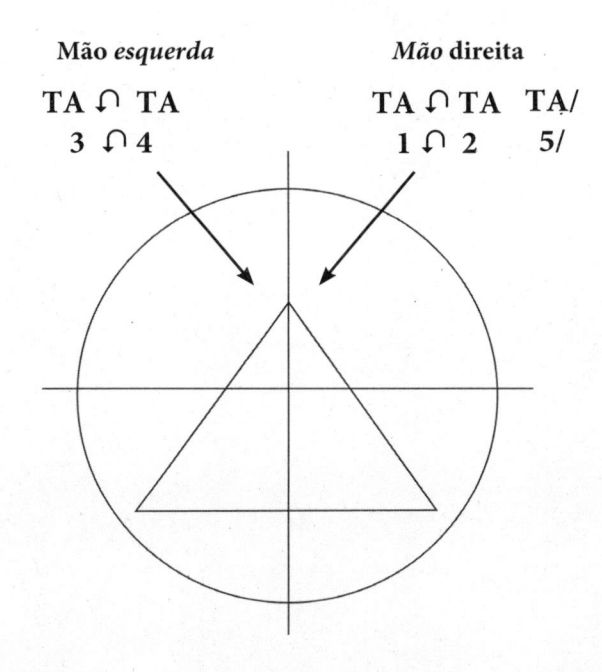

Mão *esquerda*   Mão direita

TA ∩ TA   TA ∩ TA TA/
3 ∩ 4   1 ∩ 2   5/

FALANDO, FICA ASSIM:

TA ∩ TA TA ∩ TA TA/

NORMALMENTE, PARA UM CONTRATEMPO O SEU ÚLTIMO TOQUE JÁ É O PRIMEIRO DO TOQUE QUE ESTÁ PRATICANDO. PARA ESTE CONTRATEMPO NÃO É ASSIM, TEM QUE TERMINÁ-LO NORMAL E INICIAR O TOQUE PELO TOQUE (1) DO TOQUE QUE ESTIVER REALIZANDO.

VARIAÇÃO 36
NAGÔ + BY TAMBOR

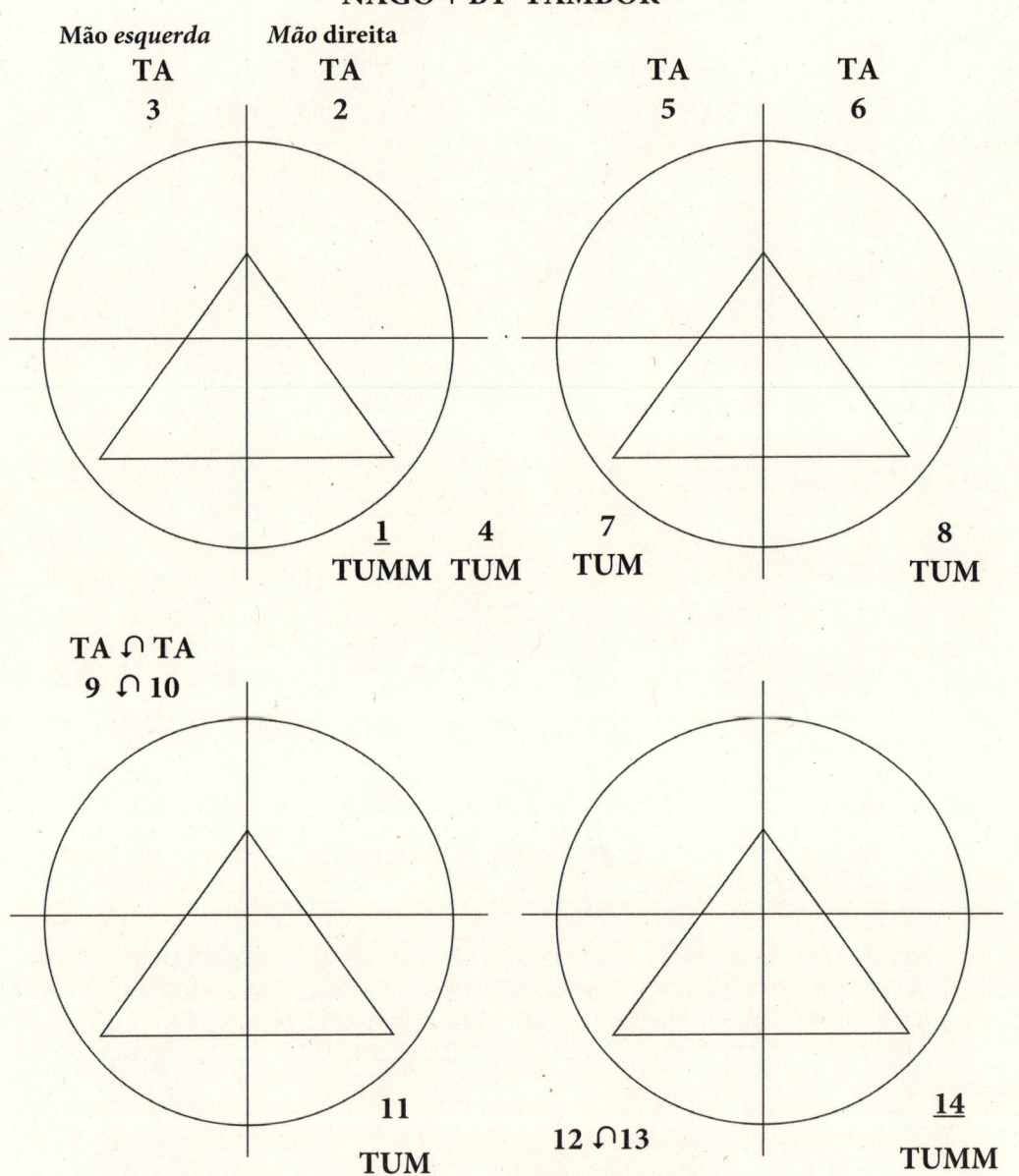

Mão *esquerda*   Mão direita
TA   TA   TA   TA
3   2   5   6

1   4   7   8
TUMM TUM   TUM   TUM

TA ∩ TA
9 ∩ 10

11   14
TUM   12 ∩ 13   TUMM
       TUM ∩ TUM

FALANDO FICA, ASSIM:

TUMM TA TA TUM TA TA TUM TUM TA∩ TA TUM TUM ∩ TUM TUM

VARIAÇÃO 37
ARREBATE + BY TAMBOR

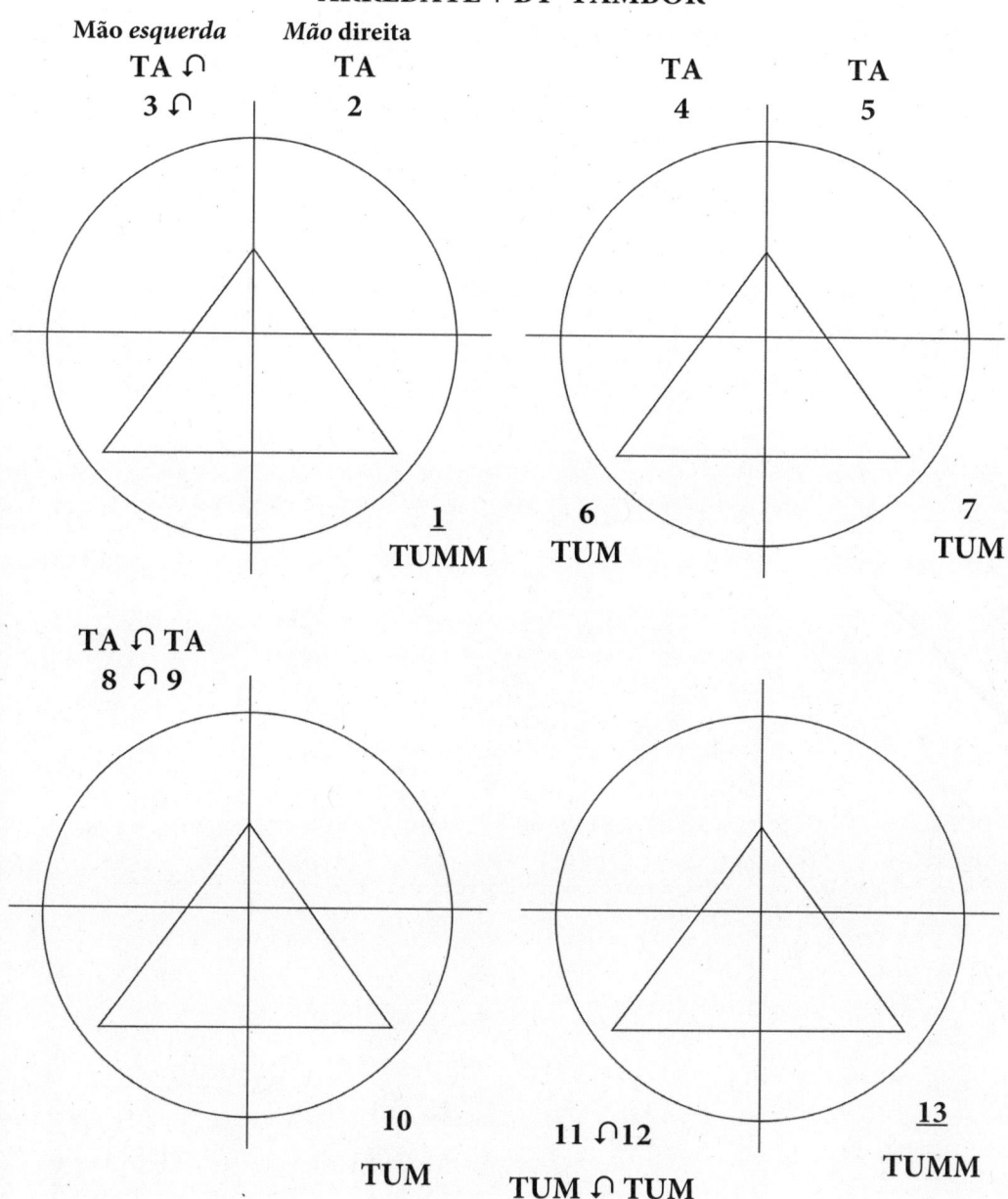

Mão *esquerda*   Mão direita
TA ↶   TA   TA   TA
3 ↶   2   4   5

<u>1</u>   6   7
TUMM   TUM   TUM

TA ↶ TA
8 ↶ 9

10   11 ↶ 12   <u>13</u>
TUM   TUM ↶ TUM   TUMM

FALANDO, FICA ASSIM:

TUMM TA TA ↶ TA TA TUM TUM TA ↶ TA TUM TUM ↶ TUM TUMM

VARIAÇÃO 38
SÃO BENTO + BY TAMBOR

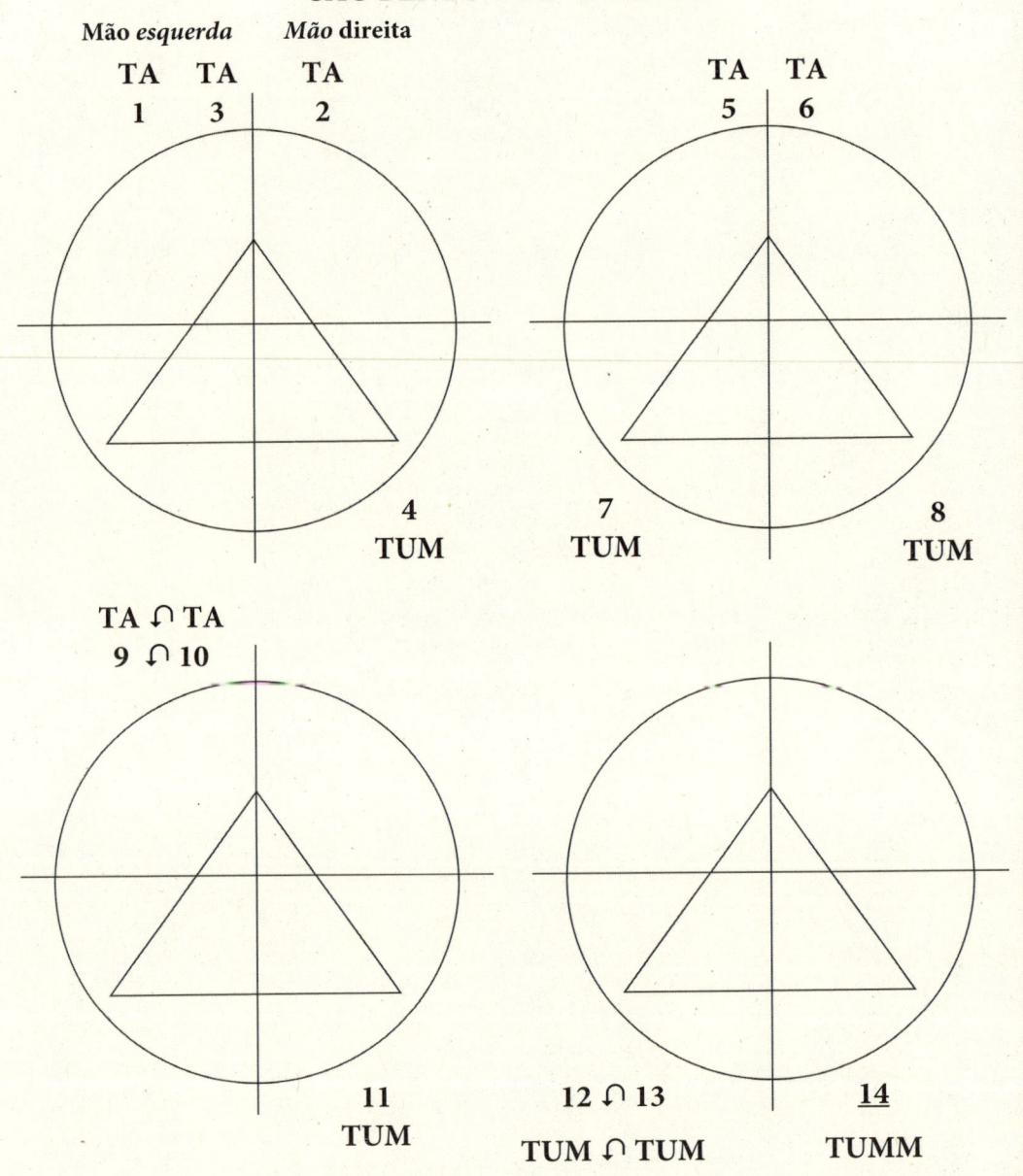

Mão *esquerda*   Mão *direita*

TA TA   TA   TA TA
1   3   2   5   6

4   7   8
TUM TUM   TUM

TA ∩ TA
9 ∩ 10

11   12 ∩ 13   <u>14</u>
TUM   TUM ∩ TUM   TUMM

FALANDO, FICA ASSIM:
TA TA TA TUM TA TA TUM TUM TA ∩ TA TUM TUM ∩ TUM TUMM

VARIAÇÃO 39
NAGÔ + CONTRATEMPO 1 (4 X 4)

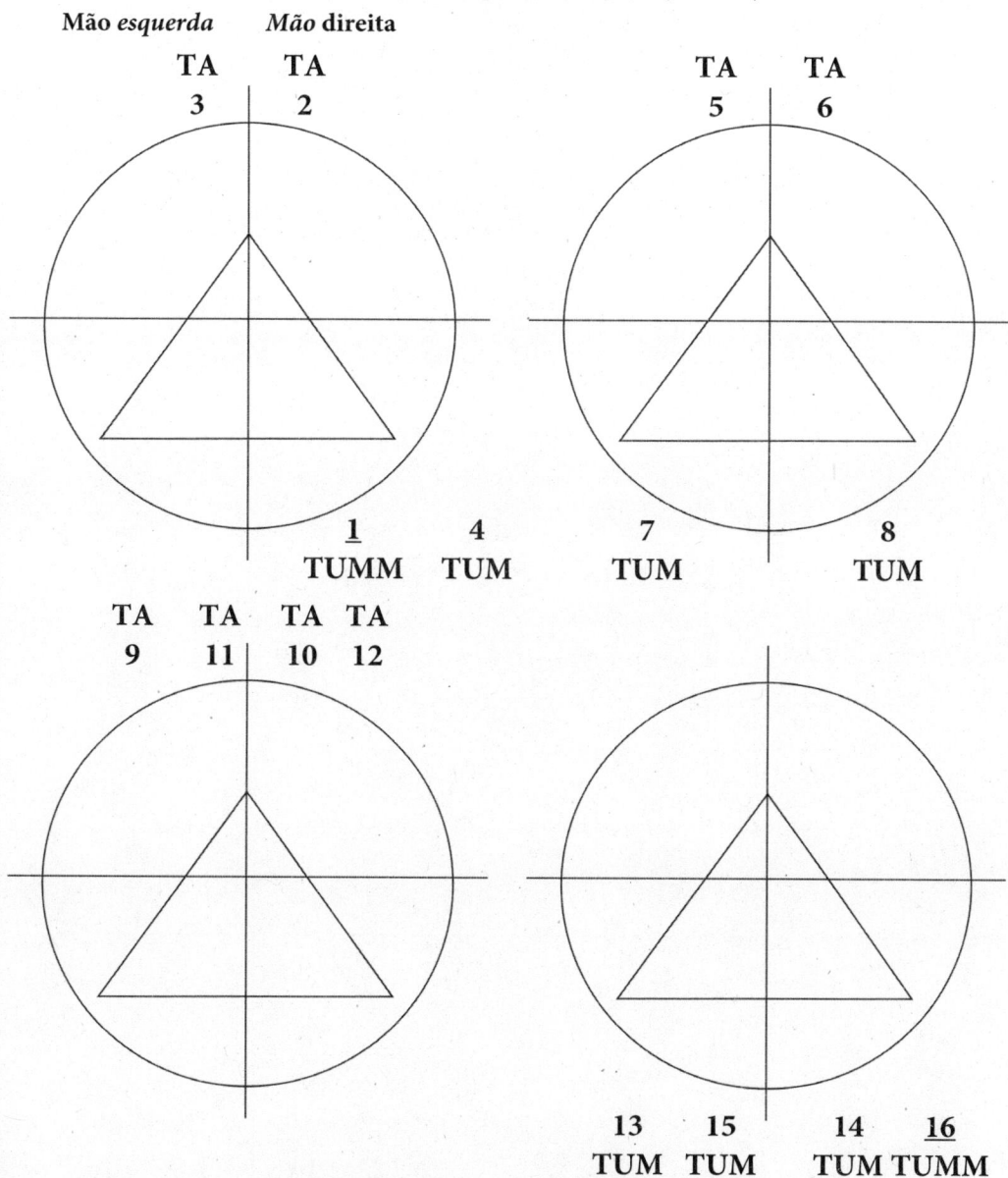

Mão *esquerda*   Mão **direita**

TA   TA   TA   TA
 3   2   5   6

<u>1</u>   4   7   8
TUMM TUM   TUM   TUM

TA   TA   TA   TA
 9   11   10   12

13   15   14   <u>16</u>
TUM TUM   TUM TUMM

FALANDO, FICA ASSIM:
TUM TA TA TUM TA TA TUM TUM TA TA TA TA
TUM TUM TUM TUM

VARIAÇÃO 40
ARREBATE + CONTRATEMPO 1(4 X 4)

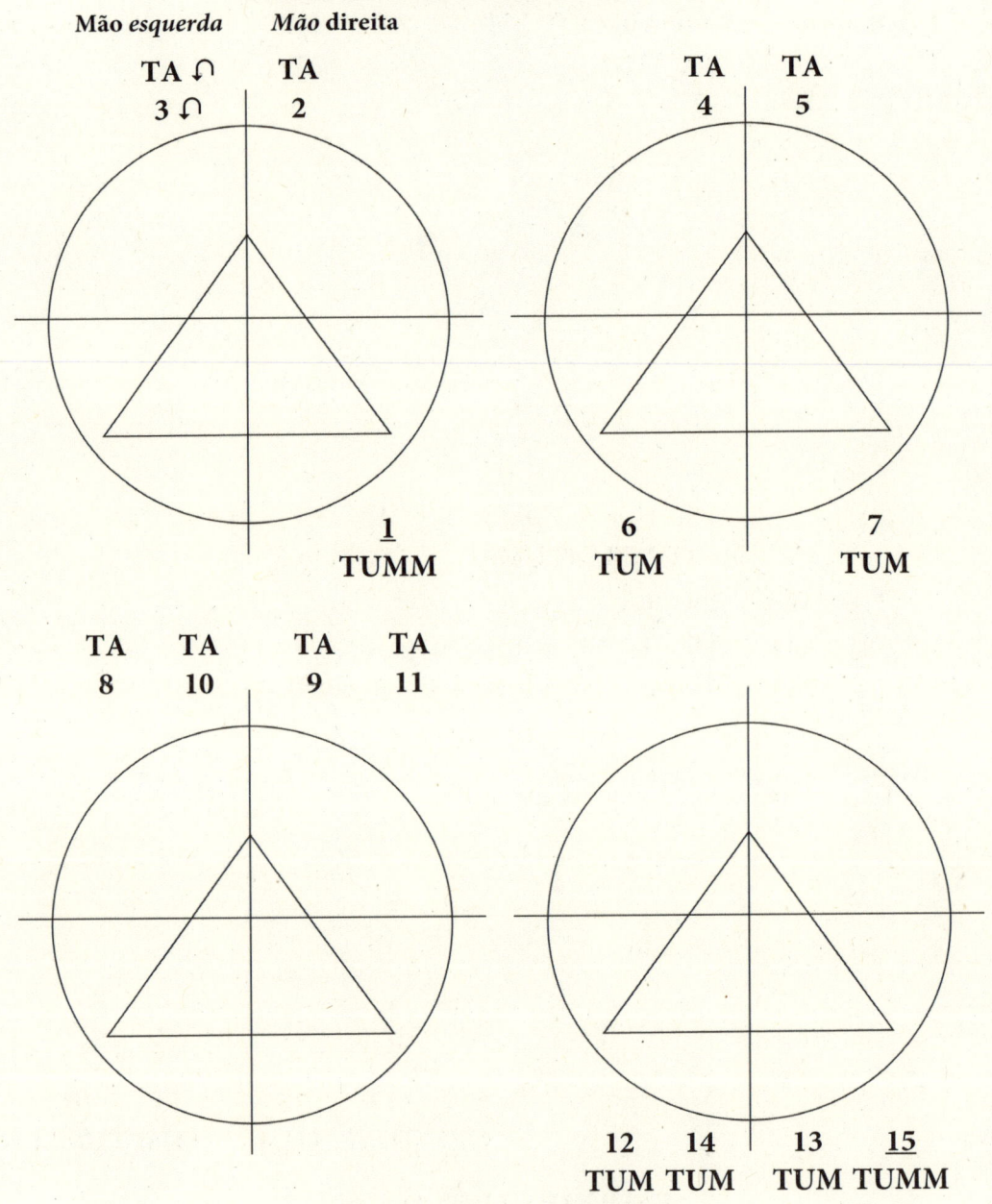

Mão *esquerda*   Mão *direita*

TA ↶   TA   TA   TA
3 ↶   2   4   5

         1   6   7
         TUMM   TUM   TUM

TA   TA   TA   TA
8   10   9   11

                    12   14   13   15
                    TUM   TUM TUM   TUMM

FALANDO, FICA ASSIM:

TUMM TA TA ↶ TA TA TUM TUM TA TA TA TA TUM TUM TUM TUMM

VARIAÇÃO 41
SÃO BENTO + CONTATEMPO 1 (4 X 4)

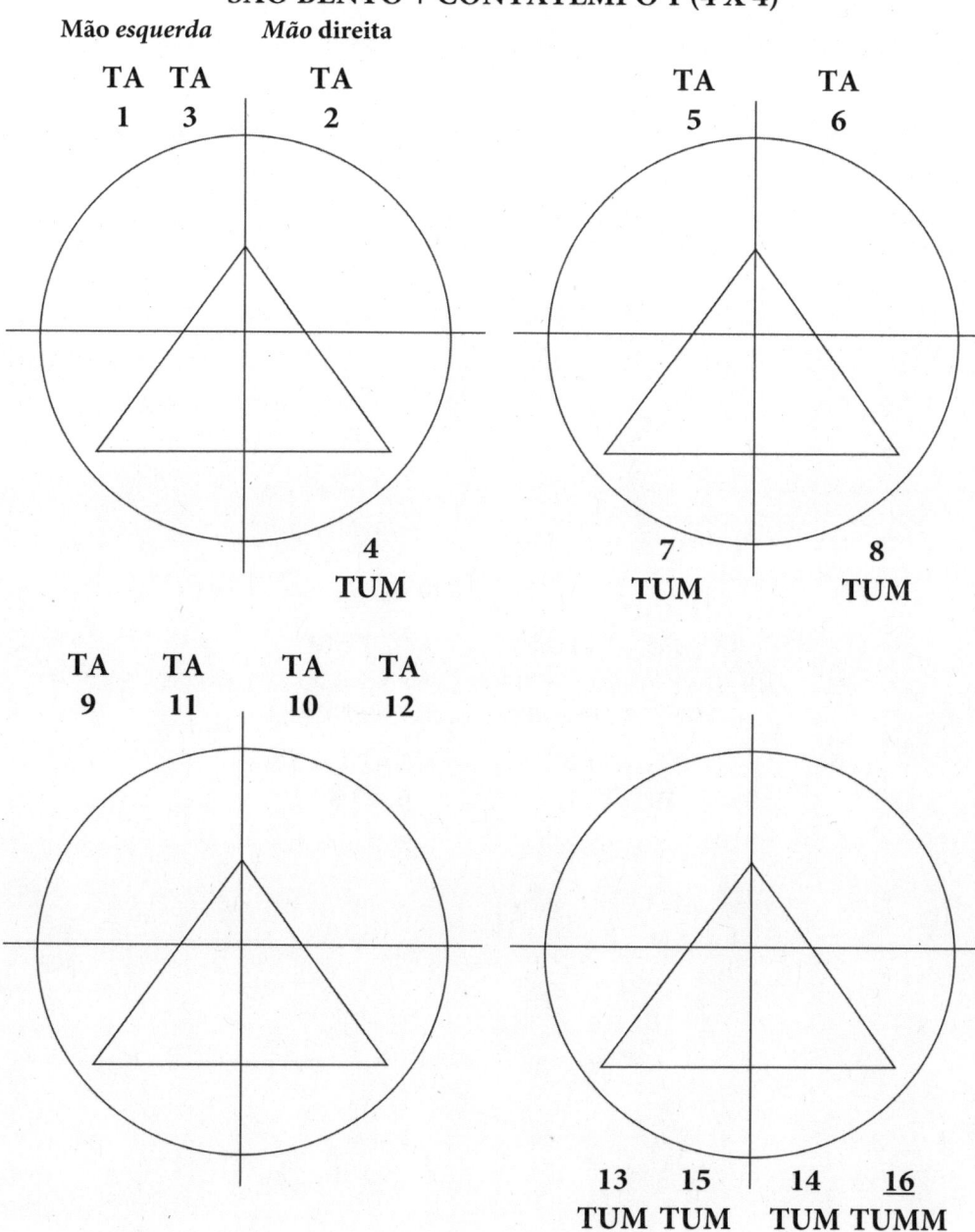

Mão *esquerda*   Mão *direita*

TA   TA   TA   TA   TA
1   3   2   5   6

                    4   7   8
                    TUM   TUM   TUM

TA   TA   TA   TA
9   11   10   12

                              13   15   14   <u>16</u>
                              TUM TUM TUM TUMM

FALANDO, FICA ASSIM:
TA TA TA TUM TA TA TUM TUM TA TA TA TA TUM TUM TUM TUMM

VARIAÇÃO 42
NAGÔ + CONTRATEMPO 2 (TAKTATAKTATA/)

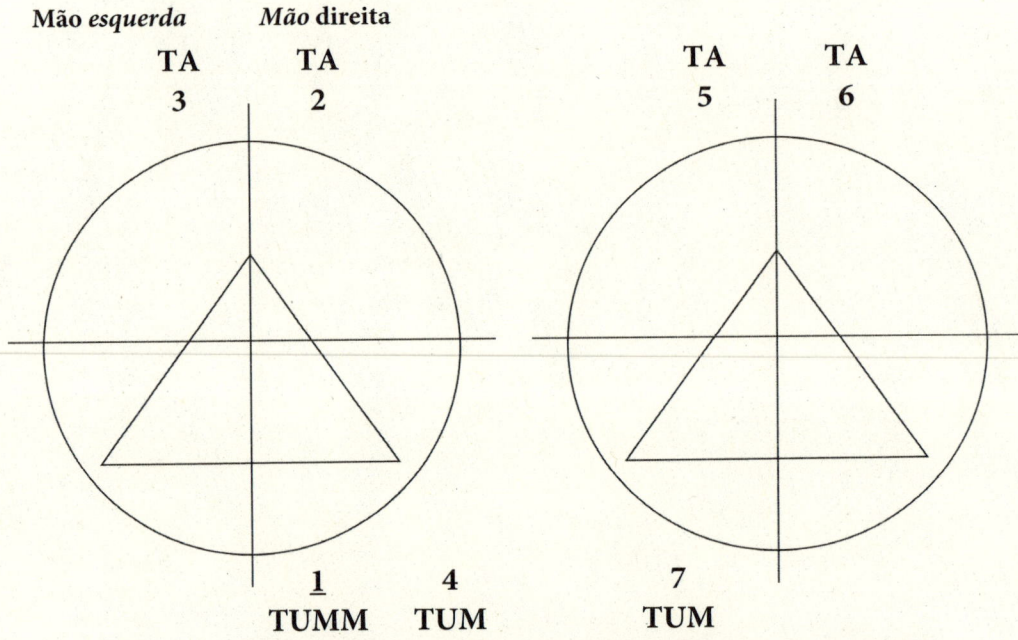

Mão *esquerda*   Mão *direita*

TA   TA   TA   TA
3   2   5   6

1   4   7
TUMM TUM   TUM

Atenção: PARA ESTE CASO, O TOQUE 8 DO NAGÔ JÁ É O TOQUE 8 CONTRATEMPO ENTÃO SERÁ ENCIMA.

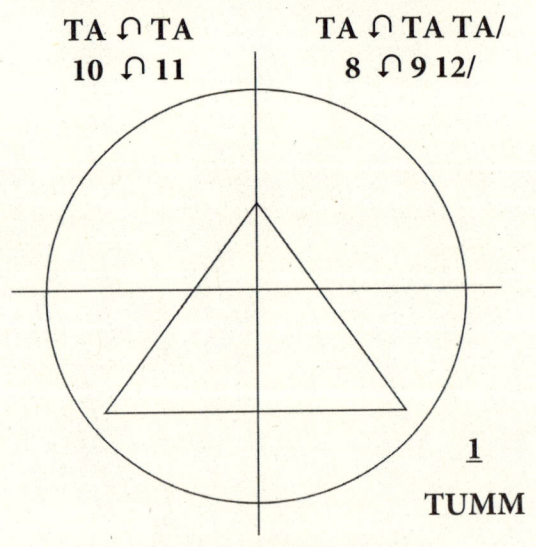

TA ∩ TA   TA ∩ TA TA/
10 ∩ 11   8 ∩ 9 12/

1
TUMM

FALANDO, FICA ASSIM:

TUMM TA TA TUM TA TA TUM TA ∩ TA TA ∩ TA TA/ TUMM

VARIAÇÃO 43
ARREBATE + CONTRATEMPO 2 (TAKTATAKTATA)

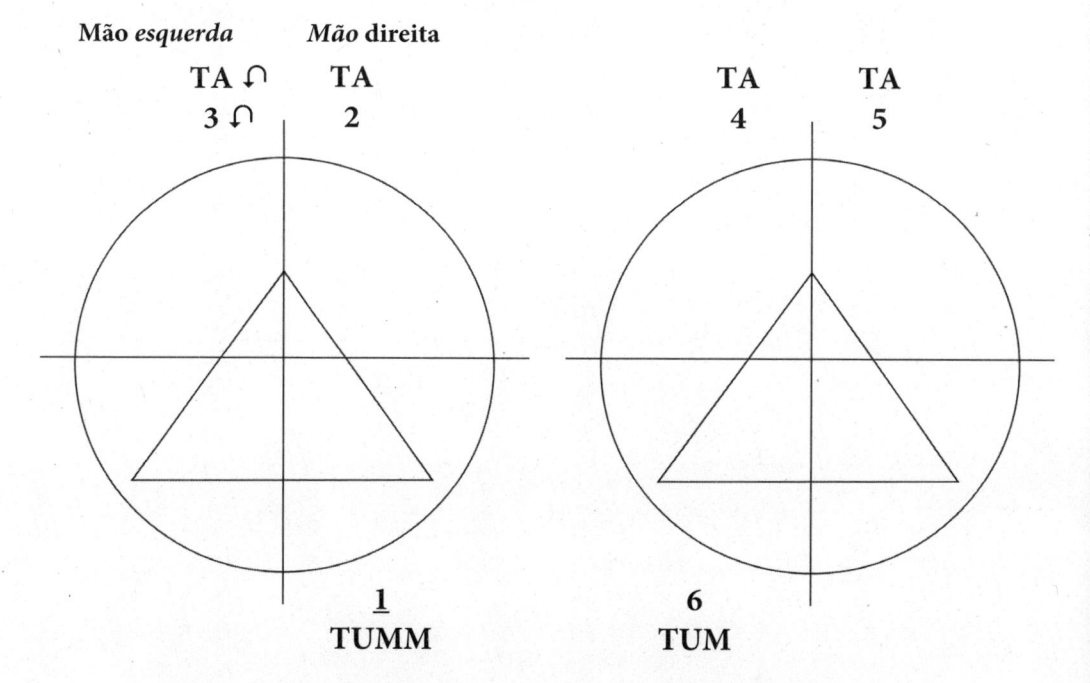

Mão *esquerda*   Mão direita

TA ⌒ TA   TA   TA
3 ⌒ 2   4   5

1   6
TUMM   TUM

PARA ESTE CASO, O TOQUE 7 DO ARREBATE JÁ É O TOQUE 7 DO CONTRATEMPO, ENTÃO SERÁ ENCIMA.

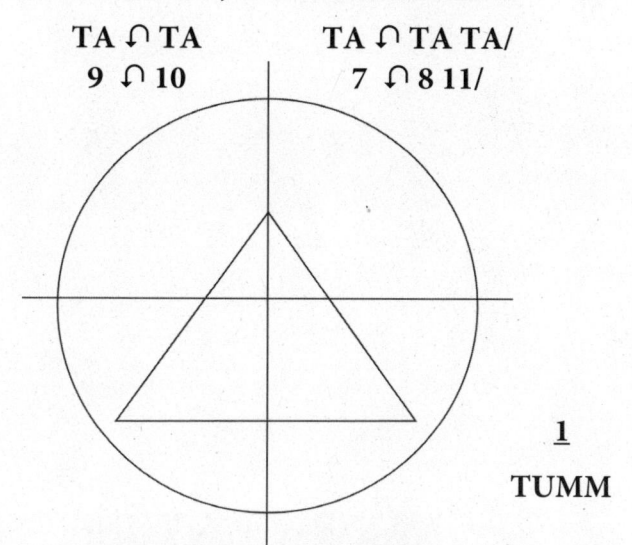

TA ⌒ TA   TA ⌒ TA TA/
9 ⌒ 10   7 ⌒ 8 11/

1
TUMM

FALANDO, FICA ASSIM:
TUMM TA TA⌒ TA TA TUM TA⌒ TA TA ⌒ TA TA/ TUMM

VARIAÇÃO 44
SÃO BENTO + CONTATEMPO 2 (TAKTATAKTATA)

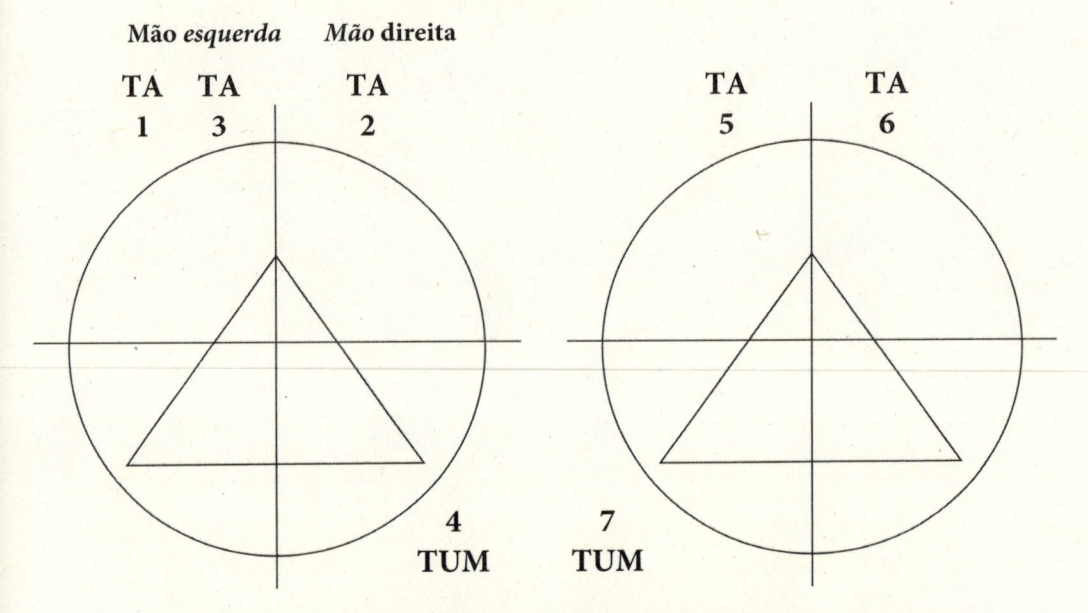

Mão *esquerda*   Mão direita

TA TA   TA   TA   TA
1   3   2   5   6

         4   7
        TUM TUM

PARA ESTE CASO, O TOQUE 8 DO SÃO BENTO JÁ É O TOQUE 8 NO CONTRATEMPO, ENTÃO SERÁ ENCIMA.

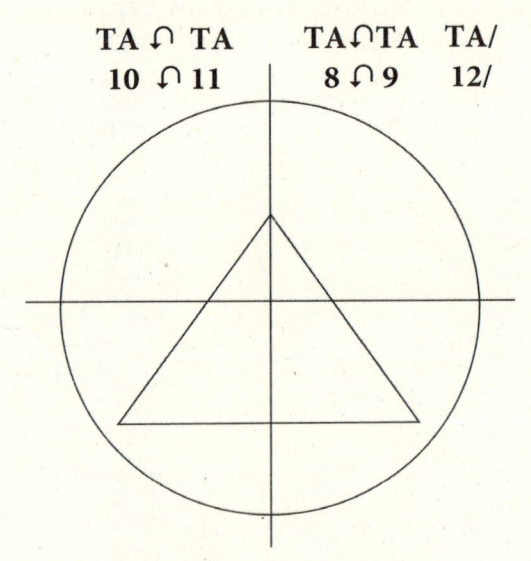

TA ⌒ TA   TA⌒TA   TA/
10 ⌒ 11   8 ⌒ 9   12/

FALANDO, FICA ASSIM:
TA TA TA TUM TA TA TUM TA ⌒ TA TA ⌒TA TA/

VARIAÇÃO 45
NAGÔ + TAMBOREANO

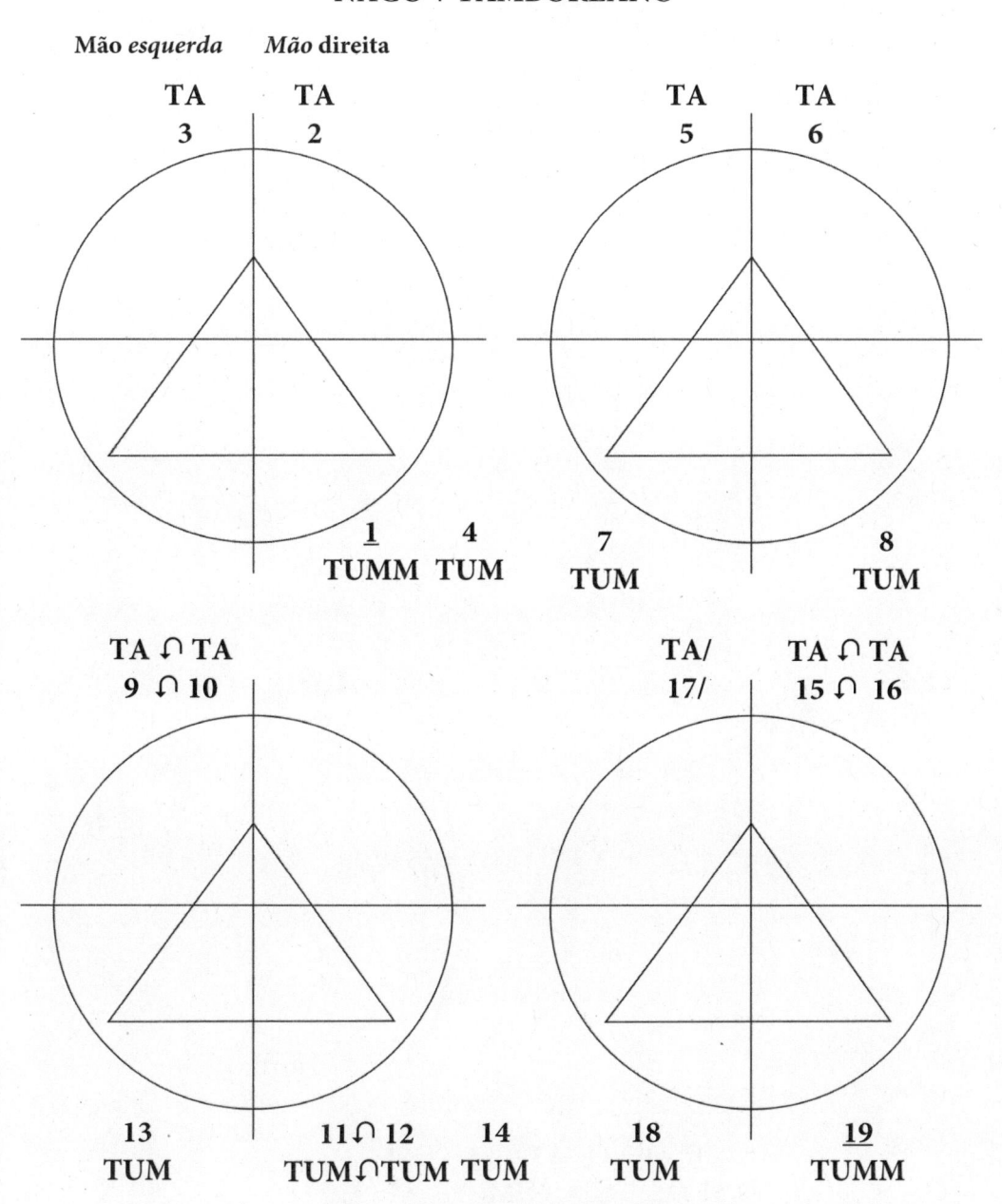

Mão *esquerda*   Mão direita

| TA | TA | | TA | TA |
| 3 | 2 | | 5 | 6 |

| | <u>1</u> 4 | 7 | 8 |
| | TUMM TUM | TUM | TUM |

| TA ∩ TA | | TA/ | TA ∩ TA |
| 9 ∩ 10 | | 17/ | 15 ∩ 16 |

| 13 | 11∩12   14 | 18 | <u>19</u> |
| TUM | TUM∩TUM TUM | TUM | TUMM |

FALANDO, FICA ASSIM:
TUMM TA TA TUM TA TA TUM TUM TA ∩ TA TUM ∩TUM TUM
TUM TA∩ TA TA/ TUM TUMM

VARIAÇÃO 46
ARREBATE + TAMBOREANO

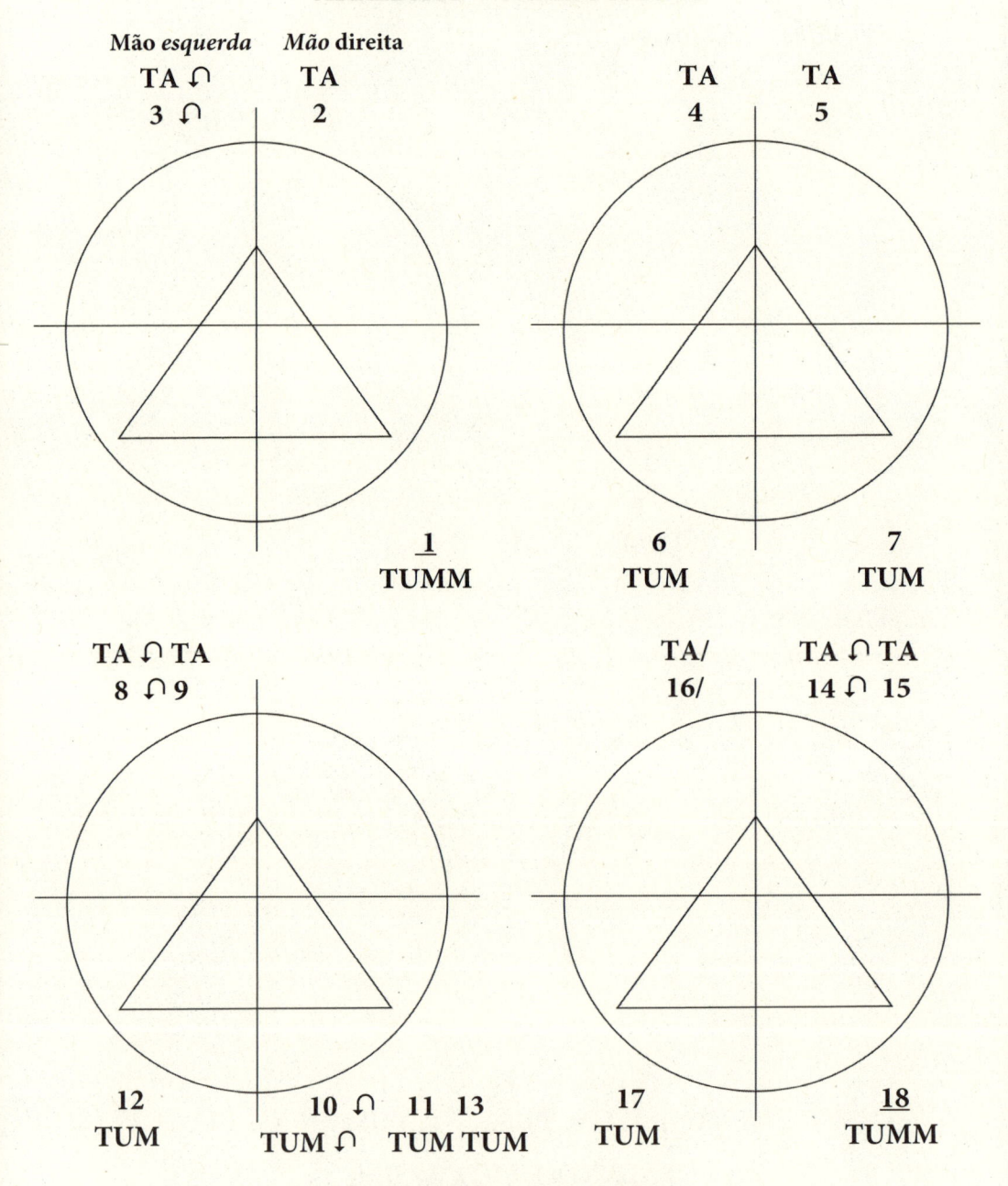

Mão *esquerda* Mão direita
TA ↶   TA   TA   TA
3 ↶   2   4   5

         1   6   7
       TUMM   TUM   TUM

TA ↶ TA   TA/   TA ↶ TA
8 ↶ 9   16/   14 ↶ 15

  12   10 ↶ 11 13   17   18
 TUM   TUM ↶ TUM TUM   TUM   TUMM

FALANDO, FICA ASSIM:
TUMM TA TA ↶ TA TA TUM TUM TA ↶ TA TUM ↶TUM TUM
TUM TA↶ TA TA/ TUM TUMM

VARIAÇÃO 47
SÃO BENTO + TAMBOREANO

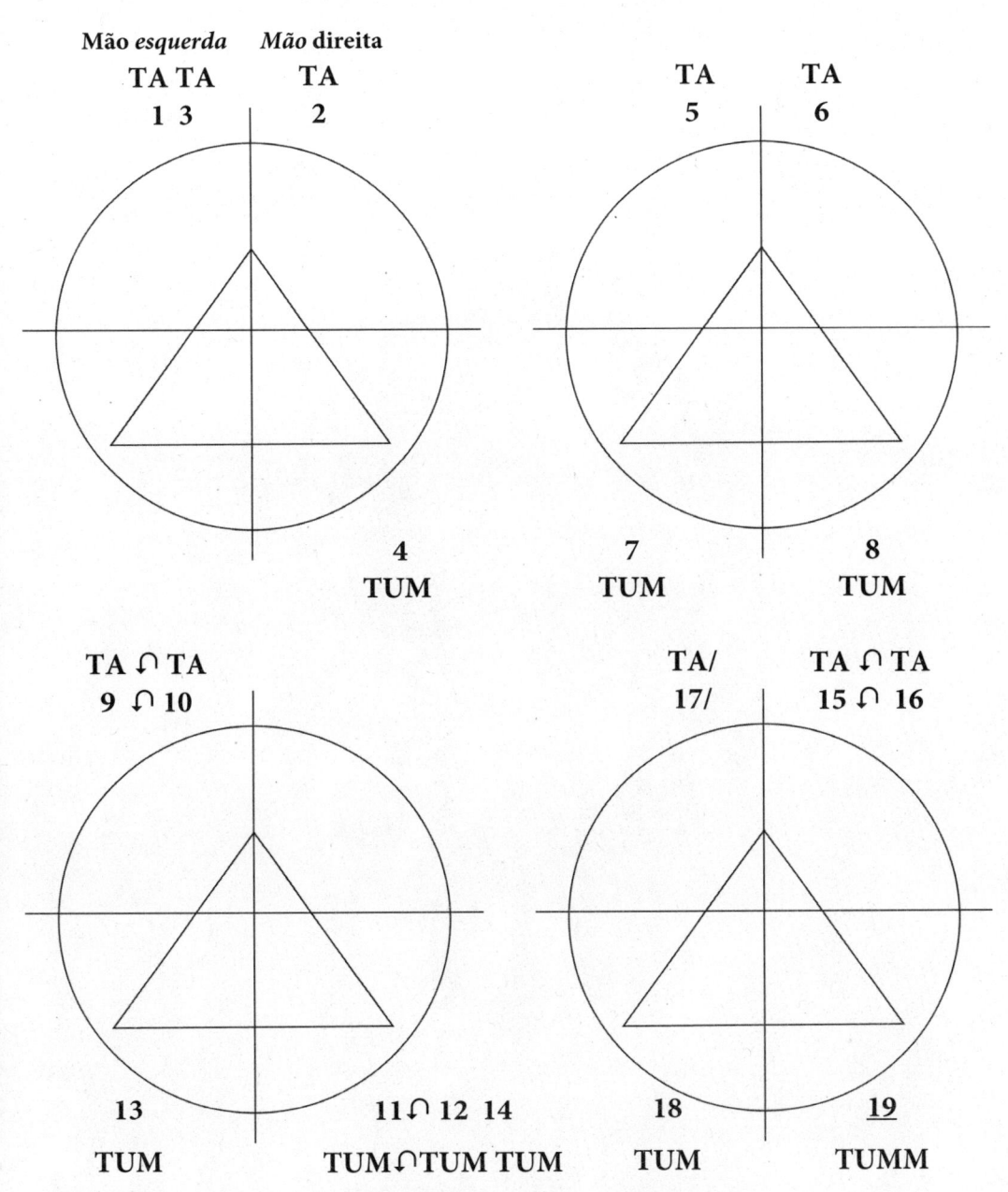

Mão *esquerda*   Mão direita

TA TA   TA   TA   TA
1   3   2   5   6

4   7   8
TUM   TUM   TUM

TA ∩ TA   TA/   TA ∩ TA
9 ∩ 10   17/   15 ∩ 16

13   11 ∩ 12   14   18   <u>19</u>
TUM   TUM ∩ TUM   TUM   TUM   TUMM

FALANDO, FICA ASSIM:
TA TA TA TUM TA TA TUM TUM TA∩TA TUM∩ TUM TUM TUM
TA∩ TA TA/ TUM TUMM

Músicas nas Versões do Nagô

(6)

O REI DAS MATAS
Pai Sandro Luiz
https://www.youtube.com/watch?v=aTVHXOyttyw

(150 BPM)

→ Sou filho do guerreiro de uma flecha só ✓
→ Sou filho de Oxóssi caçador ✓
→ E todo bom guerreiro não anda só ✓
↗ Tem sempre um irmão merecedor ✓
↗ O Rei das Maatas ✓ o meu protetooor ✓
↗ O Rei das Maatas ✓ o meu protetor ✓

Bis
↗ { Saravá meu Pai Oxóssi sua bênção meu Senhooor ✓
↗ { Okê Arô ✓
↗ Saravá meu Pai Oxóssi sua bênção meu →Senhor ✓
→ { Okê Arô ✓

↗ Okê Arô ✓ →Okê Arô ✓ ↗ Okê Arô → Okê Arô ✓
→ Sou filho do guerreiro de uma flecha só ✓
→ Sou filho de Oxóssi caçador ✓
→ Ele é mensageiro do Pai Maior ✓
→ E cumpre sua missão com muito amor ✓
↗ O Rei das Maatas ✓ o meu protetooor ✓
↗ O Rei das Maatas ✓ o meu protetor ✓

↗ { Saravá meu Pai Oxóssi sua bênção meu Senhooor ✓
↗ { Okê Arô ✓
Bis
↗ Saravá meu Pai Oxóssi sua bênção meu→ Senhor ✓
→ { Okê Arô ✓

↗ Okê Arô ✓ → Okê Arô ✓ ↗ Okê Arô ✓ → Okê Arô ✓

(7)

(175 BPM)

TEM QUE TER FÉ
Pai Sandro Luiz

https://www.youtube.com/watch?v=tdPIjycn5rQ

↗ (Tem) que ter _fé_ ✓ (não) baixe a guar_da_ ✓
↗ Tem que ter fé → que essa vida
→ O tempo não pa_ra_ ✓

↗ (Tem) que ter _fé_ ✓ não baixe a guar_da_ ✓
↗ Tem que ter fé → que essa vida
→ O tempo não pa_ra_ ✓

→ Vinha cansado de vi_ver_ ✓
→ Lembre do caminho ✓
↗ Nunca foi um mar de rosas
↗ Muito menos ✓ → um mar de espinhos ✓

→ Vinha cansado de vi_ver_ ✓
→ Lembre daquela história ✓
↗ De quem morreu por mim e você/ ✓
→ Sem pensar em gló_rias_ ✓

↗ Tem que ter _fé_ ✓ não baixe a guar_da_ ✓
→ Tem que ter fé → que essa vida
→ O tempo não pa_ra_ ✓

→ Ouça bem e nunca se esque_ça_ ✓
↗ Tenha fé levante a cabeça ✓
→ Um minuto e preste atenção/ ✓
↗ Traga paz/no seu cora_ção_ ✓

→ Peça a Deus nesse momento ✓
↗ Que ilumine o seu ↗ pensamento ✓
→ O que importa a vida é você/ ✓ → volte a viv_eer_ ✓

(8) (175 BPM)

MIRONGAS DA BAHIA
Pai José Valdivino

https://www.youtube.com/watch?v=6HBVw9rtbWY

↘ Ǫ ooǫ oǫ ooǫ oǫ ✓
↘ Ǫ ooǫ oǫ ooǫ oǫ ✓
→ Ǫ Bahia ✓ cidade santa terra da magia ✓
→ Ǫ Bahia ✓ cidade santa terra da magia ✓
↗ Bahia do Ketu, Bahia do Angola/ ✓
→ Bahia do Jeje que fala nagôo ✓

↗ Bahia do Ketu, Bahia do Angola/ ✓
→ Bahia do Jeje que fala nagô ✓
↘ Ǫ ooǫ oǫ ooǫ oǫ ✓
↘ Ǫ ooǫ oǫ ooǫ oǫ ✓
↗ Negro Bantú filho de Jejé ✓
→ Negro do Congo neto da Guinéé ✓
↗ Negro Bantú filho de Jejé ✓
→ Negro do Congo neto da Guinéé ✓
→ Bahia cidade santa da Virgem Maria/ ✓
→ Terra da magia de ↗ Nosso Senhor ✓
→ Bahia cidade santa da Virgem Maria/ ✓
→ Terra da magia de Nosso ↘ Senhor ✓

(9)
O SONHO DE SER BOIADEIRO
Sr. Israel Pinheiro da Silva,
pai do Ogã Fernando Costa Pinheiro

(140 BPM)

https://www.youtube.com/watch?v=3lWAcO8cFW8

- → Desde me(ni)no ✓ eu gostava de gado ✓
- → Ser Boiadeiro sempre foi meu sonho ✓
- → Desde menino ✓ eu gostava de gado ✓
- → Ser Boiadeiro sempre foi o meu sonho ✓

} NAGÔ

- → Lá vai o gado e o Boiadeiro pela estrada ✓
- → Toque o berrante pro gado não ↗desgarraar ✓
- → Essa poeira que ↗ subiu na longa estrada ✓
- → Vai dar em lama, quando a chuva aqui passar ✓
- → Essa poeira que ↗subiu na longa estrada ✓
- → Toque o berrante pra boiada ir devagar ✓
- → O Boiadeiro, um berrante e uma boiada ✓
- → Um bom cavalo, boa sela e um ↗gibãão ✓
- → Essa é a vida que eu queria e ↗não deixaram ✓
- → Cuidar de gado sem diploma de doutor ✓
- → Essa é a vida que eu queria e ↗não deixaram ✓
- → Cuidar de gado sem diploma de doutor ✓

} BARRA VENTO

Versões do Barravento

BARRA VENTO

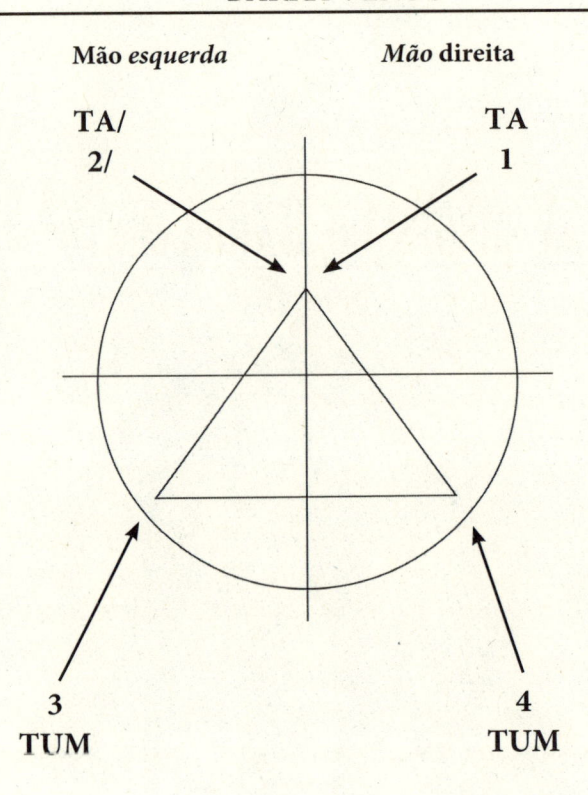

Mão *esquerda*   Mão direita

TA/   TA
2/   1

3   4
TUM   TUM

FALANDO, FICA ASSIM:

TA TA/TUM TUM

OBS.: O BARRA VENTO COMEÇA SEMPRE PELO (4) ENTÃO, O SOM FICA ASSIM:

TUM TA TA/TUM TUM

A GRANDE ATENÇÃO AO BARRA VENTO É A PAUSA NO TOQUE 2 (/), POIS ALÍ ESTÁ O BALANÇO DO TOQUE, A GINGA EM CIMA DA DANÇA DO ORIXÁ

ENCERRAMENTO DO TOQUE

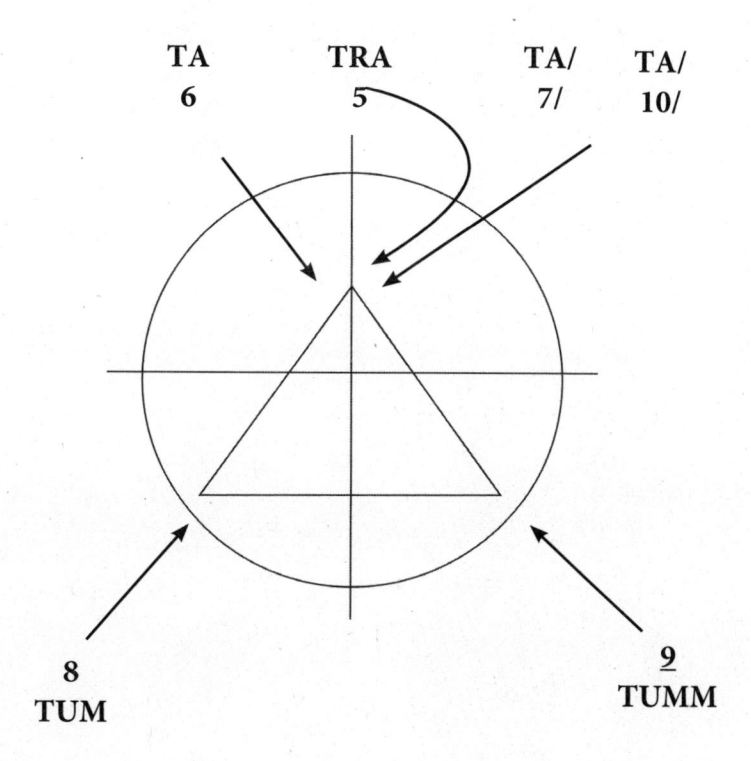

TA   TRA   TA/   TA/
6   5   7/   10/

8   <u>9</u>
TUM   TUMM

FALANDO, FICA ASSIM:
TRA TA TA/   TUM TUMM TA/

5   6   7/   8   9   10/

VARIAÇÃO 48
BARRAVENTO BASE + VERSÃO 5 TOQUES,
SENDO 2 TOQUES EM CIMA E 3 TOQUES EMBAIXO (2X3)

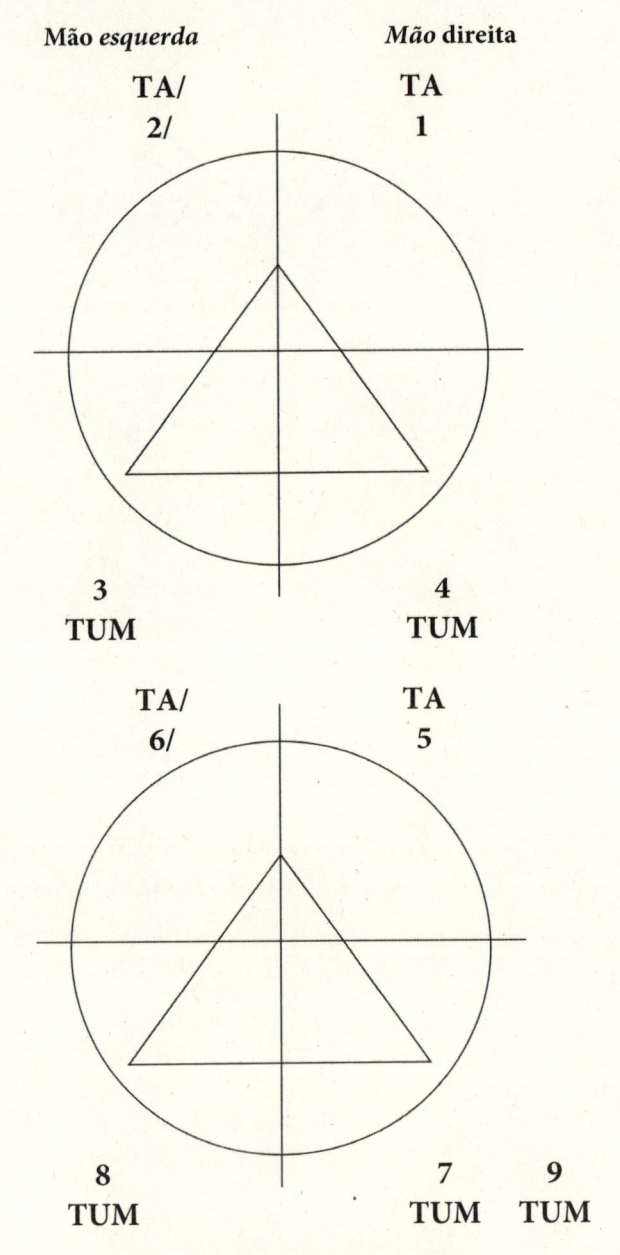

Mão *esquerda*	Mão direita
TA/	TA
2/	1

3	4
TUM	TUM

TA/	TA
6/	5

8	7	9
TUM	TUM	TUM

FALANDO, FICA ASSIM:
TA TA BREQUE TUM TUM TA TA BREQUE TUM TUM TUM

VARIAÇÃO 49
BARRAVENTO BASE + VERSÃO 5 TOQUES,
SENDO 3 TOQUES EM CIMA E 2 TOQUES EMBAIXO (3X2)

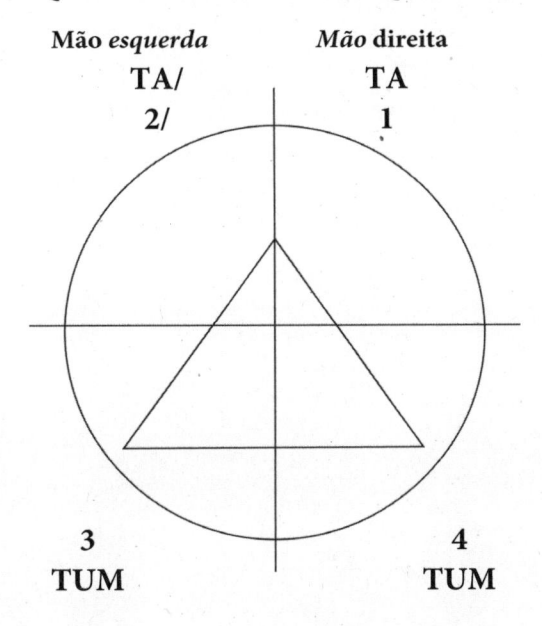

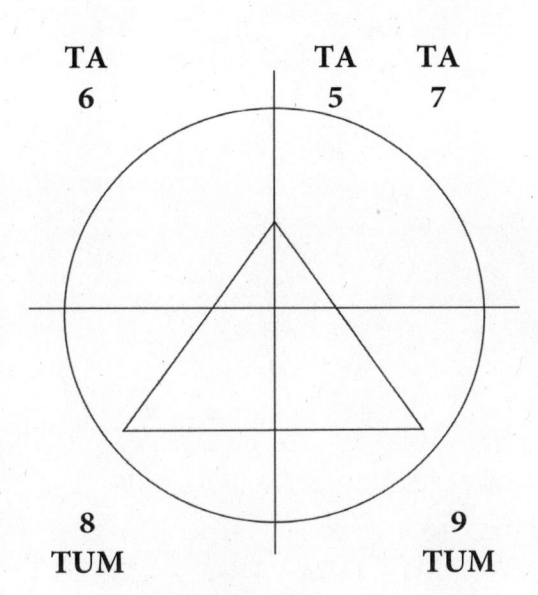

Mão *esquerda*　　Mão direita

TA/　　　　TA
2/　　　　　1

3　　　　　　4
TUM　　　　TUM

TA　　　TA　TA
6　　　　5　　7

8　　　　　　9
TUM　　　　TUM

FALANDO, FICA ASSIM:
TA TA BREQUE TUM TUM TA TA TA TUM TUM

VARIAÇÃO 50
BARRAVENTO BASE + VERSÃO (3 X 3),
SENDO 3 TOQUES EM CIMA E 3 TOQUES EMBAIXO

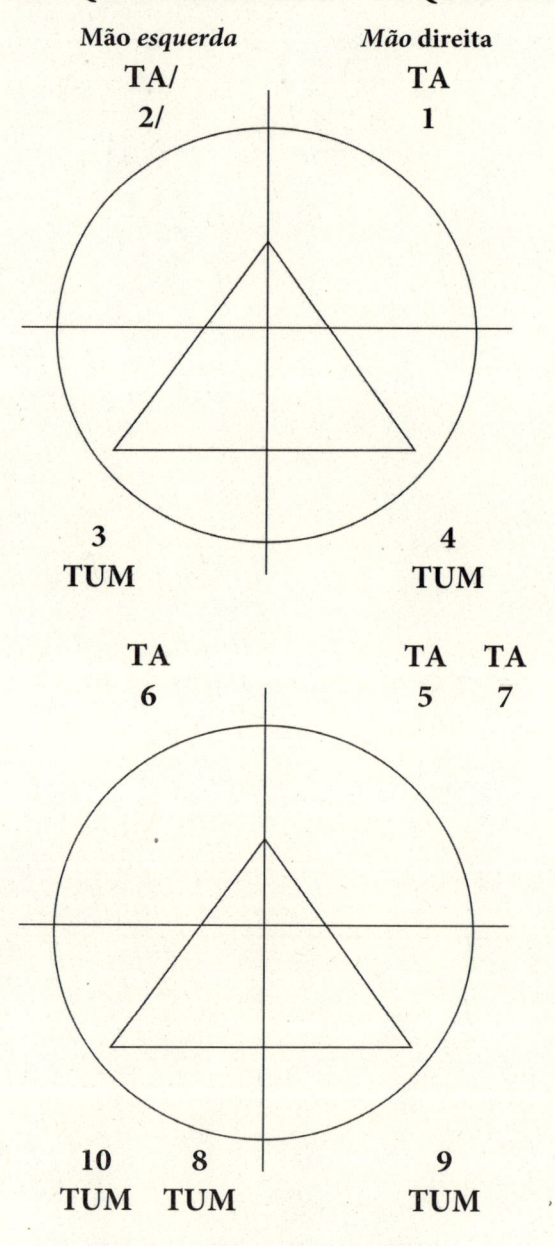

Mão *esquerda*   Mão direita

TA/   TA
2/   1

3   4
TUM   TUM

TA   TA   TA
6   5   7

10   8   9
TUM TUM   TUM

FALANDO, FICA ASSIM:

TA TA BREQUE TUM TUM TA TA TA TUM TUM TUM

VARIAÇÃO 51
BARRAVENTO BASE +
PAUSA (⌒) MÃO ESQUERDA AGUDO

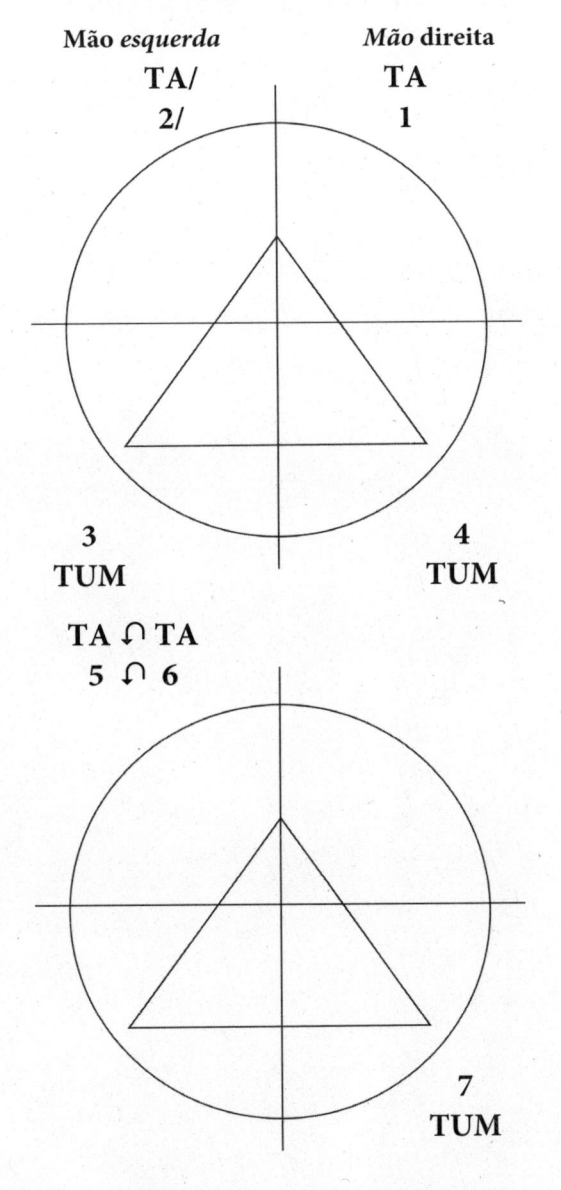

Mão *esquerda*   Mão direita

TA/   TA
2/   1

3   4
TUM   TUM

TA ⌒ TA
5 ⌒ 6

7
TUM

FALANDO, FICA ASSIM:

TA TA BREQUE TUM TUM TA ⌒ TA TUM

VARIAÇÃO 52
BARRAVENTO BASE + VERSÃO (4 X 4)
PAUSA (∩) MÃO ESQUERDA AGUDO

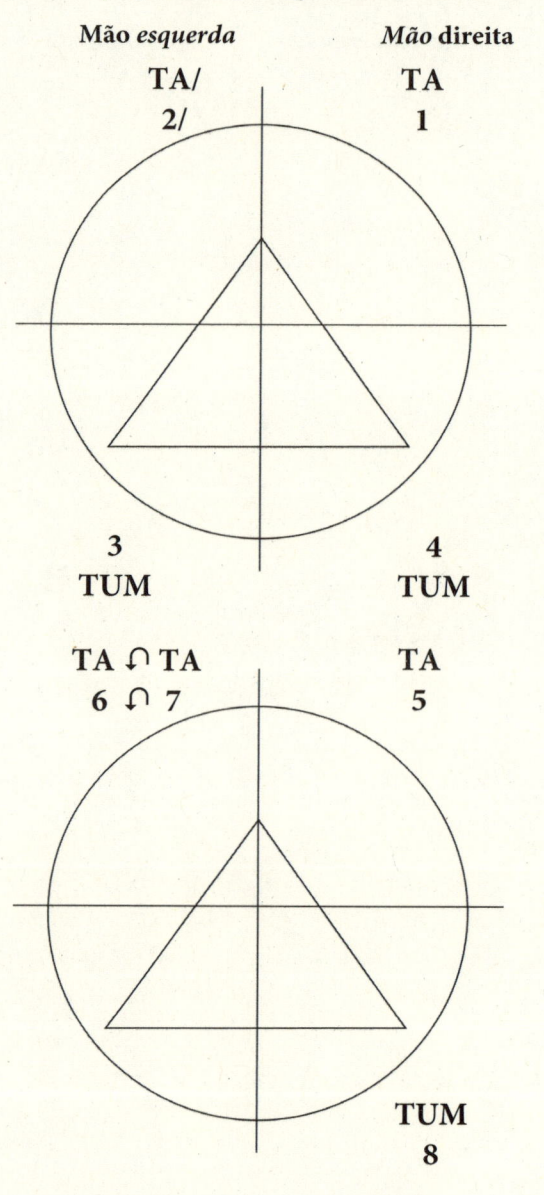

Mão *esquerda*   Mão direita

TA/   TA
2/   1

3   4
TUM   TUM

TA ∩ TA   TA
6 ∩ 7   5

TUM
8

FALANDO, FICA ASSIM:
TA TA BREQUE TUM TUM TA TA ∩ TA TUM

VARIAÇÃO 53
BARRA VENTO BASE +
REPIQUE COM PAUSA (𝄑) NA MÃO ESQUERDA

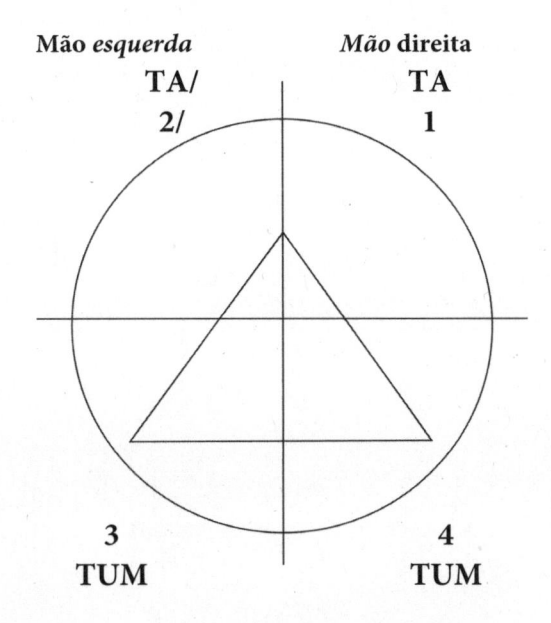

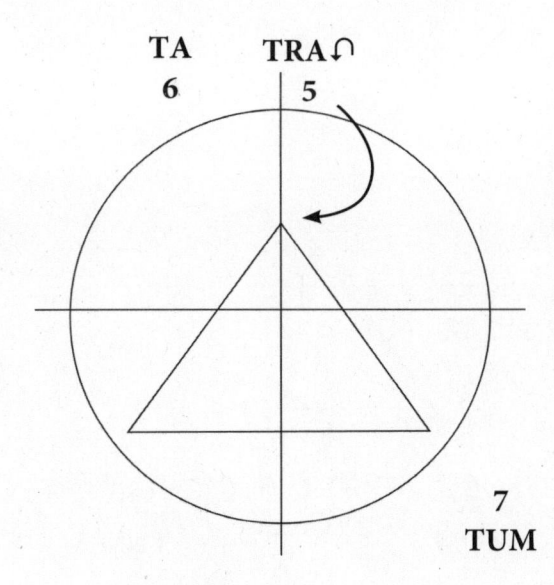

Mão *esquerda*   Mão direita

TA/   TA
2/   1

3   4
TUM   TUM

TA   TRA 𝄑
6   5

7
TUM

FALANDO, FICA ASSIM:

TA TA BREQUE TUM TUM TRA 𝄑 TA TUM

VARIAÇÃO 54
BARRAVENTO BASE +
REPIQUE COM PAUSA (𝒫) TERMINANDO (ME + MD) GRAVE

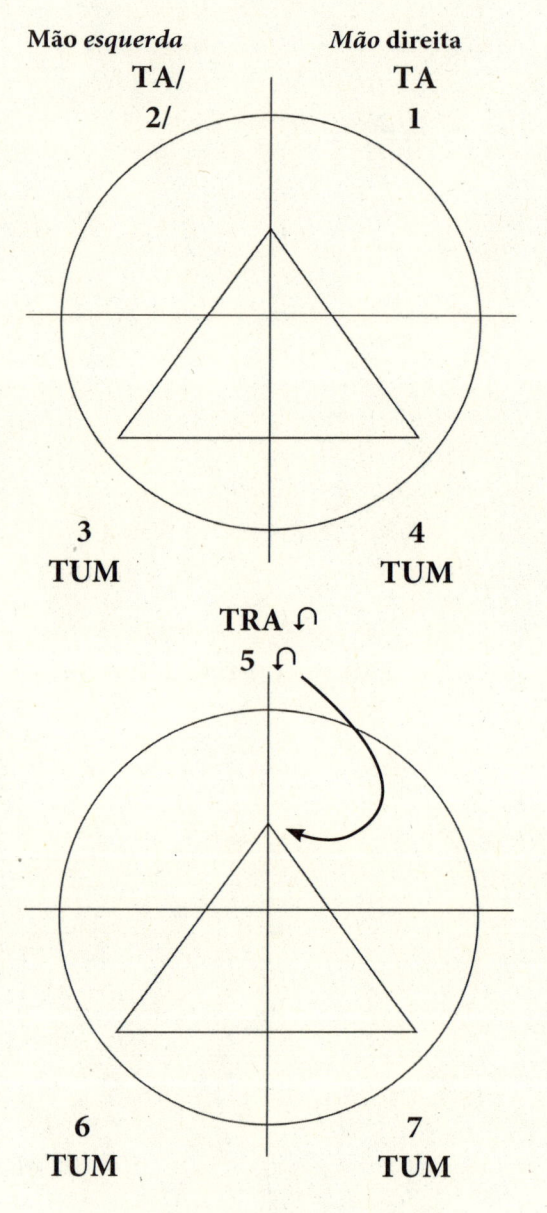

Mão *esquerda* Mão direita
TA/ TA
2/ 1

3 4
TUM TUM

TRA 𝒫
5 𝒫

6 7
TUM TUM

FALANDO, FICA ASSIM:
TA TA BREQUE TUM TUM TRA 𝒫 TUM TUM

VARIAÇÃO 55
BARRAVENTO BASE +
REPIQUE COM BREQUE NO AGUDO (TRA/),
TERMINANDO GRAVE (MD).

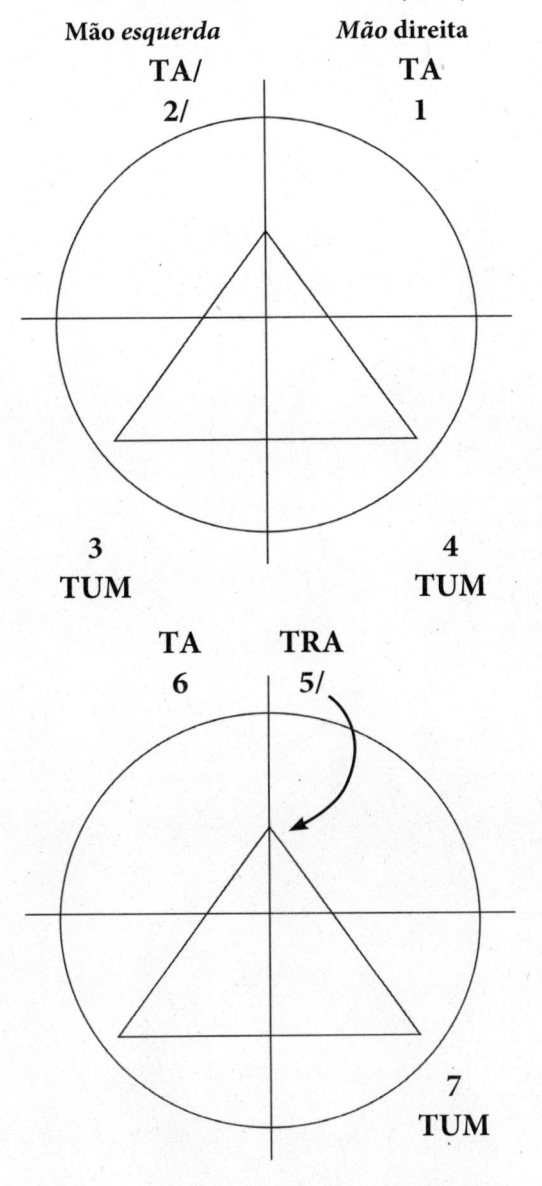

Mão *esquerda*   Mão direita
TA/   TA
2/   1

3   4
TUM   TUM

TA   TRA
6   5/

7
TUM

FALANDO, FICA ASSIM:
TA TA BREQUE TUM TUM TRA/ TA TUM

VARIAÇÃO 56
BARRAVENTO BASE +
REPIQUE COM BREQUE NO AGUDO (TRA/),
TERMINANDO GRAVE (ME + MD).

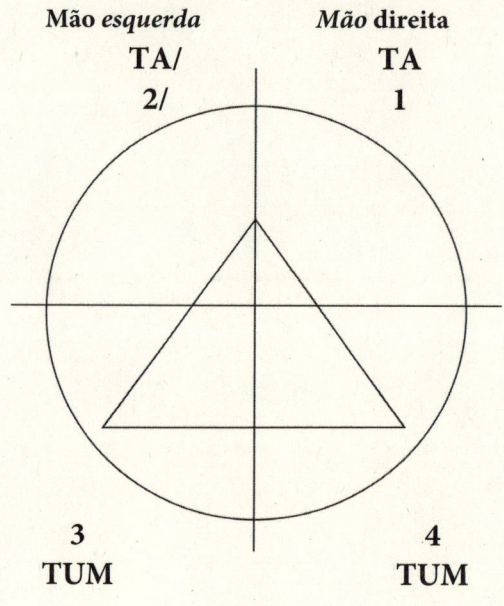

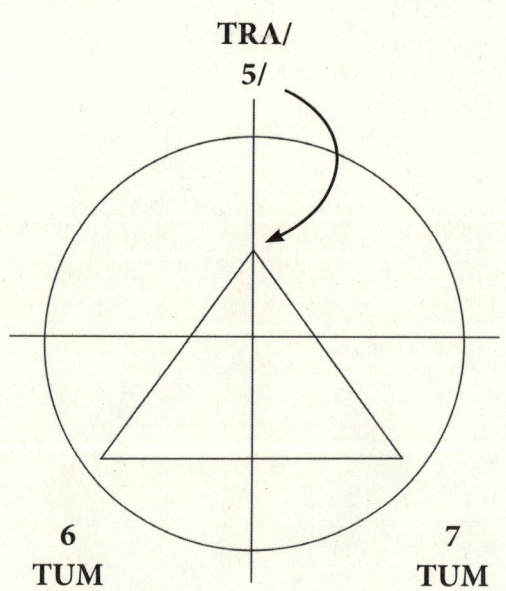

Mão *esquerda*   Mão direita
TA/   TA
2/   1

3   4
TUM   TUM

TRA/
5/

6   7
TUM   TUM

FALANDO, FICA ASSIM:
TA TA BREQUE TUM TUM TRA/ TUM TUM

VARIAÇÃO 57
BARRAVENTO BASE +
REPIQUE GRAVE (M.E.) E AGUDO (M.D.)

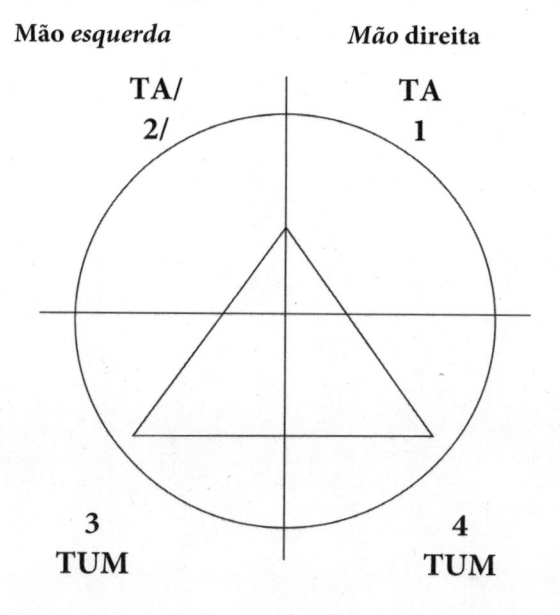

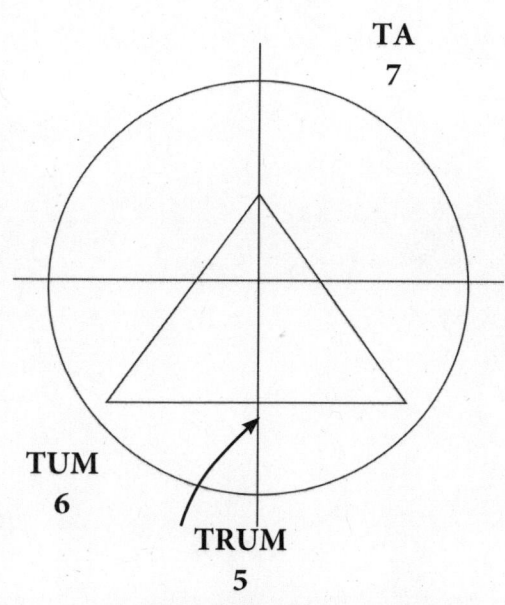

Mão *esquerda* Mão *direita*

TA/ TA
2/ 1

3 4
TUM TUM

TA
7

TUM
6

TRUM
5

FALANDO FICA ASSIM
TA TA BREQUE TUM TUM TRUM TUM TA

VARIAÇÃO 58
BARRAVENTO BASE +
REPIQUE GRAVE (TRUM) E AGUDO (M.E. + M.D.)

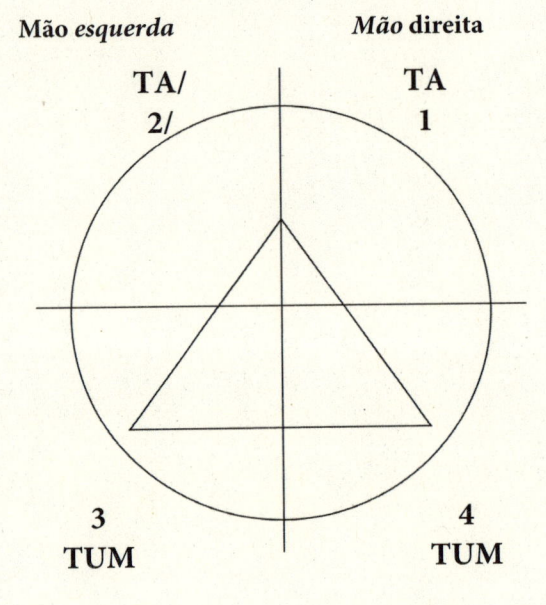

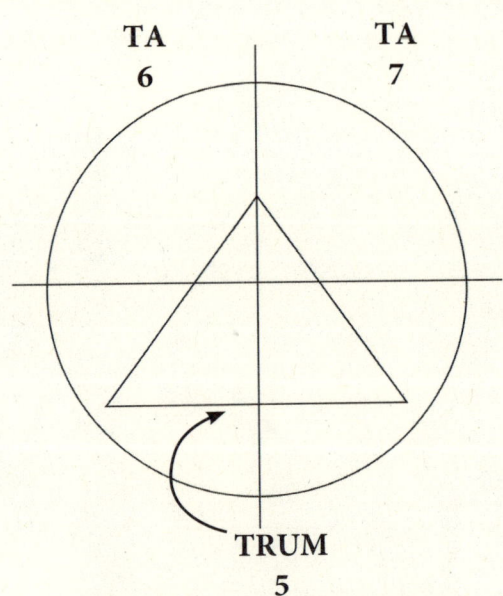

Mão *esquerda* Mão direita

TA/ TA
2/ 1

3 4
TUM TUM

TA TA
6 7

TRUM
5

FALANDO, FICA ASSIM:
TA TA BREQUE TUM TUM TRUM TA TA

VARIAÇÃO 59
BARRAVENTO BASE + REPIQUEQUE GRAVE

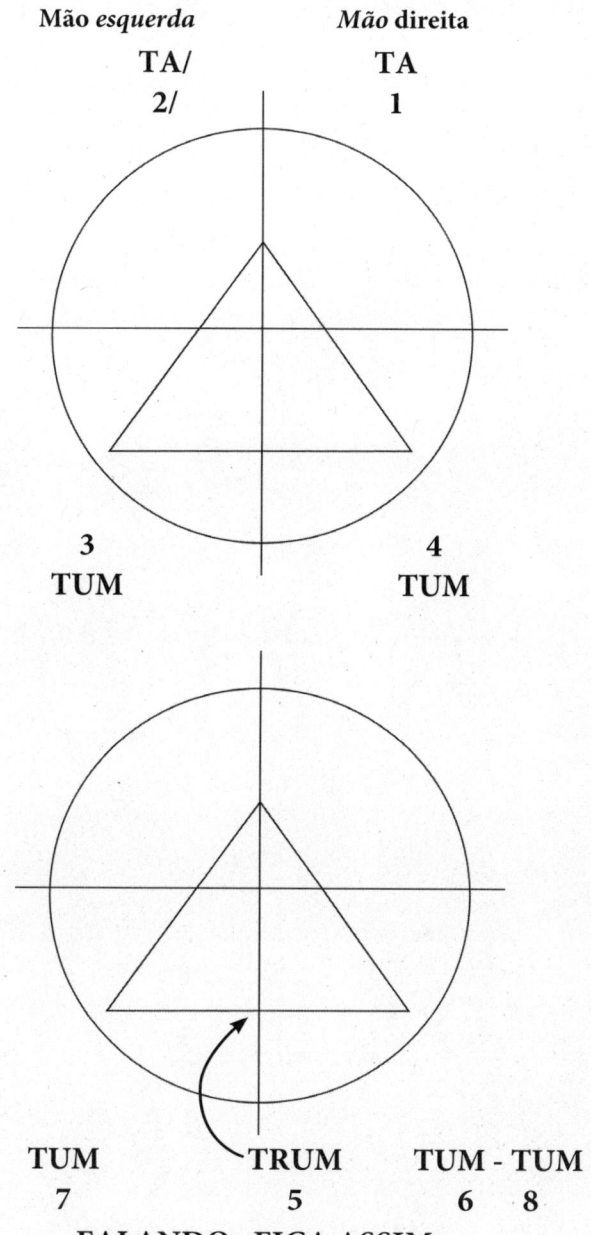

Mão *esquerda*	Mão *direita*
TA/	TA
2/	1

3	4
TUM	TUM

TUM	TRUM	TUM - TUM
7	5	6 8

FALANDO, FICA ASSIM:

TA TA BREQUE TUM TUM TRUM TUM TUM TUM

VARIAÇÃO 60
BARRAVENTO BASE + REPIQUEQUE AGUDO

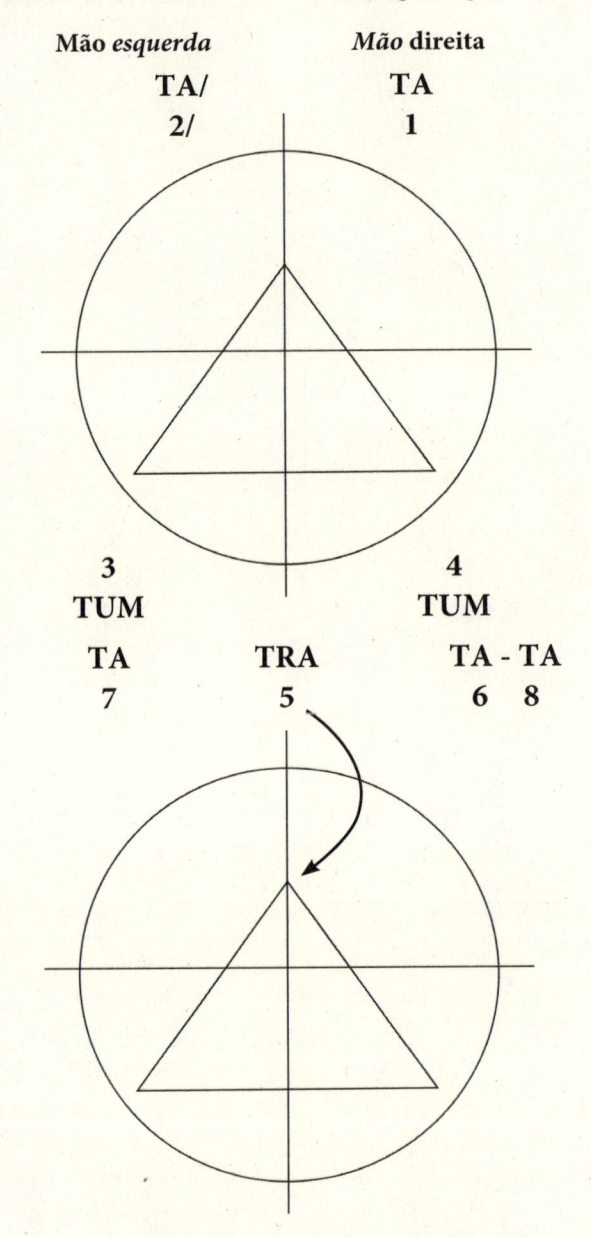

Mão *esquerda*   *Mão* direita
TA/   TA
2/   1

3   4
TUM   TUM

TA   TRA   TA - TA
7   5   6   8

FALANDO, FICA ASSIM:

TA TA BREQUE TUM TUM TRA TA TA TA

VARIAÇÃO 61
BARRAVENTO BASE +
REPIQUEQUE AGUDO, TERMINANDO GRAVE (M.D.)(3x1).

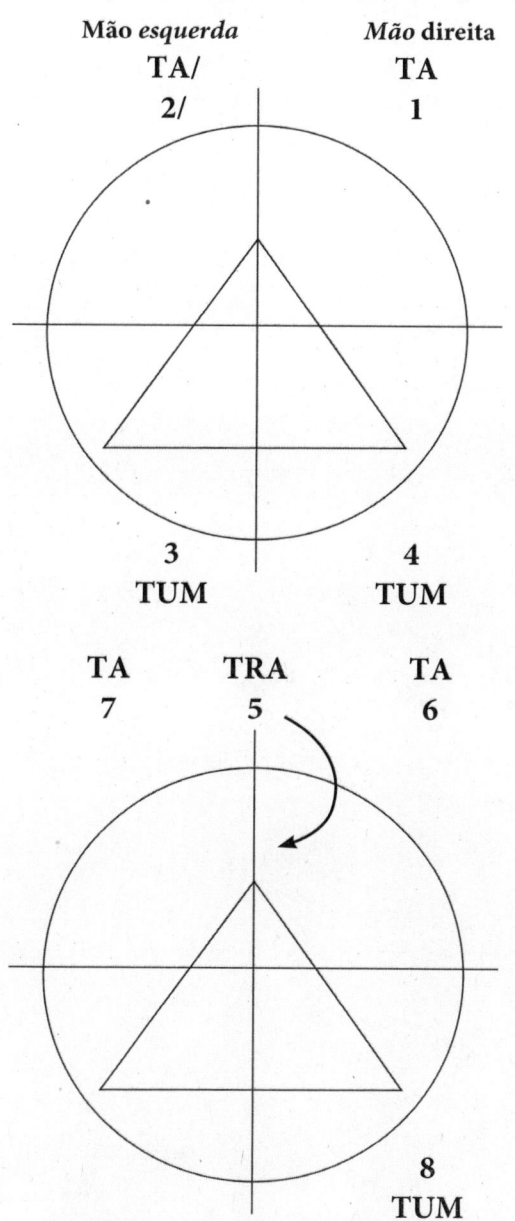

Mão *esquerda*   Mão direita

TA/   TA
2/   1

3   4
TUM   TUM

TA   TRA   TA
7   5   6

8
TUM

FALANDO, FICA ASSIM:
TA TA BREQUE TUM TUM TRA TA TA TUM

VARIAÇÃO 62
BARRAVENTO BASE +
REPIQUEQUE AGUDO, FINAL GRAVE (M.E. + M.D.)(2x2).

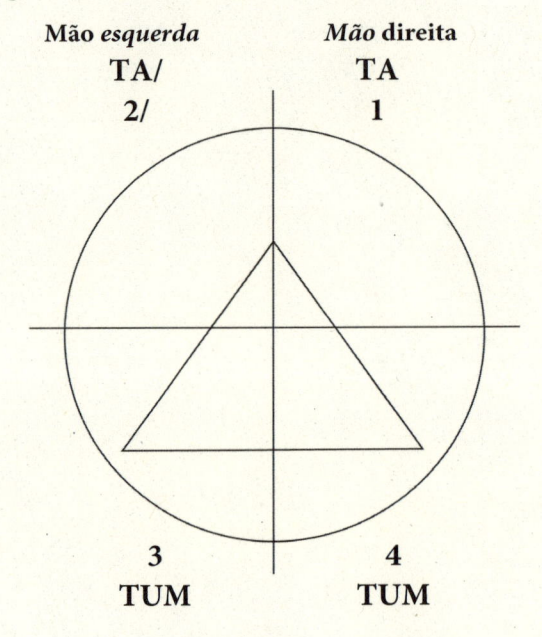

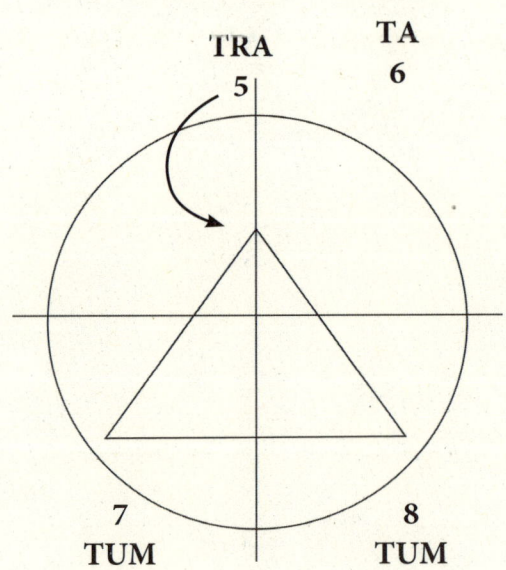

Mão *esquerda*   Mão direita

TA/   TA
2/   1

3   4
TUM   TUM

TRA   TA
5   6

7   8
TUM   TUM

FALANDO, FICA ASSIM:
TA TA BREQUE TUM TUM TRA TA TUM TUM

VARIAÇÃO 63
BARRAVENTO BASE + "MUZENZA"
REPIQUEQUE (3x1) + REPIQUEQUE (2X2) MÃO ESQUERDA.
AGUDO, FINAL GRAVE (M.D.) + (M.E. + M.D.).

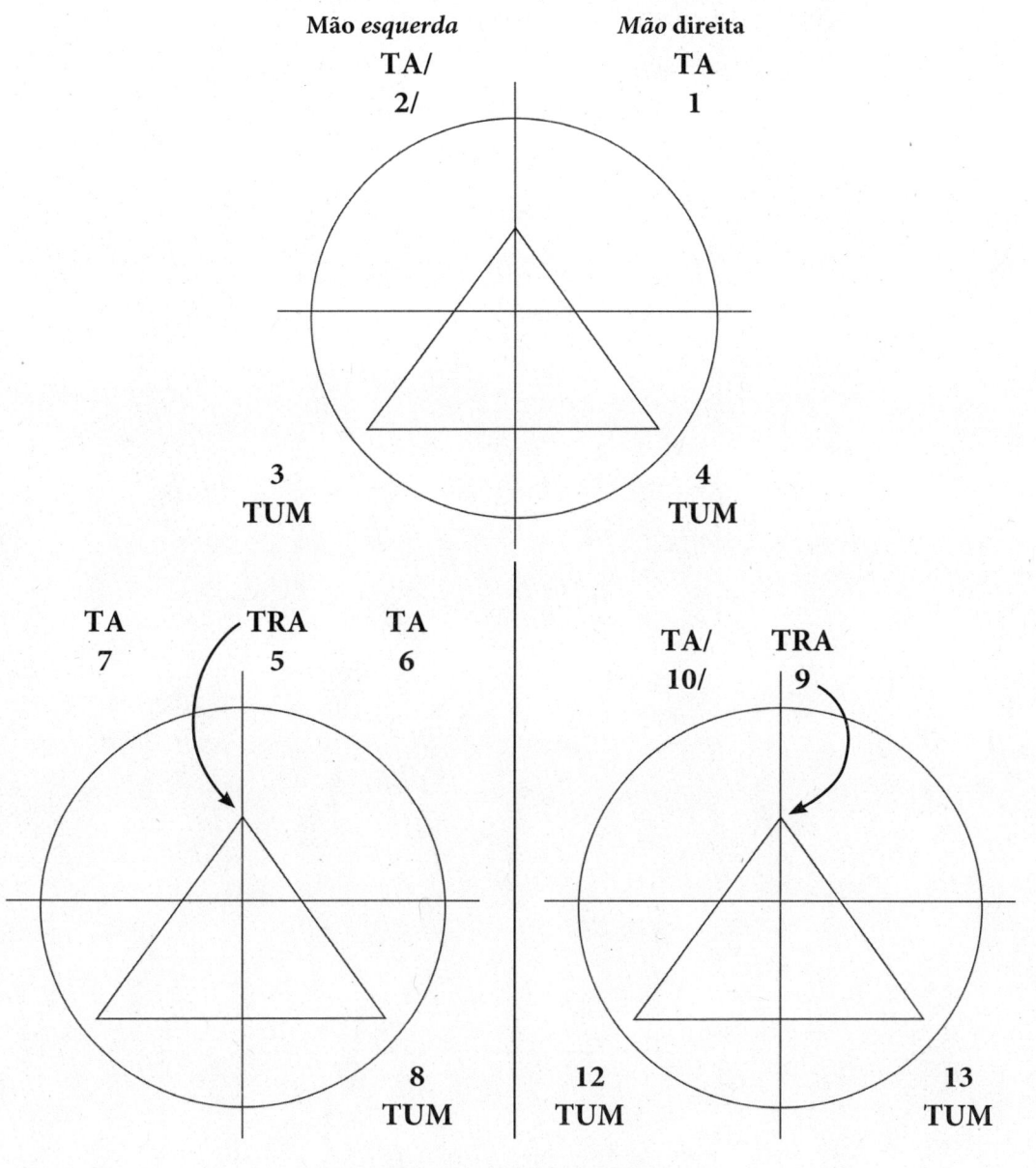

Mão *esquerda*   Mão direita

TA/   TA
2/   1

3   4
TUM   TUM

TA   TRA   TA   TA/   TRA
7   5   6   10/   9

8   12   13
TUM   TUM   TUM

FALANDO , FICA ASSIM:

TA TA BREQUE TUM TUM TRA TA TA TUM TRA TA/ TUM TUM

Barra vento – Muzenza

**VARIAÇÃO DO BARRAVENTO – "MUZENZA"
REPIQUEQUE (3X1)+REPIQUEQUE (2X2) BREQUE MÃO
ESQUERDA. AGUDO, FINAL GRAVE (M.E. + M.D.).**

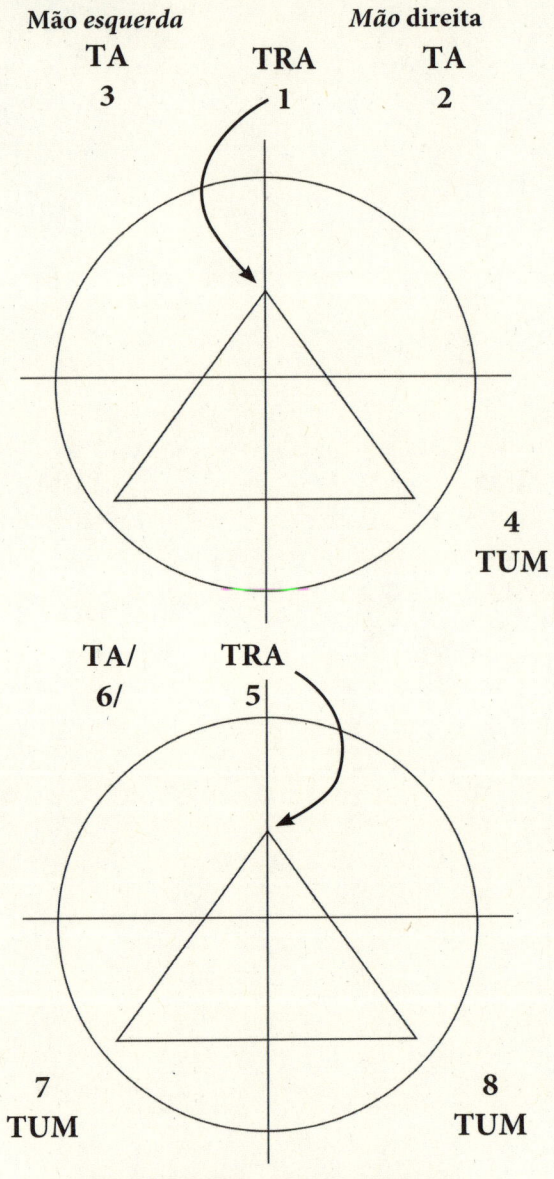

Mão esquerda   *Mão* direita

TA   TRA   TA
3   1   2

4
TUM

TA/   TRA
6/   5

7   8
TUM   TUM

FALANDO, FICA ASSIM:
TRA TA TA TUM TRA TA/ TUM TUM

VARIAÇÃO 64
BARRAVENTO BASE + VARIAÇÃO AGUDA (5X1 + 4X2)
FINAL GRAVE (M.D.) + FINAL GRAVE (M.E. + M.D.)

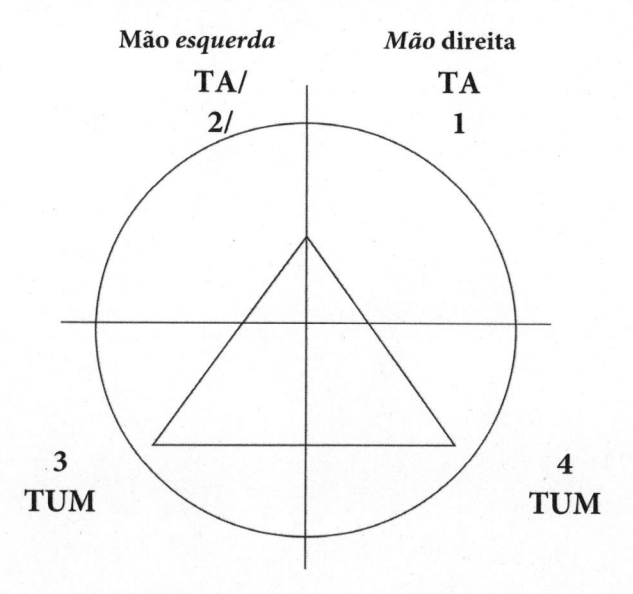

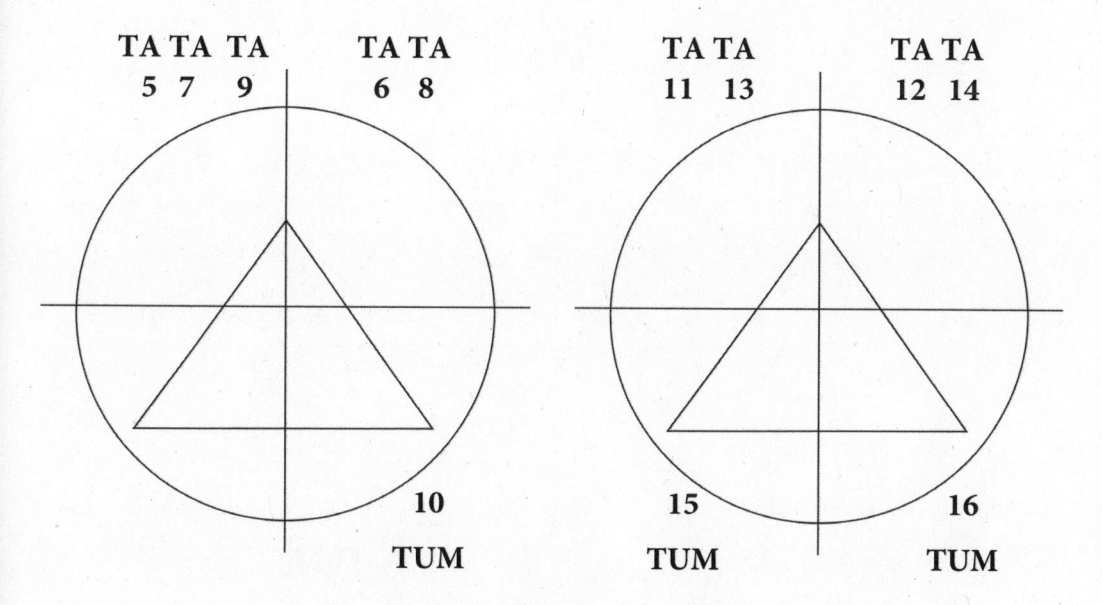

Mão *esquerda*   Mão direita

TA/   TA
2/   1

3   4
TUM   TUM

TA TA TA   TA TA   TA TA   TA TA
5   7   9   6   8   11   13   12   14

10   15   16
TUM   TUM   TUM

FALANDO, FICA ASSIM:

TA TA BREQUE TUM TUM TA TA TA TA TA TUM TA TA TA TA TUM TUM

VARIAÇÃO 65
BARRAVENTO VERSÃO 5 TOQUES (3 X 2)
REPIQUE BREQUE AGUDO, FINAL GRAVE (M.E. + M.D.).

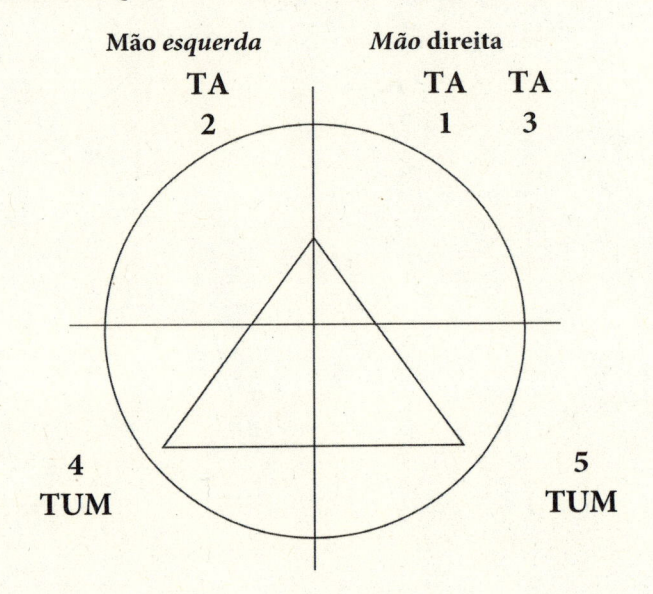

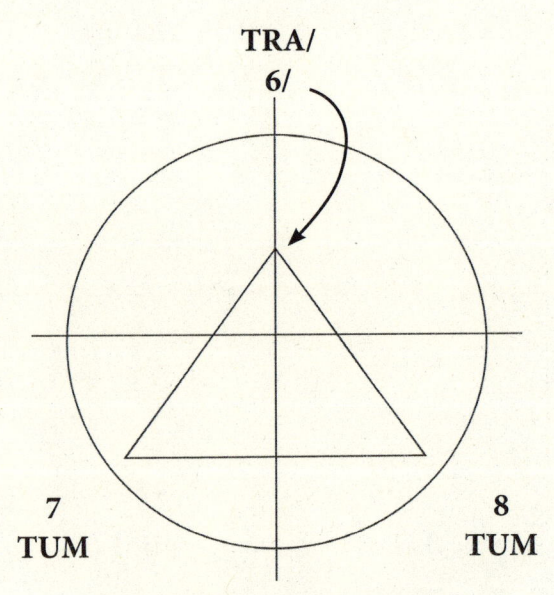

Mão *esquerda* Mão direita

TA   TA   TA
2   1   3

4   5
TUM   TUM

TRA/
6/

7   8
TUM   TUM

FALANDO, FICA ASSIM:

TA TA TA TUM TUM TRA/ TUM TUM

VARIAÇÃO 66
BARRAVENTO VERSÃO 5 TOQUES (3 X 2)
REPIQUE GRAVE, FINAL AGUDO (M.D.).

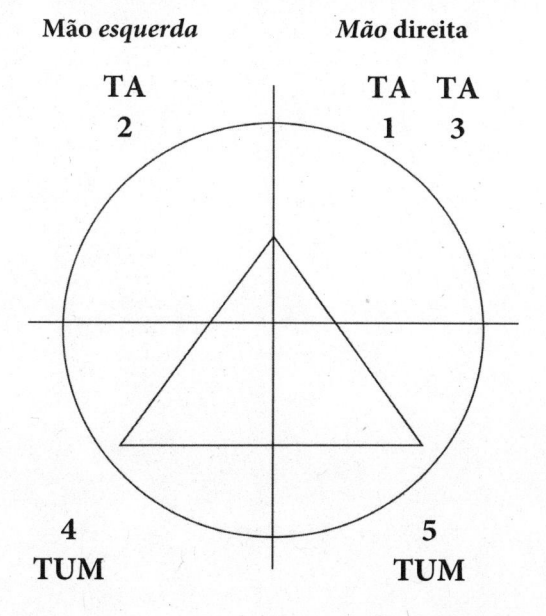

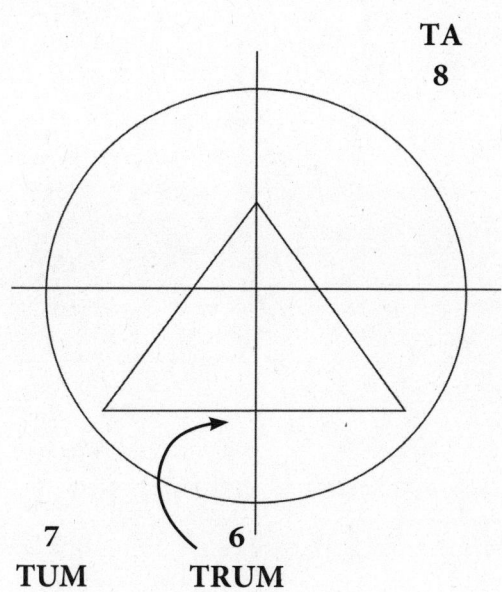

Mão *esquerda*   Mão direita

TA   TA TA
2   1   3

4   5
TUM   TUM

TA
8

7   6
TUM   TRUM

FALANDO, FICA ASSIM:
TA TA TA TUM TUM TRUM TUM TA

VARIAÇÃO 67
BARRAVENTO VERSÃO 5 TOQUES (3 X 2)
REPIQUE AGUDO, PAUSA, (∩) GRAVE (M.D.).

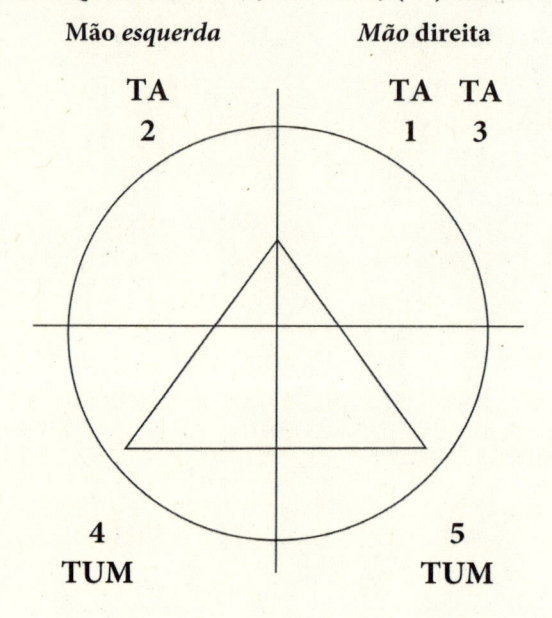

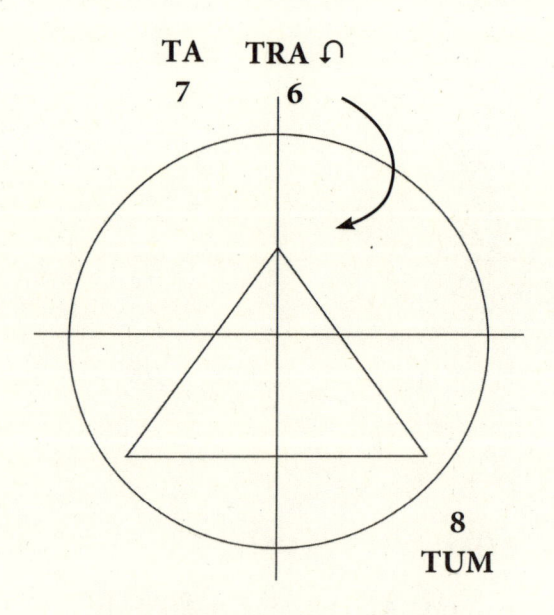

Mão *esquerda* Mão direita

```
        TA        TA  TA
         2         1   3




      4                 5
     TUM              TUM



        TA   TRA ∩
         7    6




                      8
                    TUM
```

FALANDO, FICA ASSIM:
TA TA TA TUM TUM TRA ∩ TA TUM

VARIAÇÃO 68
BARRAVENTO VERSÃO 5 TOQUES (3 X 2)
REPIQUEQUE GRAVE

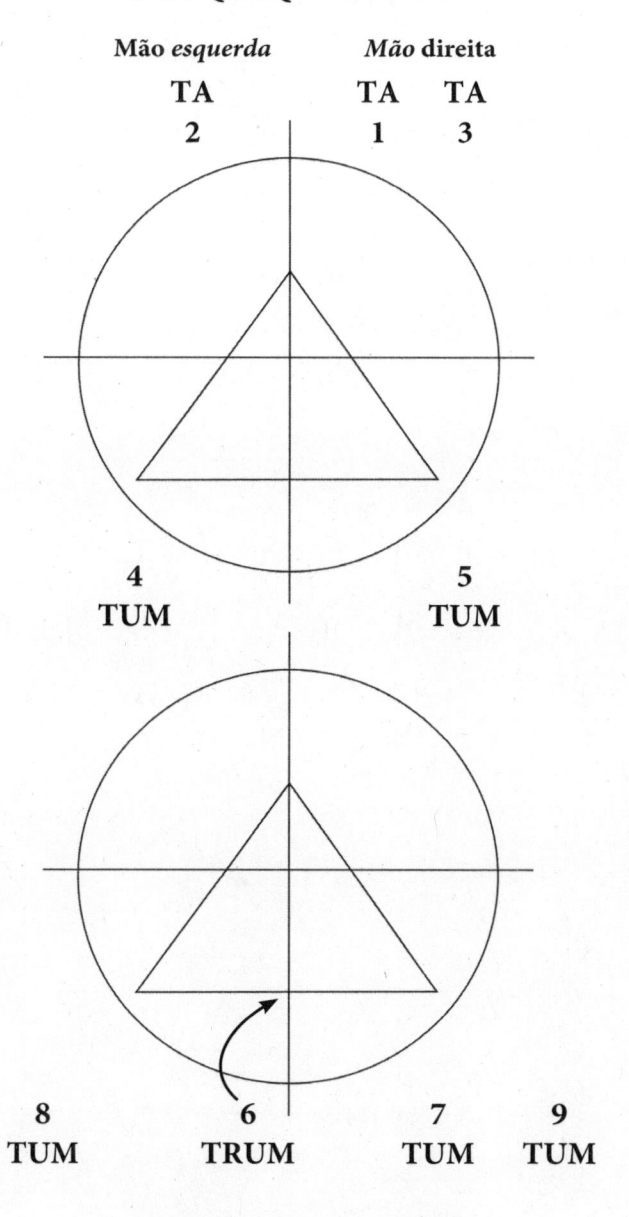

Mão *esquerda*   Mão direita

TA   TA   TA
2   1   3

4   5
TUM   TUM

8   6   7   9
TUM   TRUM   TUM TUM

FALANDO, FICA ASSIM:

TA TA TA TUM TUM TRUM TUM TUM TUM

VARIAÇÃO 69
BARRAVENTO VERSÃO 5 TOQUES (3 X 2)
REPIQUEQUE AGUDO

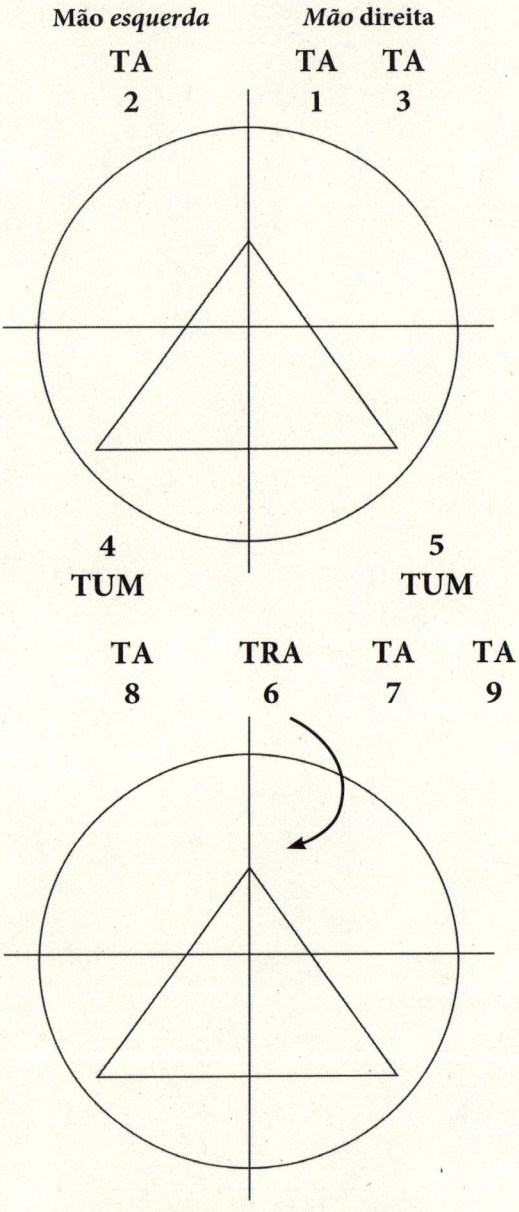

Mão *esquerda*   Mão direita
TA   TA   TA
2   1   3

4   5
TUM   TUM

TA   TRA   TA   TA
8   6   7   9

FALANDO, FICA ASSIM:
TA TA TA TUM TUM TRA TA TA TA

VARIAÇÃO 70
BARRAVENTO 5 TOQUES (3 X 2) + (2X1)
COM PAUSA (∩) NA M.E. TERMINA NO GRAVE (M.D.)

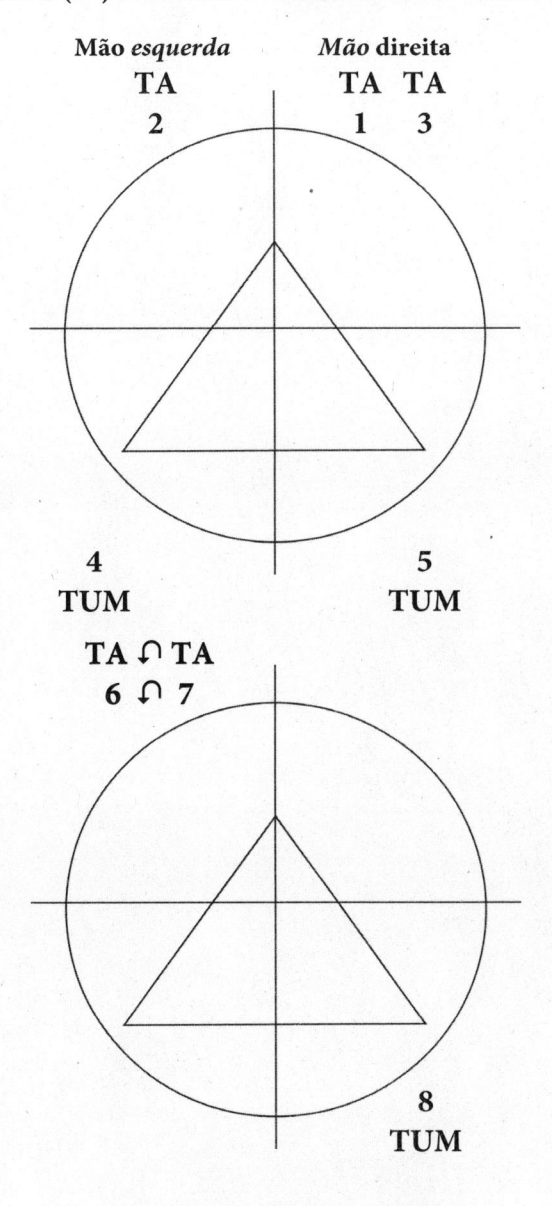

Mão *esquerda*   Mão direita
TA   TA TA
2   1   3

4   5
TUM   TUM

TA ∩ TA
6 ∩ 7

        8
        TUM

FALANDO, FICA ASSIM:

TA TA TA TUM TUM TA ∩ TA TUM

VARIAÇÃO 71
BARRAVENTO VERSÃO 5 TOQUES (3 X 2)+ (3X1)
COM PAUSA (⌒) NA M.E. TERMINA NO GRAVE (M.D.)

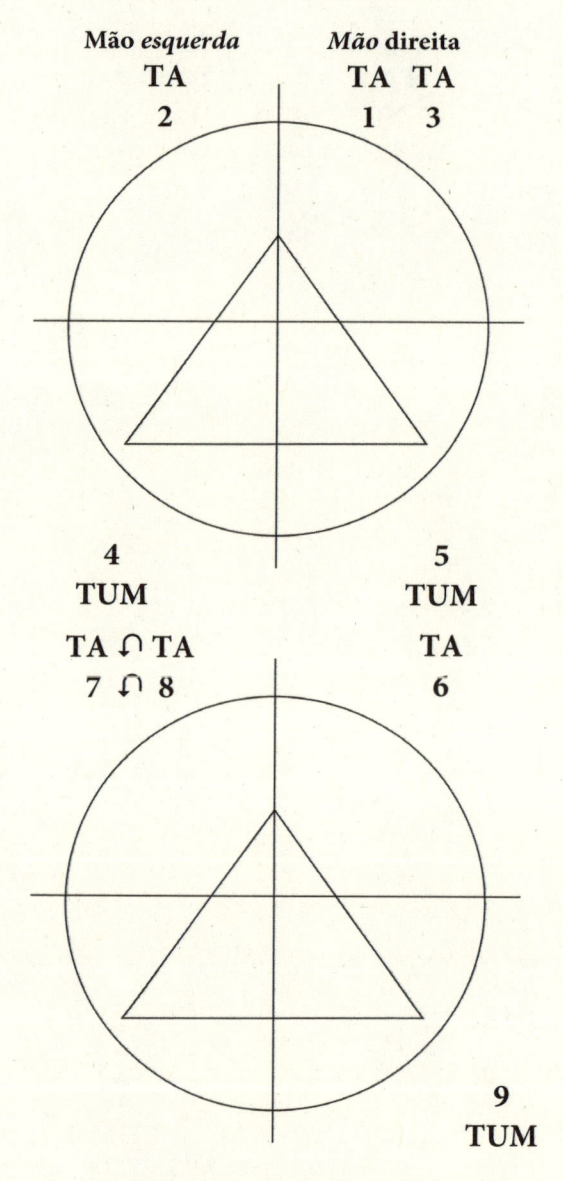

Mão *esquerda*   Mão *direita*
TA   TA TA
2   1   3

4   5
TUM   TUM

TA ⌒ TA   TA
7 ⌒ 8   6

9
TUM

FALANDO, FICA ASSIM:
TA TA TA TUM TUM TA TA ⌒ TA TUM

VARIAÇÃO 72
BARRAVENTO VERSÃO 5 TOQUÊS (2 X 3)
REPIQUE AGUDO, BREQUE, FINAL GRAVE (M.D.).

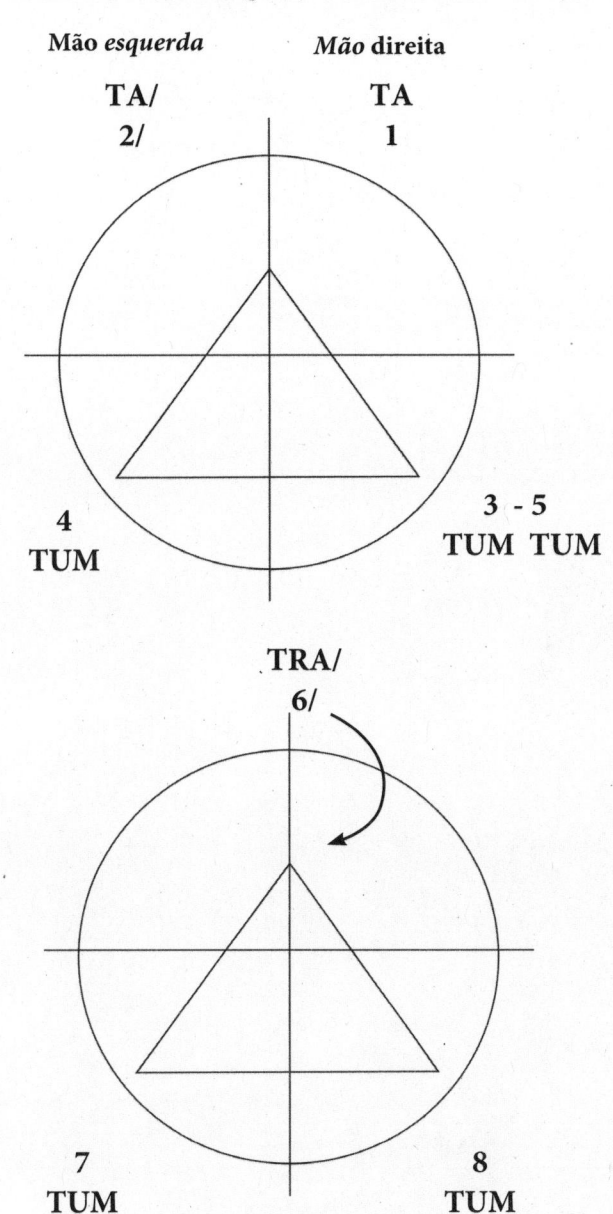

Mão *esquerda*   Mão direita

TA/   TA
2/   1

4   3 - 5
TUM   TUM TUM

TRA/
6/

7   8
TUM   TUM

FALANDO, FICA ASSIM:
TA TA/ TUM TUM TUM TRA/ TUM TUM

VARIAÇÃO 73
BARRAVENTO VERSÃO 5 TOQUES (2 X 3)
REPIQUE GRAVE, FINAL AGUDO (M.D.).

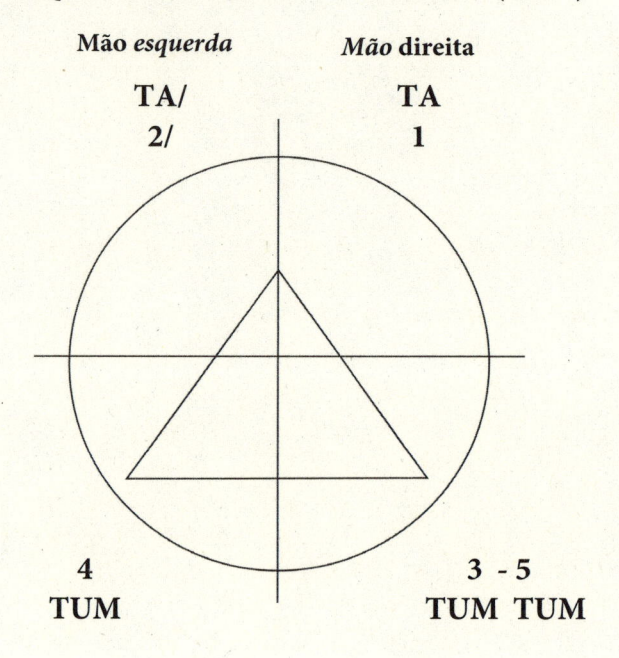

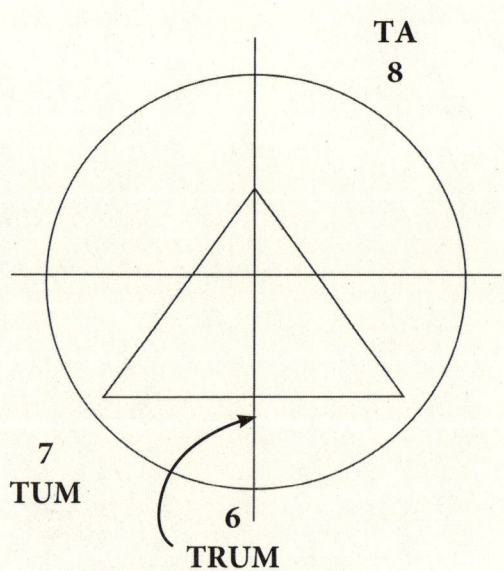

Mão *esquerda* Mão direita

TA/ TA
2/   1

4   3 - 5
TUM   TUM TUM

TA
8

7
TUM
      6
      TRUM

FALANDO, FICA ASSIM:
TA TA/ TUM TUM TUM TRUM TUM TA

VARIAÇÃO 74
BARRAVENTO VERSÃO 5 TOQUES (2 X 3)
REPIQUE AGUDO, PAUSA (∩) GRAVE (M.D.).

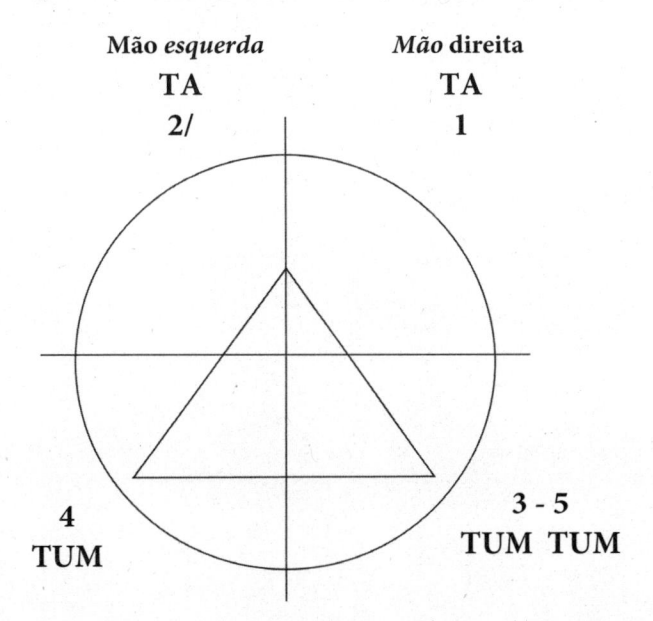

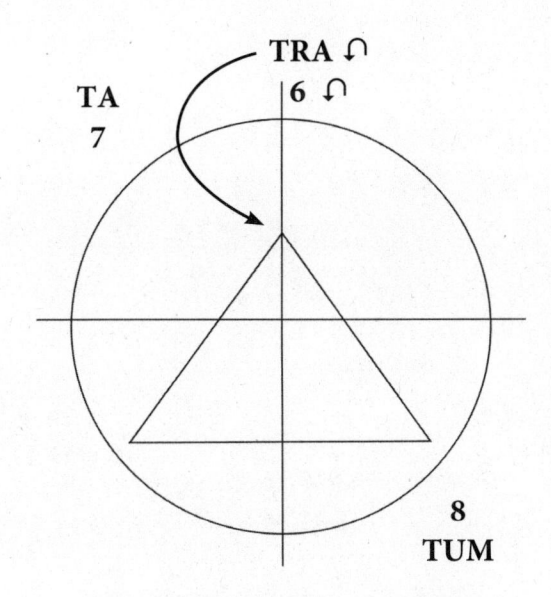

Mão *esquerda* Mão direita
TA TA
2/ 1

4 3 - 5
TUM TUM TUM

TRA ∩
TA 6 ∩
7

8
TUM

FALANDO, FICA ASSIM:
TA TA/ TUM TUM TUM TRA ∩ TA TUM

VARIAÇÃO 75
BARRAVENTO VERSÃO 5 TOQUES (2 X 3)
REPIQUEQUE GRAVE

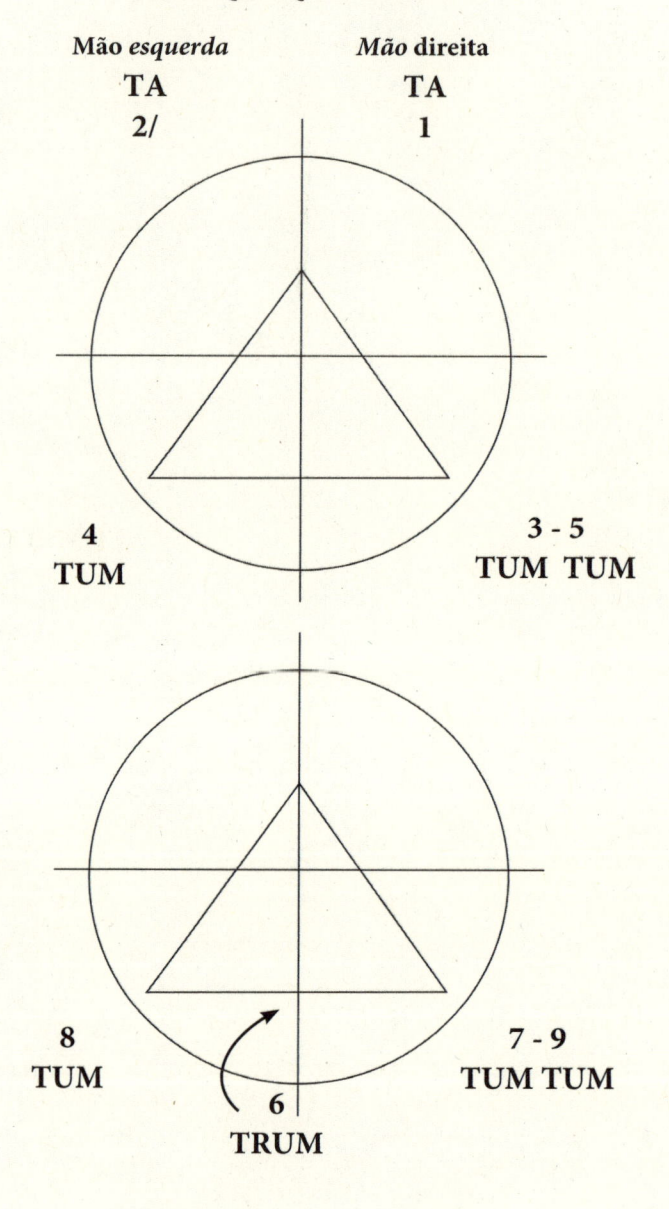

Mão *esquerda* Mão direita
TA   TA
2/   1

4   3 - 5
TUM   TUM TUM

8   7 - 9
TUM   TUM TUM

6
TRUM

FALANDO, FICA ASSIM:
TA TA/ TUM TUM TUM TRUM TUM TUM TUM

VARIAÇÃO 76
BARRAVENTO VERSÃO 5 TOQUES (2 X 3)
REPIQUEQUE AGUDO

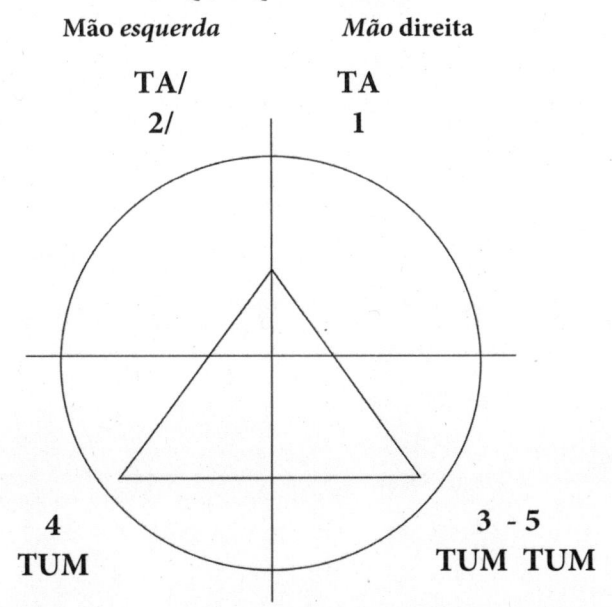

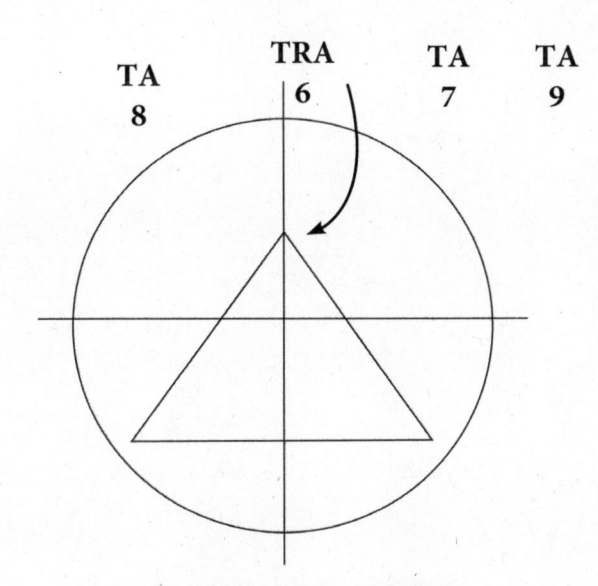

Mão *esquerda*   Mão direita

TA/   TA
2/   1

4   3 - 5
TUM   TUM TUM

TA   TRA   TA   TA
8   6   7   9

FALANDO, FICA ASSIM:
TA TA/ TUM TUM TUM TRA TA TA TA

VARIAÇÃO 77
BARRAVENTO VERSÃO 5 TOQUES (2 X 3) + (2X1)
COM PAUSA (∩) NA M.E. TERMINA NO GRAVE (M.D.)

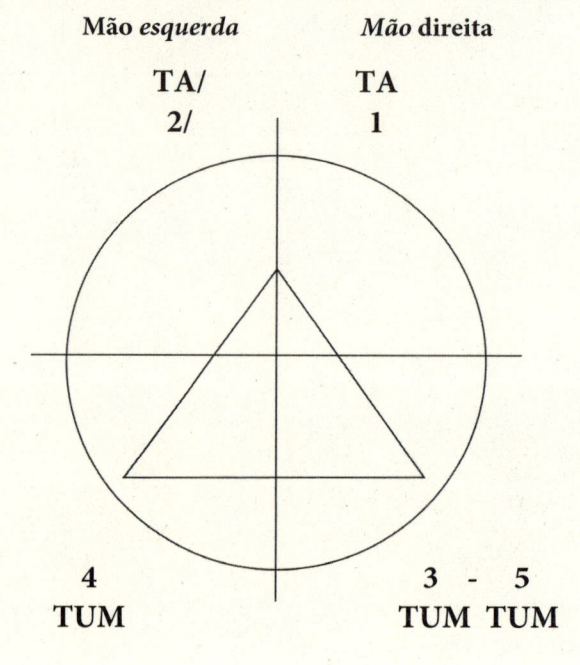

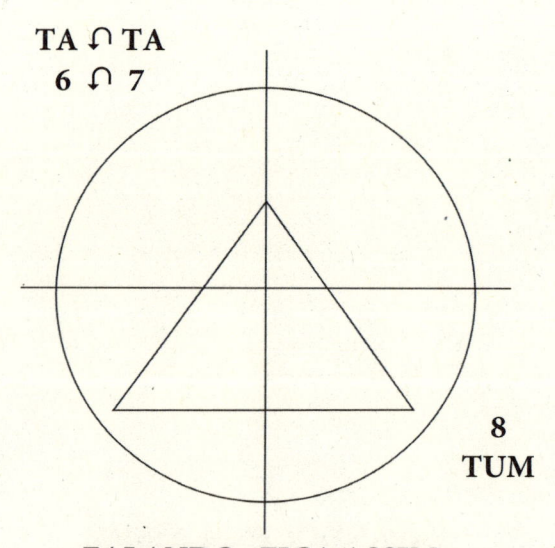

Mão *esquerda*   Mão *direita*

TA/   TA
2/   1

4   3 - 5
TUM   TUM TUM

TA ∩ TA
6 ∩ 7

8
TUM

FALANDO, FICA ASSIM:
TA TA/ TUM TUM TUM TA ∩ TA TUM

VARIAÇÃO 78
BARRAVENTO VERSÃO 5 TOQUES (2 X 3)+ (3X1)
COM PAUSA (∩) NA M.E TERMINA NO GRAVE M.D.

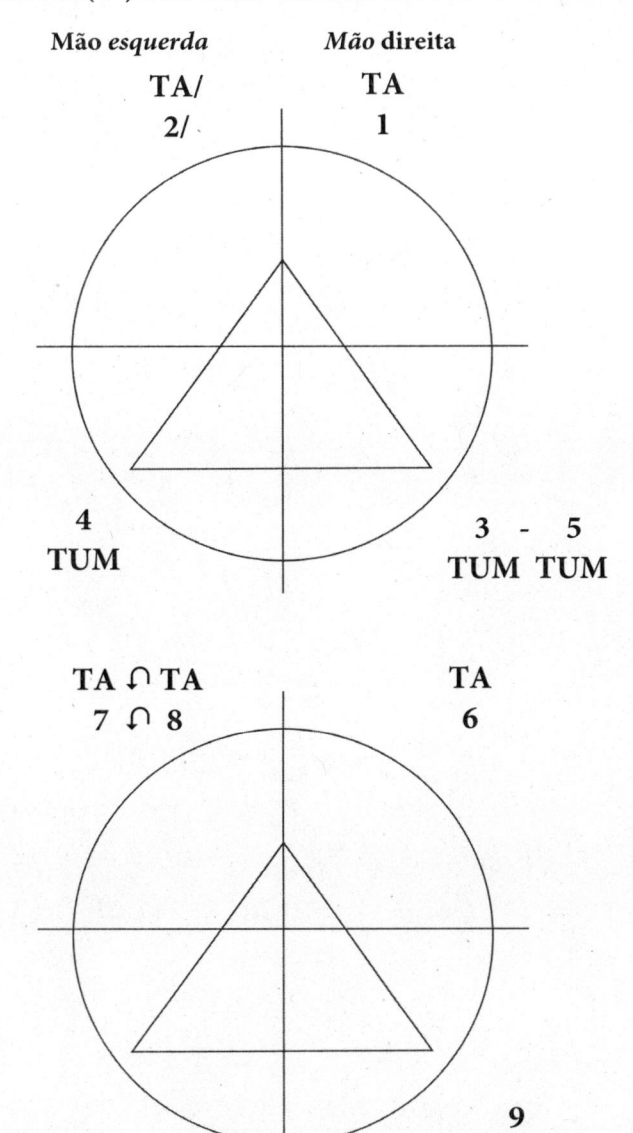

Mão *esquerda* Mão direita

TA/   TA
2/   1

4   3 - 5
TUM   TUM TUM

TA ∩ TA   TA
7 ∩ 8   6

               9
               TUM

FALANDO, FICA ASSIM:
TA TA TUM TUM TUM TA TA ∩ TA TUM

VARIAÇÃO 79
BARRAVENTO, COM PAUSA (𝄐) MÃO ESQUERDA (3 x 5) + REPIQUEQUE, COM PAUSA (𝄐) NA MÃO ESQUERDA. TERMINA NO GRAVE (M.D.)

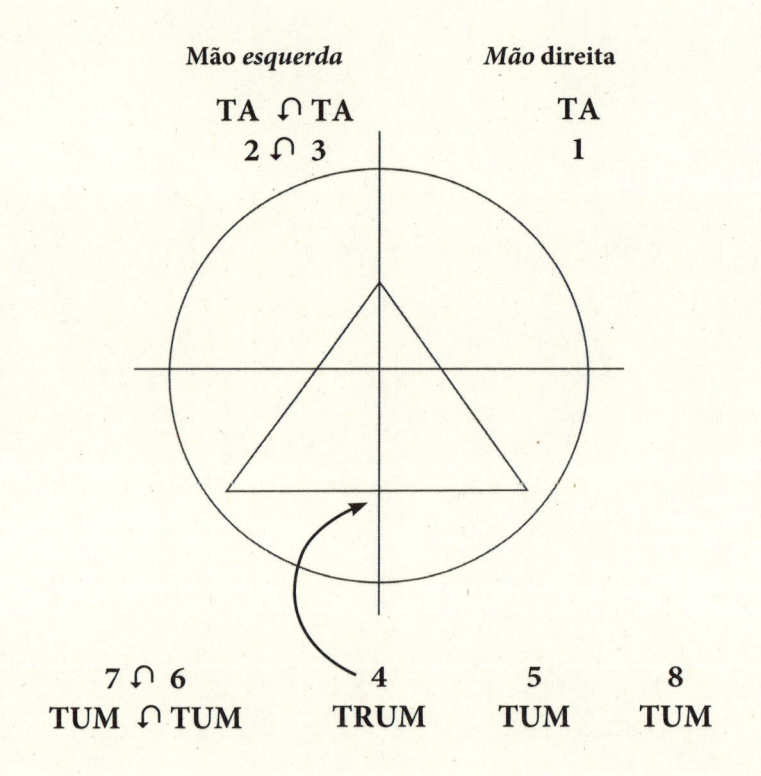

Mão esquerda   *Mão* direita
TA 𝄐 TA   TA
2 𝄐 3   1

7 𝄐 6   4   5   8
TUM 𝄐 TUM   TRUM   TUM   TUM

FALANDO, FICA ASSIM:
TA TA 𝄐 TA TRUM TUM TUM TUM 𝄐 TUM TUM

Músicas nas Versões do Barra Vento

(10)

(155 BPM)

A PISADA DO CABOCLO
Ogã Rafael Leonardo
https://www.youtube.com/watch?v=YKjw-hlEWoQ

↗(**Pi**)**sa** o Caboclo **pisa** ✓
↗**Pisa** quero ver pi**sar** ✓

↗**Pisa** o Caboclo **pisa** ✓
↗**Pisa** quero ver pi**sar** ✓

→Pisa lá nas matas
→O Caboclo pisa ✓

→Pisa lá na areia
→O Caboclo pisa ✓

→Pisa lá nas águas
→O Caboclo pisa ✓

→E também na terra
→O Caboclo **pisa** ✓

(11)

(150 BPM)

IANSÃ ABENÇOADA

Apresentação Severino Sena
https://www.youtube.com/watch?v=KACpDhHdM10

→ E olha a saia dela
→ E olha a saia dela
→ E olha a saia ↗ dela
→ Que o vento leva ✓

→ E olha a saia dela
→ E olha a saia dela
→ E olha a saia ↗ dela
→ Que o vento leva ✓

→ Sua coroa de ouro
→ Sua espada sagrada
↗ Ela vem rompendo o dia
→ Iansã abençoada ✓

→ Sua coroa de ouro
→ Sua espada sagrada
↗ Ela vem rompendo o dia
→ Iansã abençoada ✓

(12) (150 BPM)

VOU CHAMAR SENHOR MARABÔ
Fabio Passoni
https://www.youtube.com/watch?v=S6i2gwAjiaw

- ↗ Se você vê ✓ um vulto na mata ✓
- ↗ Bebendo sangue no pé de um maricá ✓
- ↗ Se você vê ✓ um vulto na mata ✓
- ↗ Bebendo sangue no pé de um maricá ✓

- ↗ A cobra piando e a coruja a vigiar ✓
- ↗ A mata se estala quando um homem caminhar ✓
- ↗ A cobra piando e a coruja a vigiar ✓
- ↗ A mata se estala quando um homem caminhar ✓

- ↗ Gira encarnado se apresenta na gira ✓
- ↗ Seus olhos cor de sangue Exu da cura a trabalhar ✓
- ↗ Gira encarnado se apresenta na girá ✓
- ↗ Seus olhos cor de sangue Exu da cura a trabalhar ✓

- ↗ E olha ooo pegou, fogo fogo pegou ✓
- ↗ É Ganga lá no mato eu vou chamar seu Marabô ✓
- ↗ E olha ooo pegou fogo, fogo pegou ✓
- ↗ É Ganga lá no mato eu vou chamar seu Marabô ✓

(13)

(150 BPM)

BATE TAMBOR-BAIANOS
Yasmim Cheia de Axé – Yasmin Albano
https://youtu.be/PBaCjWIV7UM

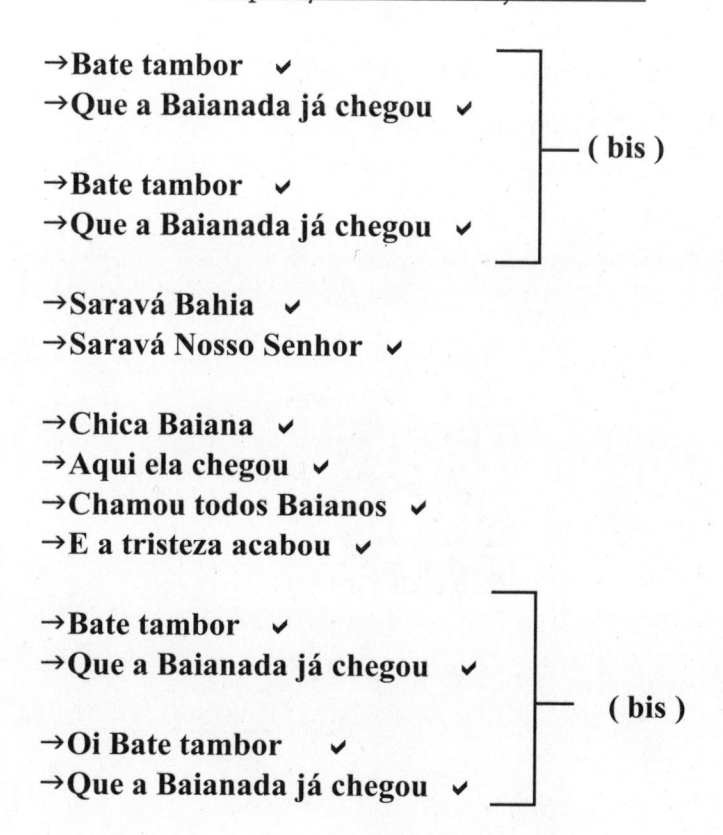

→Bate tambor ✓
→Que a Baianada já chegou ✓

→Bate tambor ✓
→Que a Baianada já chegou ✓

(bis)

→Saravá Bahia ✓
→Saravá Nosso Senhor ✓

→Chica Baiana ✓
→Aqui ela chegou ✓
→Chamou todos Baianos ✓
→E a tristeza acabou ✓

→Bate tambor ✓
→Que a Baianada já chegou ✓

→Oi Bate tambor ✓
→Que a Baianada já chegou ✓

(bis)

(14)

(155 BPM)

CABOCLO DA MATA VIRGEM
Domínio Público
https://www.youtube.com/watch?v=1r2EJxU-T44

↗ Se ele é Caboclo ele é de mata vir<u>gem</u> ✓
→ Ele é Caboclo de mata r<u>eal</u> ✓

↗ Se ele é Caboclo ele é de mata vir<u>gem</u> ✓
→ Ele é Caboclo de mata real

↗ Ele é Caboclo que mata onça ✓
→ Ele é Caboclo que mostra o pau ✓

↗ Ele é Caboclo que mata onça ✓
→ Ele é Caboclo que mostra o pau ✓

(15)

(155 BPM)

CABOCLO DAS MATAS
Domínio Público

https://www.youtube.com/watch?v=rg68d7G8two

→ Se ele é Ca**bo**clo ✓
↗ Ele vem das **ma**tas ✓
→ Se ele é Ca**bo**clo ✓

↗ Ele vem na aldeia
↗ Pai, filho, Espírito Santo
↗ Na hora de Deus amém
↗ Se ele é filho de Oxóssi/
→ Eu sou também ✓

↗ Pai, filho, Espírito Santo
↗ Na hora de Deus amém
↗ Se ele é filho de Oxóssi/
→ Eu sou também ✓

(16)

(150 BPM)

SAUDAÇÃO AO CABOCLO ÁGUIA-BRANCA
Ogã Leonardo Rizzato

https://www.youtube.com/watch?v=FH4yidjkjTA

→ A<u>ti</u>ra, atira a flecha Caboclo ✓
→ Atira seu Águia B<u>ra</u>nca ✓
→ A<u>ti</u>ra, atira a flecha Caboclo ✓
→ Atira seu Águia Branca ✓
↗ Eu sou Caboclo eu sou Guerreiro ✓
↗ Eu sou Caboclo índio brasileiro ✓
↗ Eu sou Caboclo eu sou Guerreiro ✓
↗ Eu sou Caboclo →índio brasil<u>ei</u>ro ✓

Versões do Angola

ANGOLA

O ANGOLA JÁ TEM O REPIQUE FAZENDO PARTE DELE

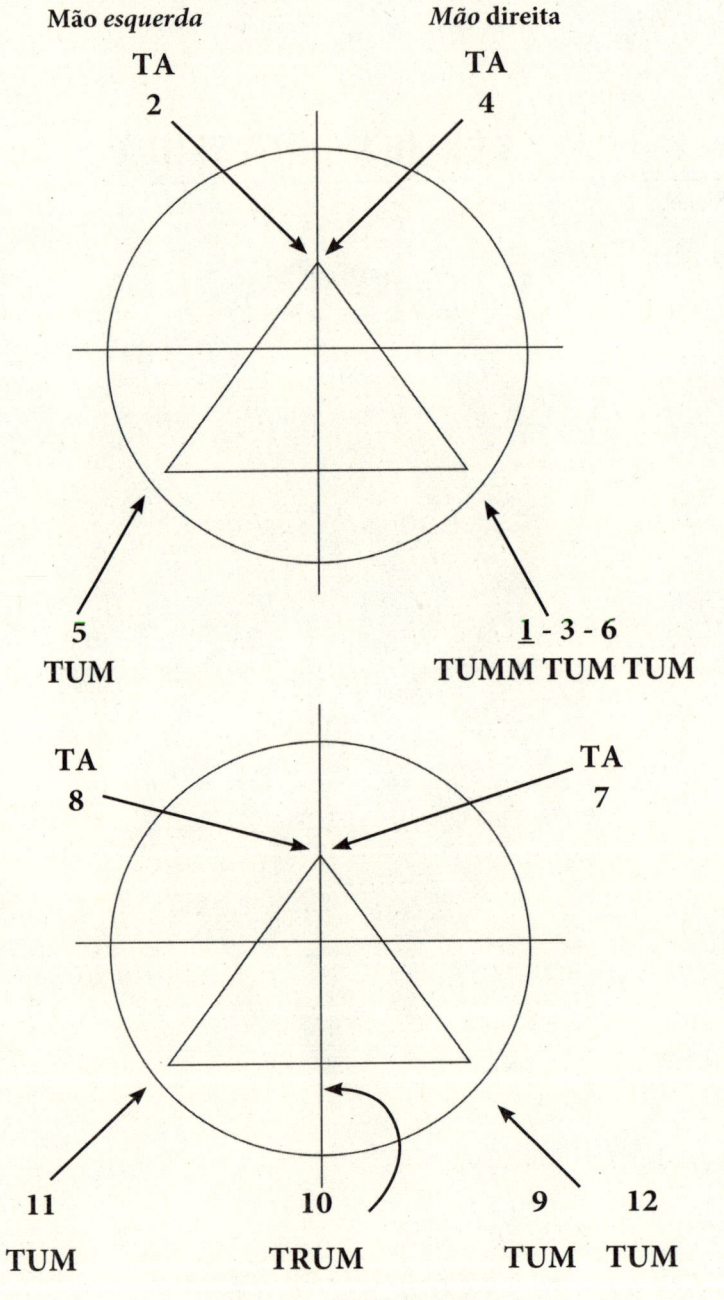

Mão *esquerda*   Mão direita
TA   TA
2   4

5   1 - 3 - 6
TUM   TUMM TUM TUM

TA   TA
8   7

11   10   9   12
TUM   TRUM TUM TUM

FALANDO, FICA ASSIM:
TUMM TA TUM TA TUM TUM TA TA TUM TRUM TUM TUM

SEQUÊNCIA DO TOQUE

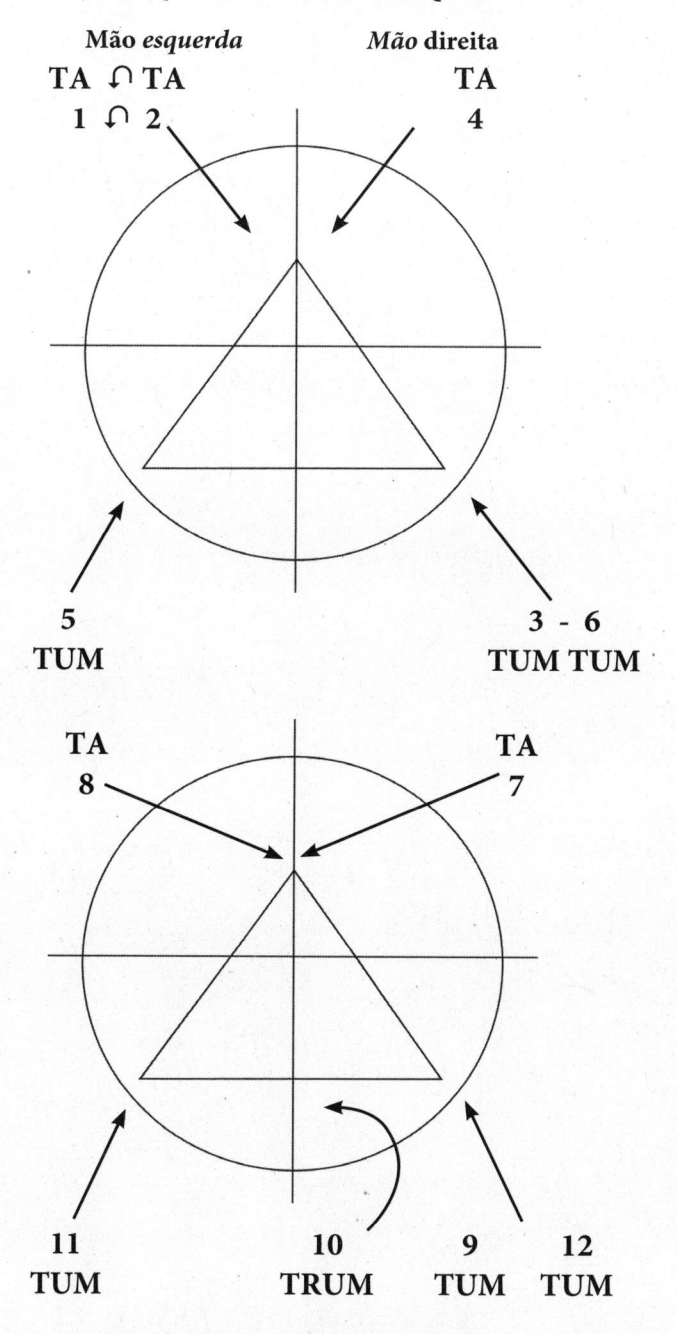

Mão *esquerda*   **Mão direita**

TA ∩ TA   TA
1 ∩ 2   4

5   3 - 6
TUM   TUM TUM

TA   TA
8   7

11   10   9   12
TUM   TRUM   TUM TUM

FALANDO, FICA ASSIM:
TA ∩ TA TUM TA TUM TUM TA TA TUM TRUM TUM TUM

ENCERRAMENTO DO TOQUE

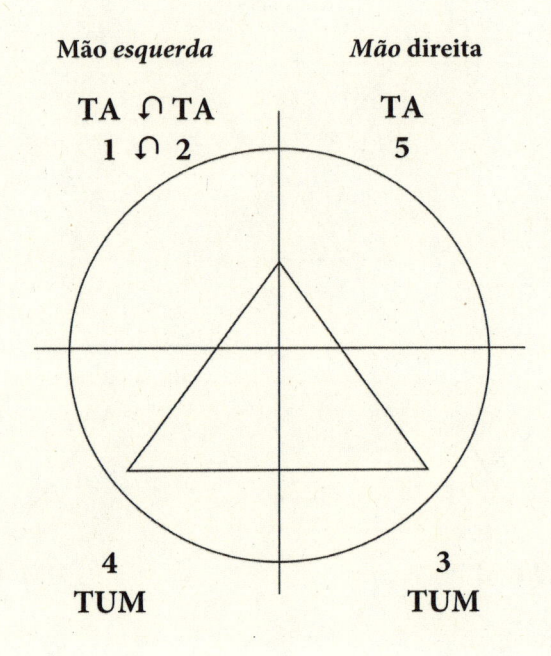

Mão *esquerda*   Mão direita

TA ↻ TA   TA
1 ↻ 2   5

4   3
TUM   TUM

FALANDO, FICA ASSIM:
TA ↻ TA TUM TUM TUM TA

VARIAÇÃO 80
ANGOLA COM REPIQUEQUE (1)

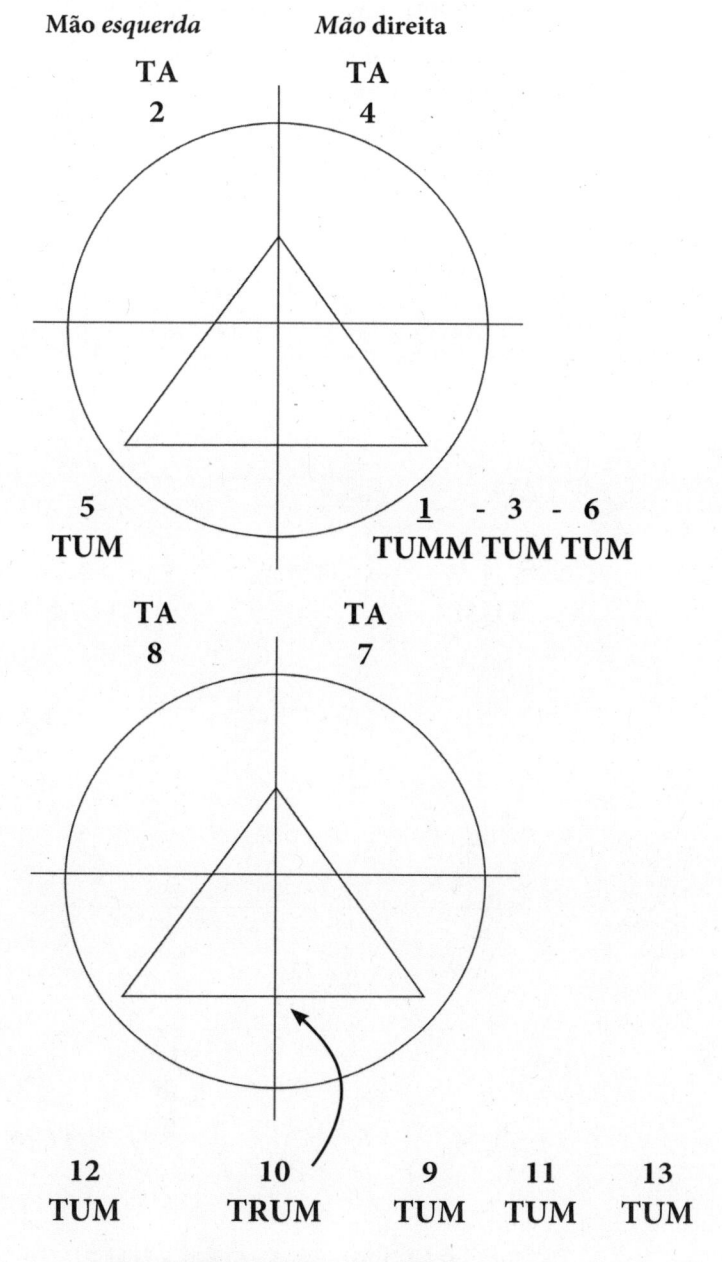

Mão *esquerda*   Mão direita

TA   TA
2   4

5   1 - 3 - 6
TUM   TUMM TUM TUM

TA   TA
8   7

12   10   9   11   13
TUM   TRUM   TUM   TUM   TUM

FALANDO, FICA ASSIM:

TUMM TA TUM TA TUM TUM TA TA TUM TRUM TUM TUM TUM

VARIAÇÃO 81
PAUSA MÃO ESQUERDA E BREQUE MÃO DIREITA, NO TOQUE 6, FINAL SEM REPIQUE.

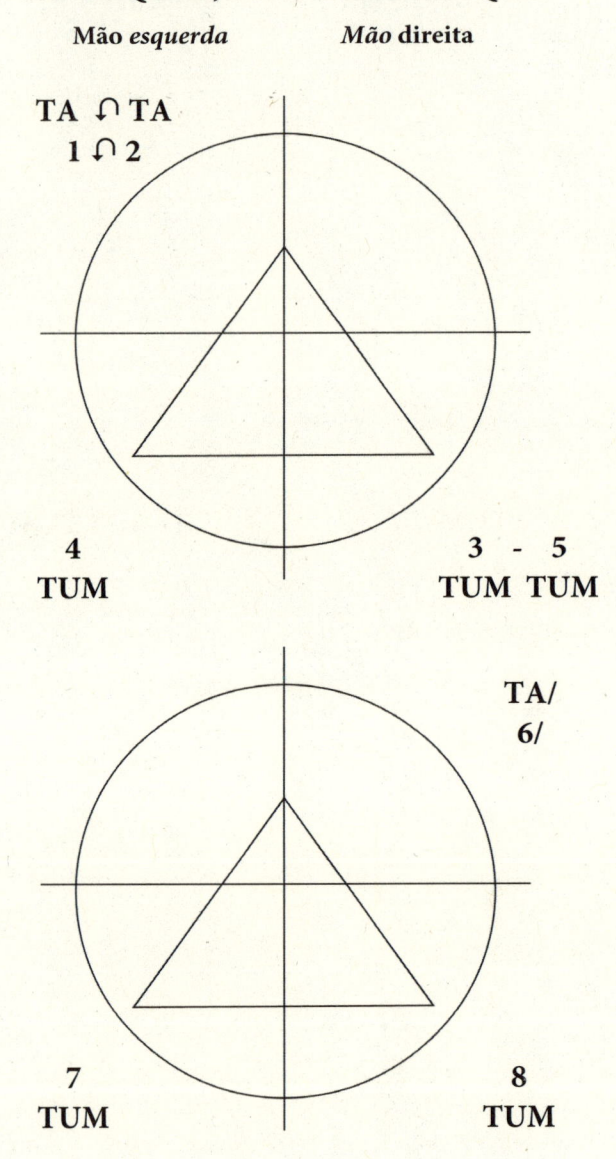

Mão *esquerda*   Mão direita

TA ∩ TA
1 ∩ 2

4   3 - 5
TUM   TUM TUM

TA/
6/

7   8
TUM   TUM

FALANDO, FICA ASSIM:
TA ∩ TA TUM TUM TUM TA/ TUM TUM

VARIAÇÃO 82
SONORIZAÇÃO IGUAL À VARIAÇÃO 78, PORÉM INICIANDO COM MÃO DIREITA, BREQUE MÃO ESQUERDA (6/), SEM REPIQUE.

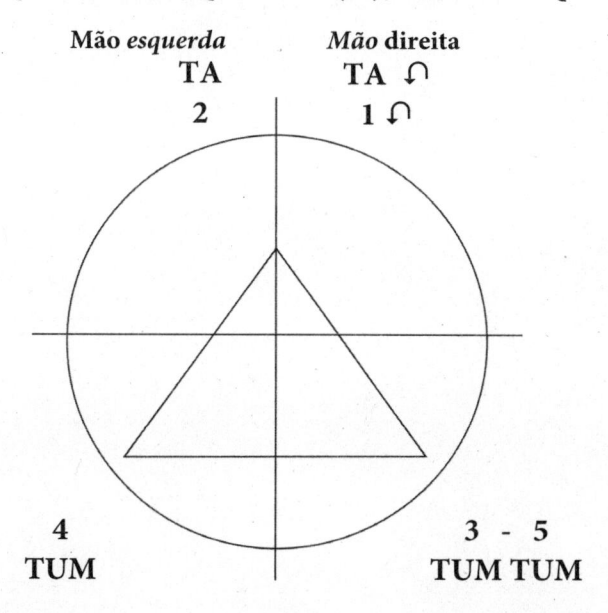

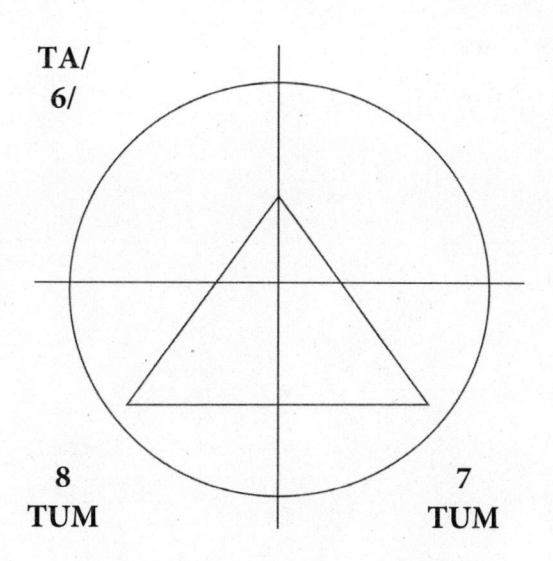

Mão *esquerda* Mão direita
TA TA ↷
2 1 ↷

4 3 - 5
TUM TUM TUM

TA/
6/

8 7
TUM TUM

FALANDO, FICA ASSIM:
TA ↷ TA TUM TUM TUM TA/ TUM TUM

VARIAÇÃO 83
PAUSA MÃO ESQUERDA TOQUES (1 ∩ 2)
+ BREQUE MÃO DIREITA TOQUE 8.

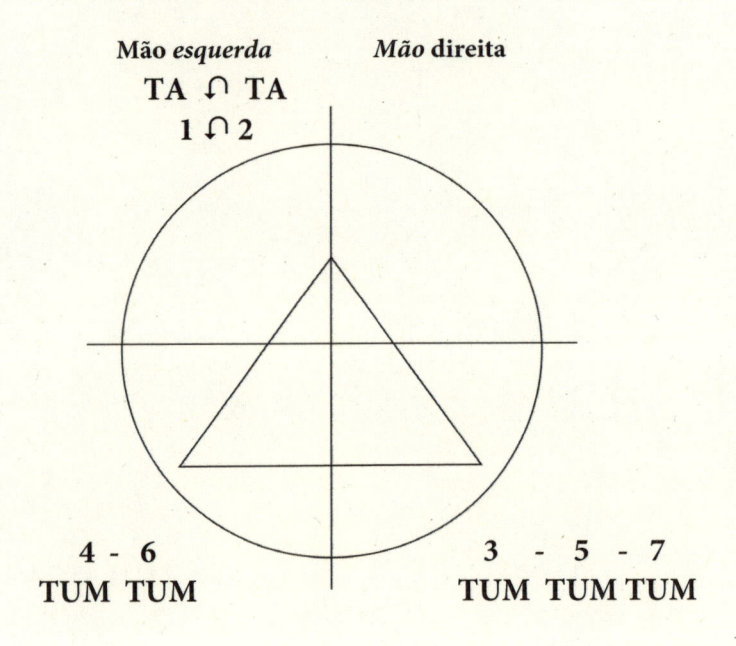

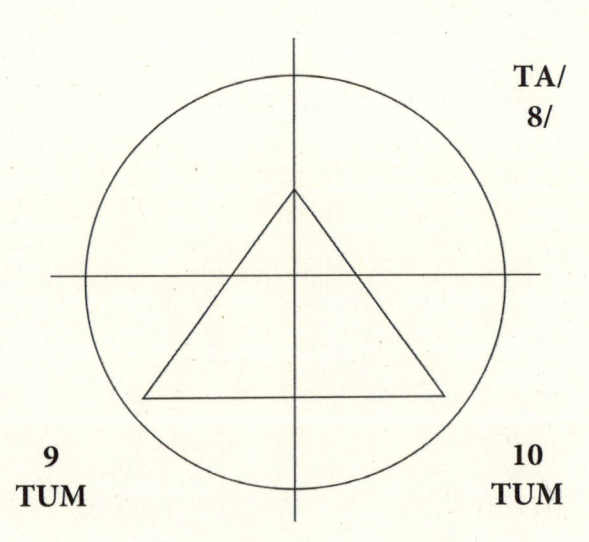

Mão *esquerda*   Mão direita
TA ∩ TA
1 ∩ 2

4 - 6   3 - 5 - 7
TUM TUM   TUM TUM TUM

TA/
8/

9   10
TUM   TUM

FALANDO, FICA ASSIM:
TA ∩ TA TUM TUM TUM TUM TUM TA/ TUM TUM

VARIAÇÃO 84
SOM IGUAL À VARIAÇÃO 80, 7 TOQUES+ BREQUE MÃO ESQUERDA TOQUE 8,/SEM REPIQUE.

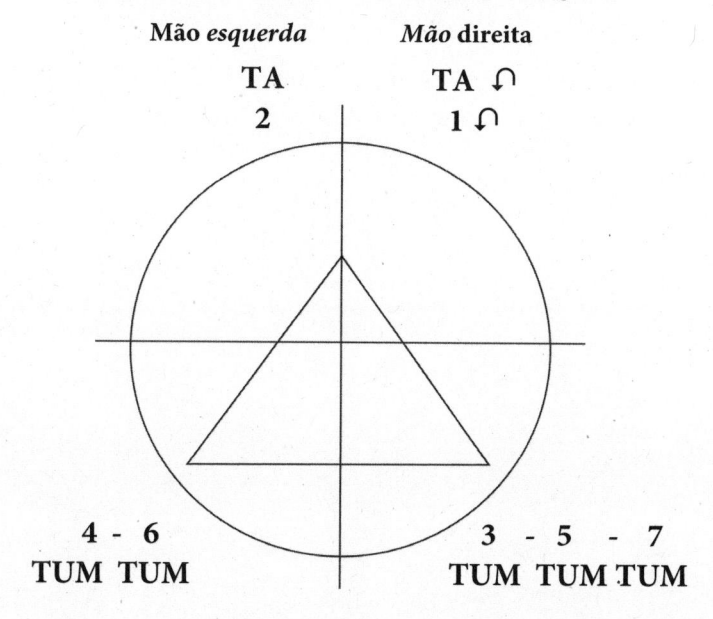

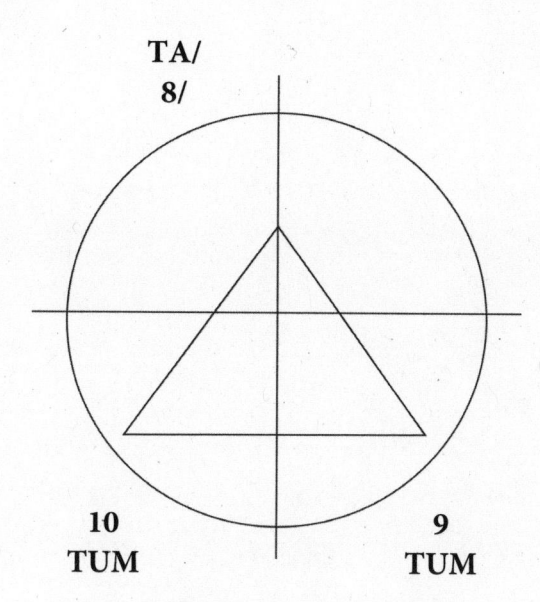

Mão *esquerda*　　Mão direita
TA　　　　　TA ∩
2　　　　　1 ∩

4 - 6　　　　3 - 5 - 7
TUM TUM　　TUM TUM TUM

TA/
8/

10　　　　9
TUM　　　TUM

FALANDO, FICA ASSIM:
TA ∩ TA TUM TUM TUM TUM TUM TA/ TUM TUM

VARIAÇÃO 85
CONTRA TEMPO TAKTATAKTATAKTATA/+
REPIQUE GRAVE

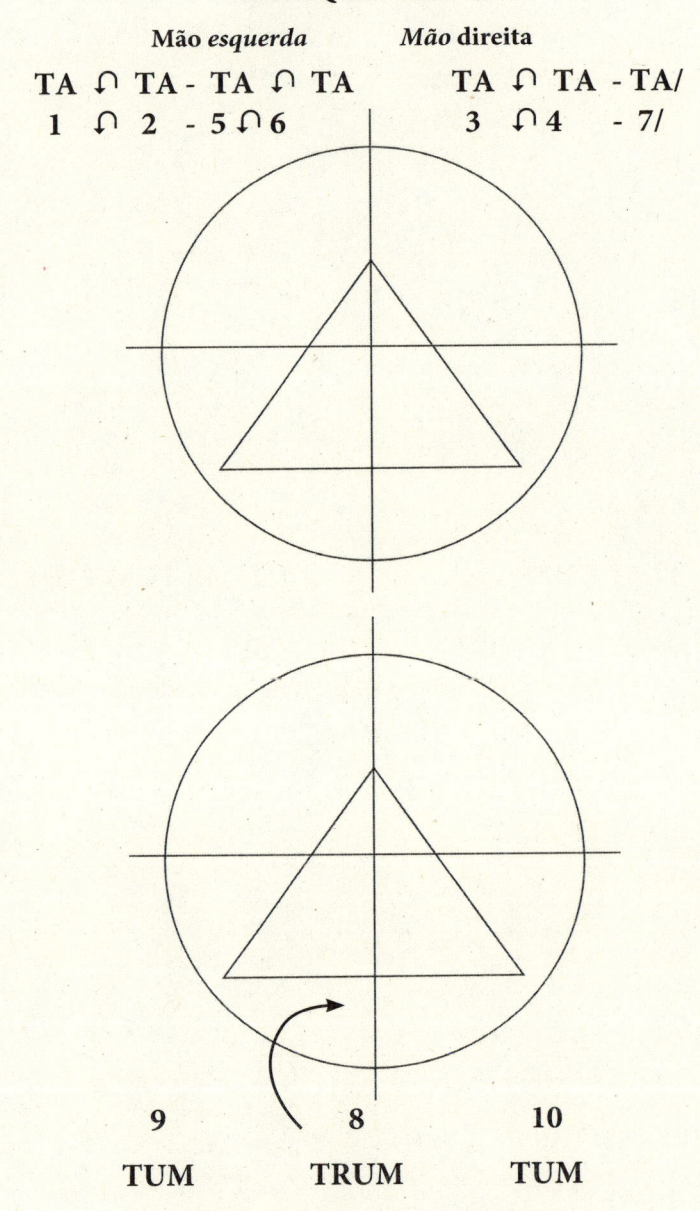

Mão *esquerda*   Mão direita

TA ⌒ TA - TA ⌒ TA   TA ⌒ TA - TA/
1 ⌒ 2 - 5⌒6   3 ⌒ 4 - 7/

9   8   10

TUM   TRUM   TUM

FALANDO, FICA ASSIM:

TA⌒TA TA⌒TA TA⌒TA TA/ TRUM TUM TUM
PARA ESTA FINALIZAÇÃO, PODEMOS USAR QUALQUER REPIQUE.

VARIAÇÃO 86
CONTRA TEMPO TAK TA TAK TA TAK TA TA/+
REPIQUEQUE GRAVE

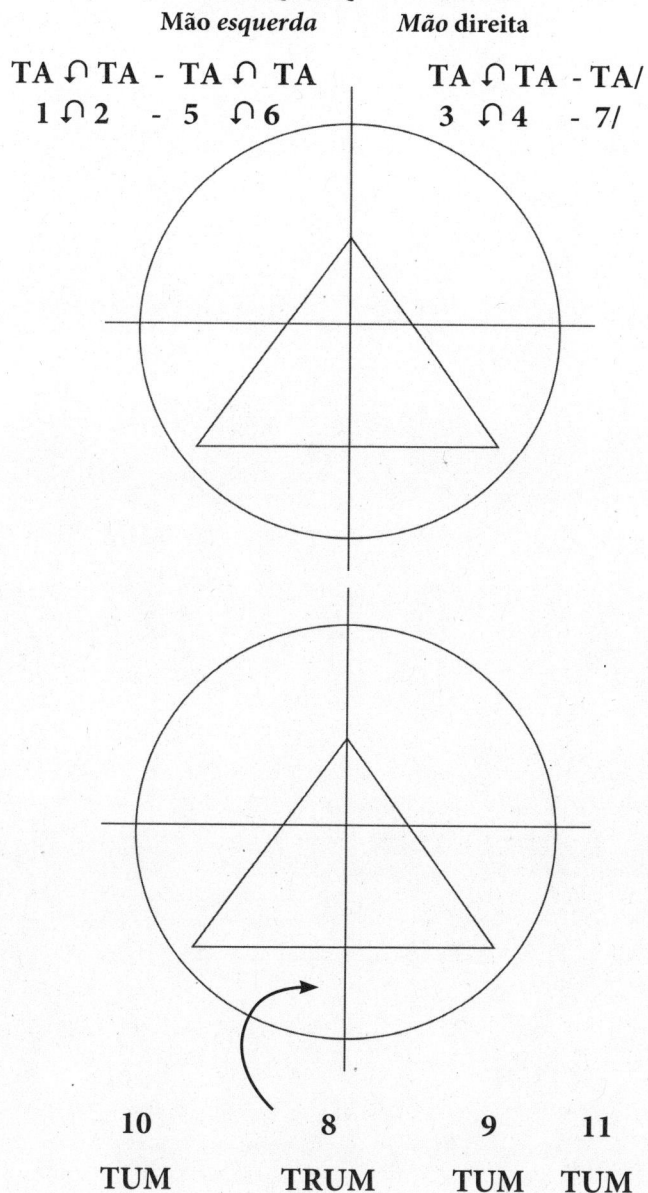

Mão *esquerda*   Mão direita

TA ⌒ TA - TA ⌒ TA   TA ⌒ TA - TA/
1 ⌒ 2 - 5 ⌒ 6   3 ⌒ 4   - 7/

    10   8   9   11
  TUM   TRUM   TUM TUM

FALANDO, FICA ASSIM:

TA⌒TA TA⌒TA TA⌒TA TA/ TRUM TUM TUM TUM
PARA ESTA FINALIZAÇÃO, PODEMOS USAR QUALQUER REPIQUEQUE.

NAGÔ DE ANGOLA OU (BUSCÃO)

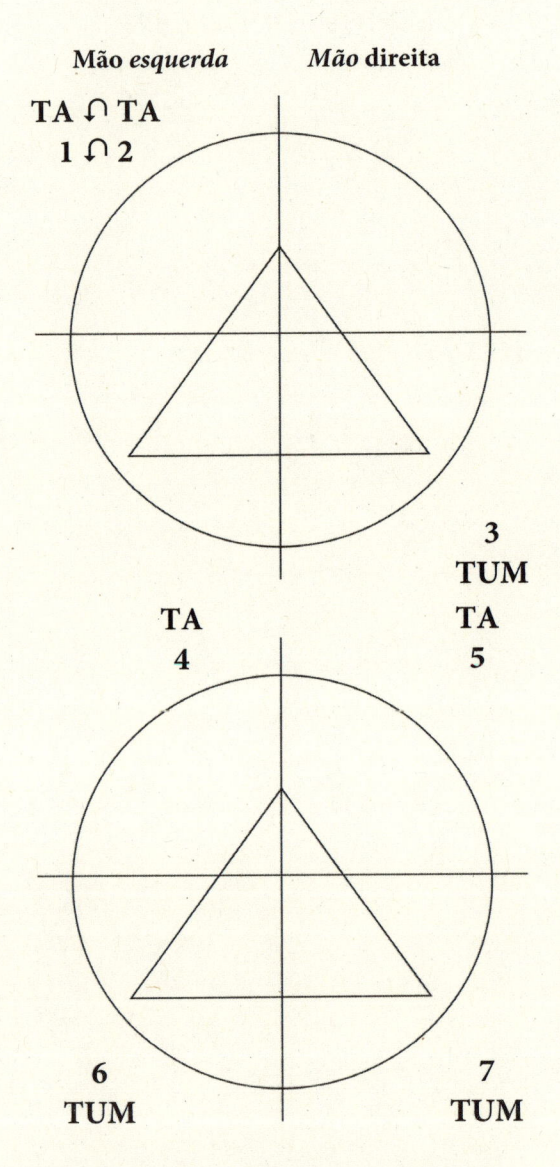

Mão *esquerda*   Mão *direita*

TA ↷ TA
1 ↷ 2

3
TUM

TA   TA
4   5

6   7
TUM   TUM

Repetir três vezes esta segunda parte.

FALANDO, FICA ASSIM:
TA ↷ TA TUM

TA TA TUM TUM TA TA TUM TUM TA TA TUM TUM

SAMBA DE CABULA

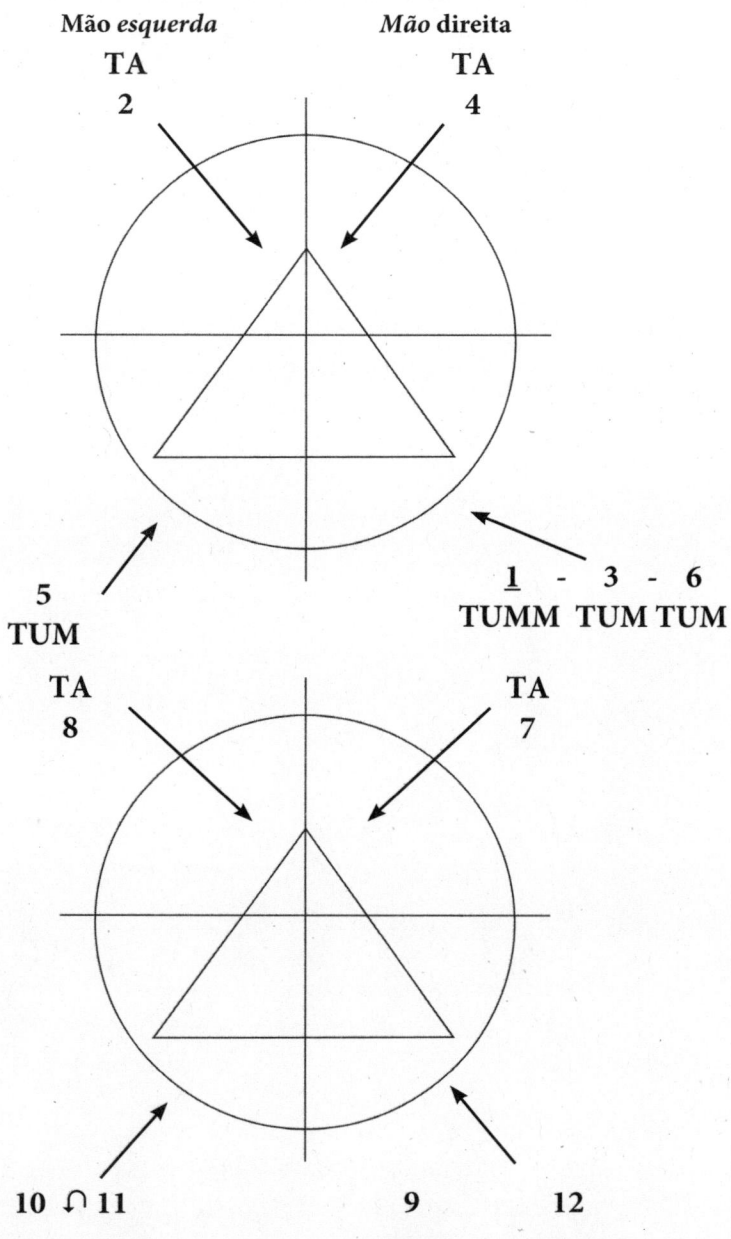

Mão *esquerda* — TA 2

Mão *direita* — TA 4

5
TUM

<u>1</u> - 3 - 6
TUMM TUM TUM

TA 8

TA 7

10 ⌒ 11
TUM ⌒ TUM

9
TUM

12
TUMM

FALANDO, FICA ASSIM:
TUMM TA TUM TA TUM TUM TA TA TUM TUM ⌒ TUM TUMM
A VARIAÇÃO DO SAMBA DE CABULA POSSUI OS MESMOS CONTRA-
TEMPOS DO ANGOLA, PORÉM NÃO TEM REPIQUES NEM A LIGAÇÃO
(⌒) ENTRE O FINAL E O INÍCIO DO ANGOLA.

SAMBA DE ANGOLA

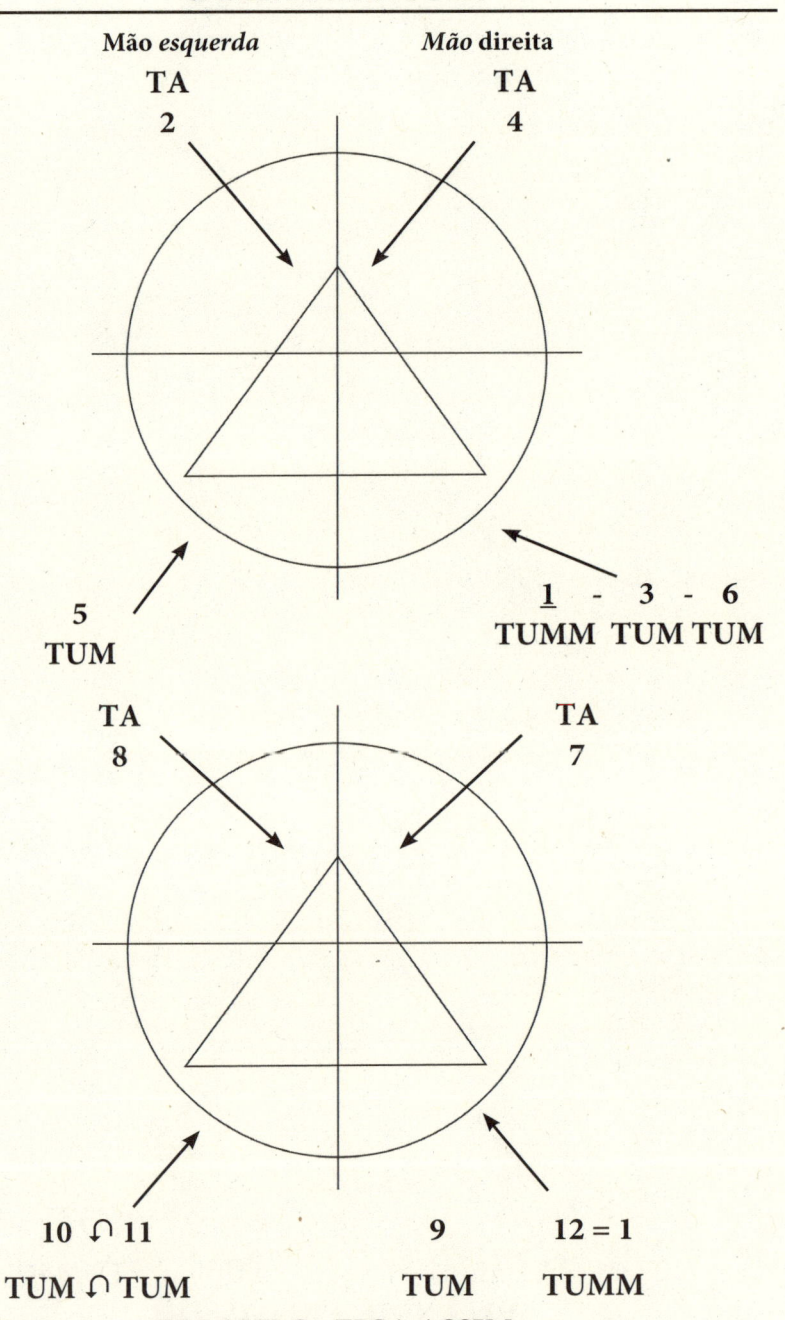

Mão *esquerda* — Mão *direita*

TA 2   TA 4

5
TUM

<u>1</u> - 3 - 6
TUMM TUM TUM

TA 8   TA 7

10 ⌒ 11   9   12 = 1
TUM ⌒ TUM   TUM   TUMM

FALANDO, FICA ASSIM:
TUMM TA TUM TA TUM TUM TA TA TUM TUM ⌒ TUM TUMM
A VARIAÇÃO DO SAMBA ANGOLA POSSUI OS MESMOS CONTRA-
TEMPOS DO ANGOLA PORÉM NÃO TEM REPIQUES, MAS POSSUI A
LIGAÇÃO (⌒) ENTRE O FINAL E O INÍCIO DO TOQUE.

SEQUÊNCIA DO TOQUE SAMBA DE ANGOLA

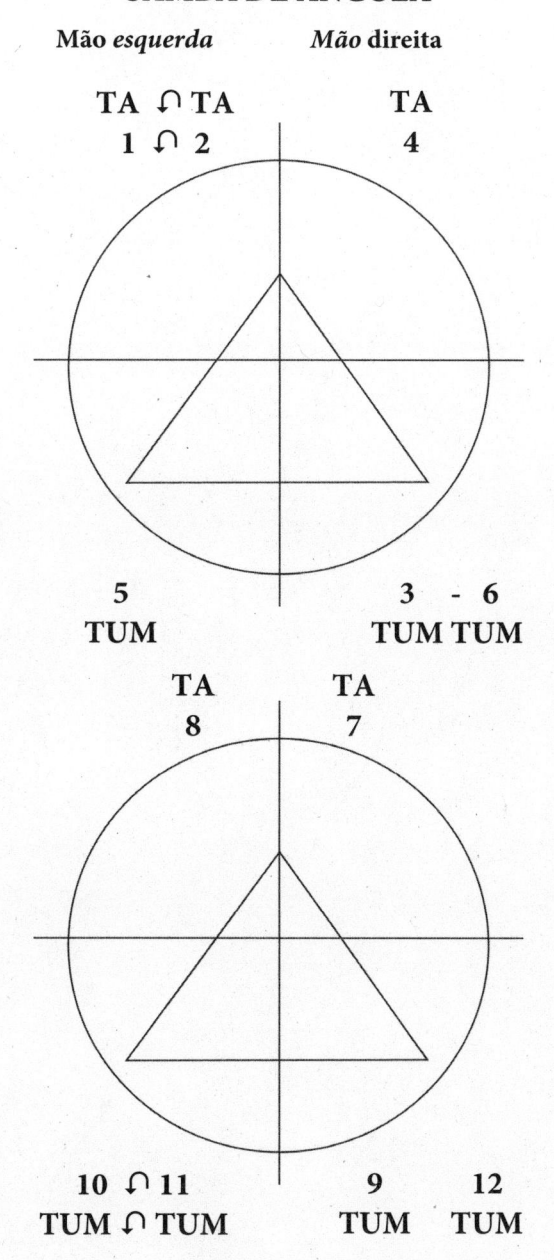

Mão *esquerda*   Mão direita

TA ⌒ TA   TA
1 ⌒ 2   4

5   3 - 6
TUM   TUM TUM

TA   TA
8   7

10 ⌒ 11   9   12
TUM ⌒ TUM   TUM   TUM

FALANDO, FICA ASSIM:
TA ⌒ TA TUM TA TUM TUM TA TA TUM TUM ⌒ TUM TUM

TAMBOREANO

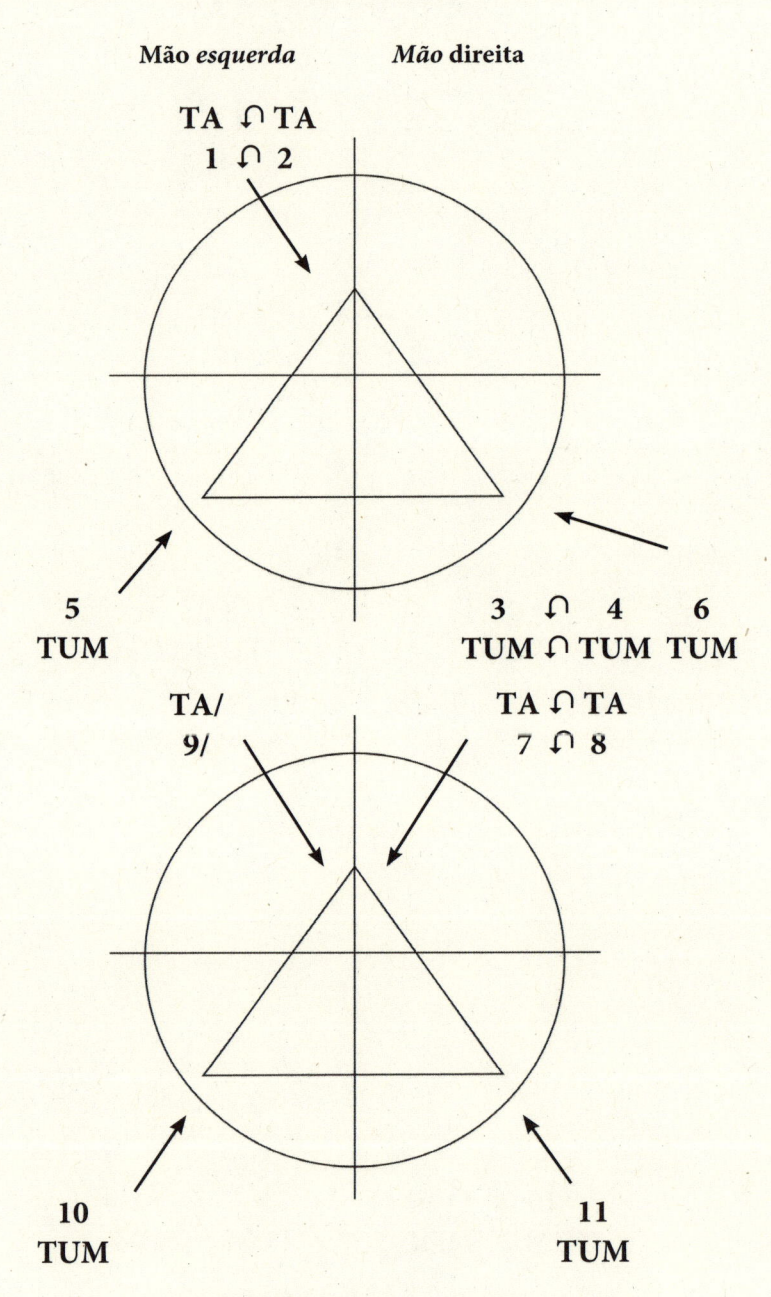

Mão *esquerda*　　Mão direita

TA ∩ TA
1 ∩ 2

5
TUM

3 ∩ 4　6
TUM ∩ TUM TUM

TA/
9/

TA ∩ TA
7 ∩ 8

10
TUM

11
TUM

FALANDO, FICA ASSIM:

TA ∩ TA TUM ∩ TUM TUM TUM TA ∩ TA TA/ TUM TUM

EVOLUÇÃO DE MARCAÇÃO

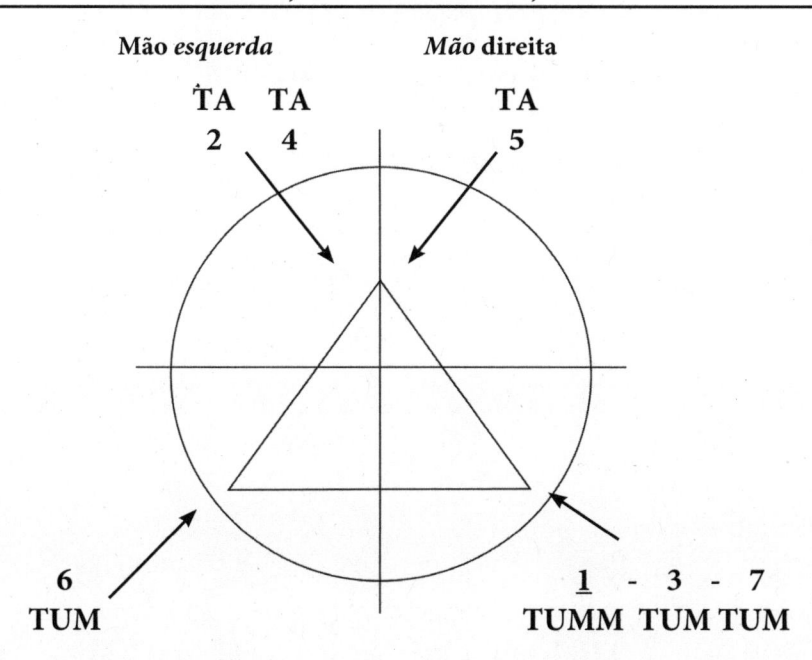

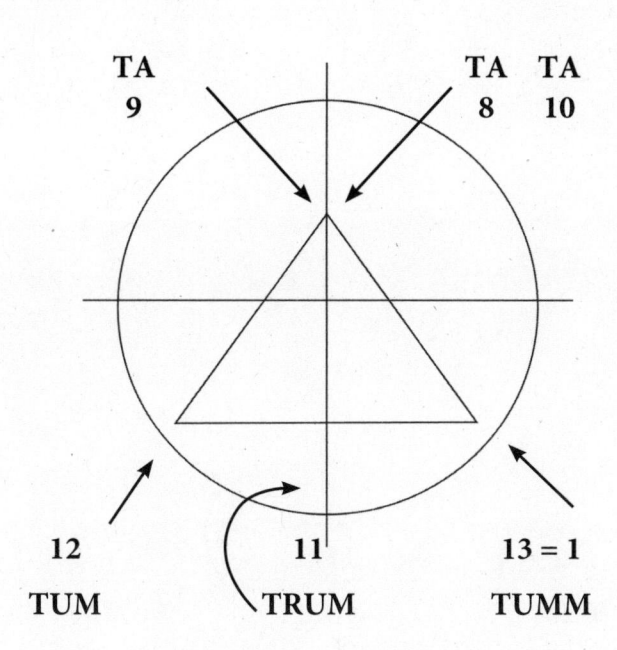

Mão *esquerda*   Mão *direita*

TA TA   TA
2   4   5

6   1 - 3 - 7
TUM   TUMM TUM TUM

TA   TA TA
9   8   10

12   11   13 = 1
TUM   TRUM   TUMM

FALANDO, FICA ASSIM:

TUMM TA TUM TA TA TUM TUM TA TA TA TRUM TUM TUMM

SEQUÊNCIA DO TOQUE
EVOLUÇÃO DE MARCAÇÃO

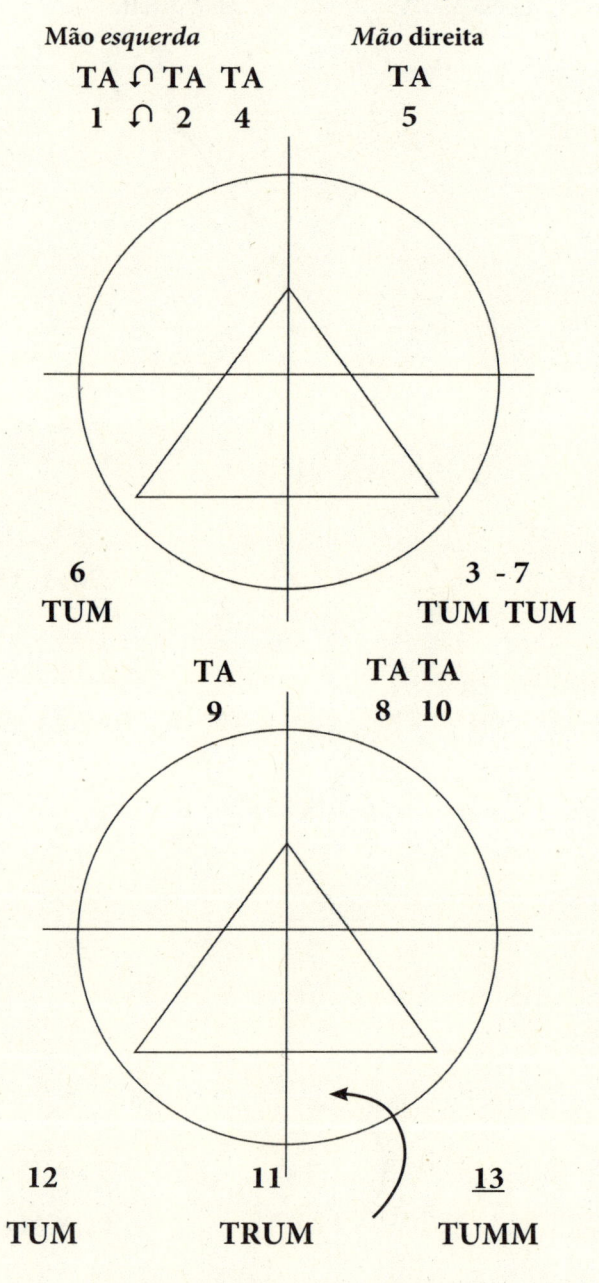

Mão *esquerda*   Mão *direita*

TA ∩ TA TA   TA
1 ∩ 2   4   5

6   3 - 7
TUM   TUM TUM

TA   TA TA
9   8   10

12   11   13
TUM   TRUM   TUMM

FALANDO, FICA ASSIM:

TA ∩ TA TUM TA TA TUM TUM TA TA TA TRUM TUM TUMM

VARIAÇÃO 87
EVOLUÇÃO COM REPIQUEQUE

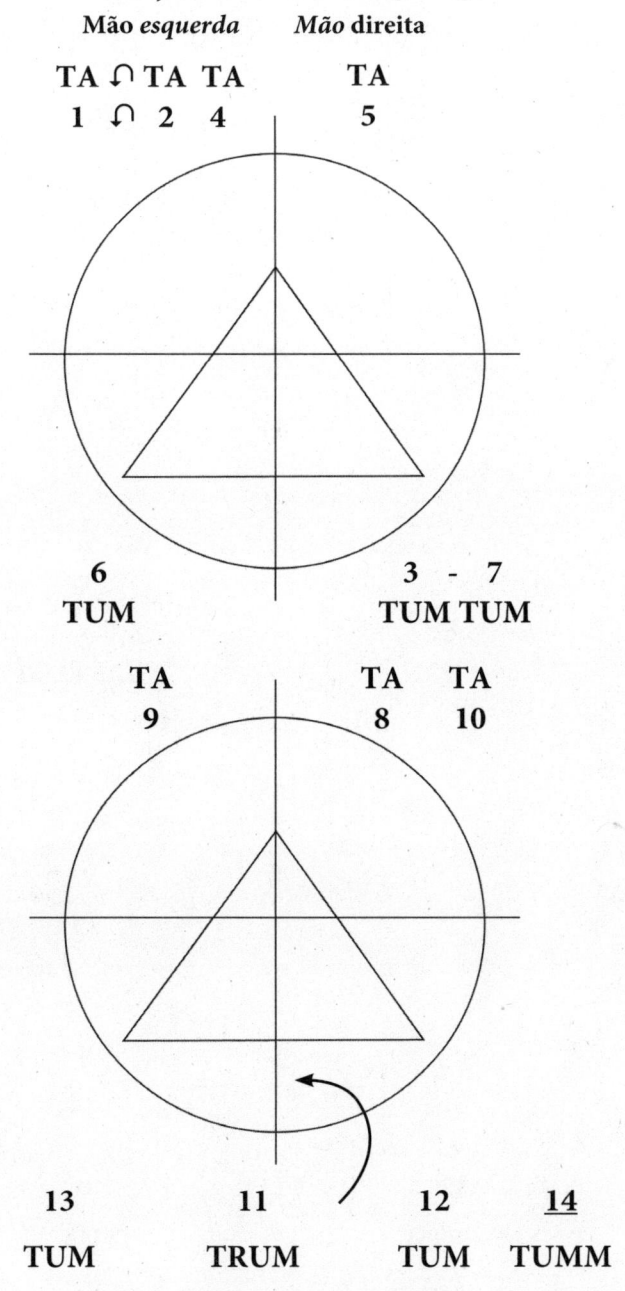

Mão esquerda   *Mão* direita

TA ∩ TA TA   TA
1 ∩ 2 4   5

6   3 - 7
TUM   TUM TUM

TA   TA TA
9   8   10

13   11   12   <u>14</u>
TUM   TRUM   TUM   TUMM

FALANDO, FICA ASSIM:

TA ∩ TA TUM TA TA TUM TUM TATA TA TRUM TUM TUM TUMM

VARIAÇÃO 88
1ª PARTE DO EVOLUÇÃO + 2ª PARTE INTEIRA DO SAMBA DE CABULA

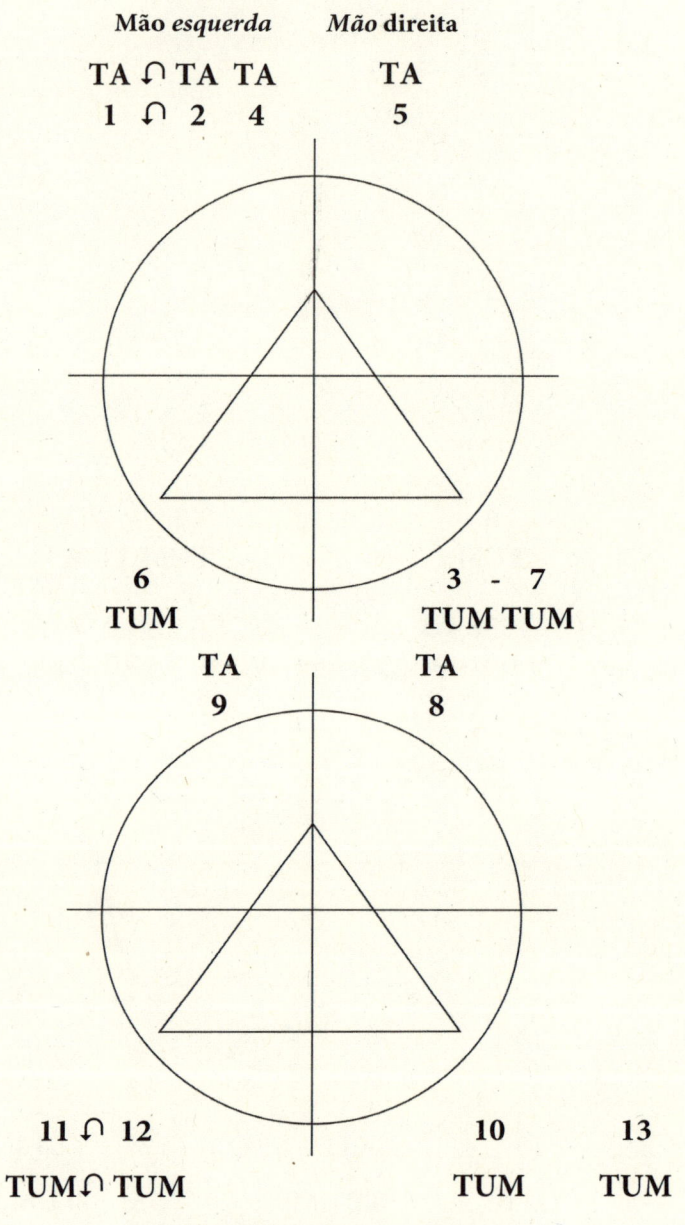

Mão *esquerda*   Mão direita

TA ↷ TA TA   TA
1 ↷ 2   4   5

6   3 - 7
TUM   TUM TUM

TA   TA
9   8

11 ↷ 12   10   13
TUM↷ TUM   TUM   TUM

FALANDO, FICA ASSIM:

TA↷TA TUM TA TA TUM TUM TATA TUM ↷ TUM TUM TUMM

VARIAÇÃO 89
1ª PARTE EVOLUÇÃO + SÓ OS 3 TOQUES FINAIS DO SAMBA DE CABULA

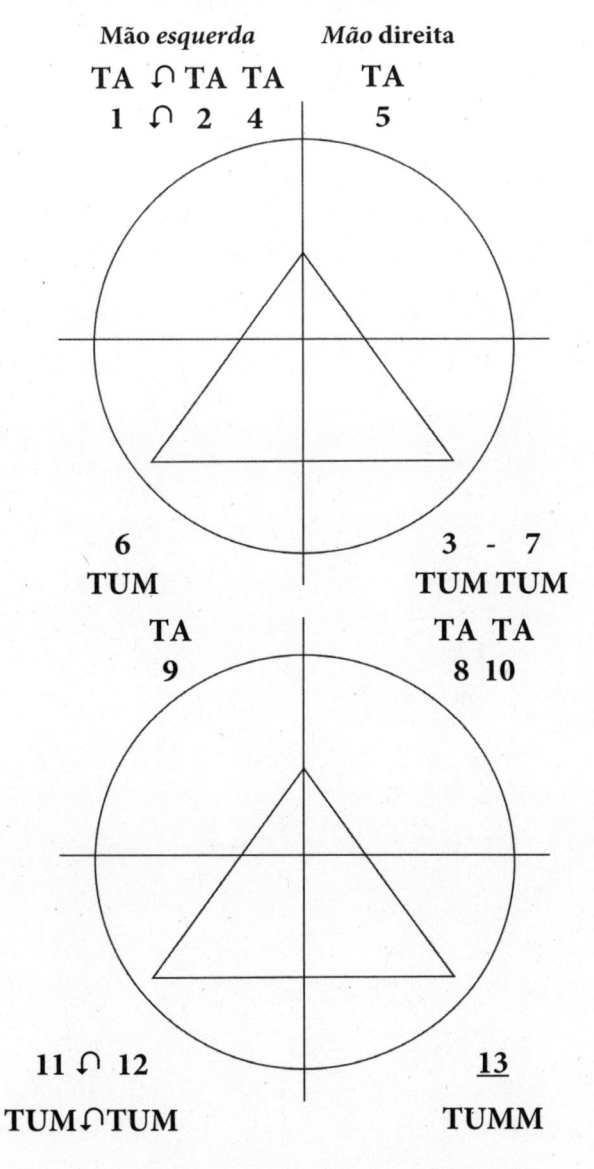

Mão *esquerda*   Mão direita
TA ∩ TA TA   TA
1 ∩ 2 4   5

6   3 - 7
TUM   TUM TUM
TA   TA TA
9   8 10

11 ∩ 12   13
TUM∩TUM   TUMM

FALANDO, FICA ASSIM:
TA∩TA TUM TA TA TUM TUM TATA TA TUM ∩ TUM TUMM

VARIAÇÃO 90
1ª PARTE ANGOLA + 2ª PARTE DO BUSCÃO

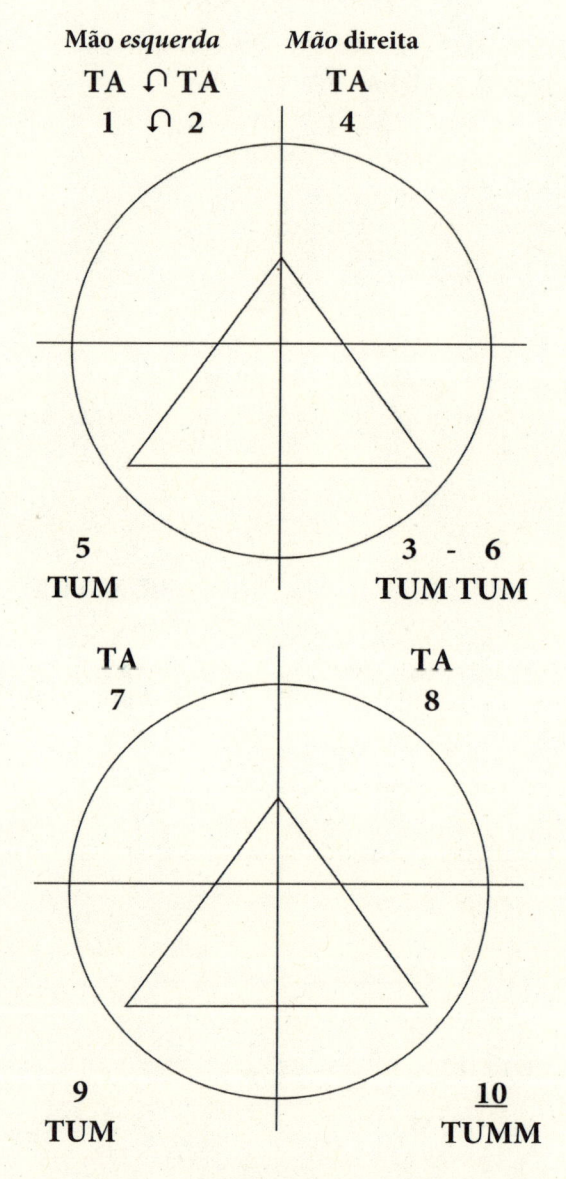

Mão *esquerda* Mão direita
TA ↷ TA   TA
1 ↷ 2   4

5   3 - 6
TUM   TUM TUM

TA   TA
7   8

9   10
TUM   TUMM

Neste caso, repetir duas vezes (7 8 9 10).
FALANDO, FICA ASSIM:
TA ↷ TA TUM TA TUM TUM TA TA TUM TUM TATA TUM TUMM

VARIAÇÃO 91
1ª PARTE ANGOLA + 2ª PARTE DO CONGO DE OURO

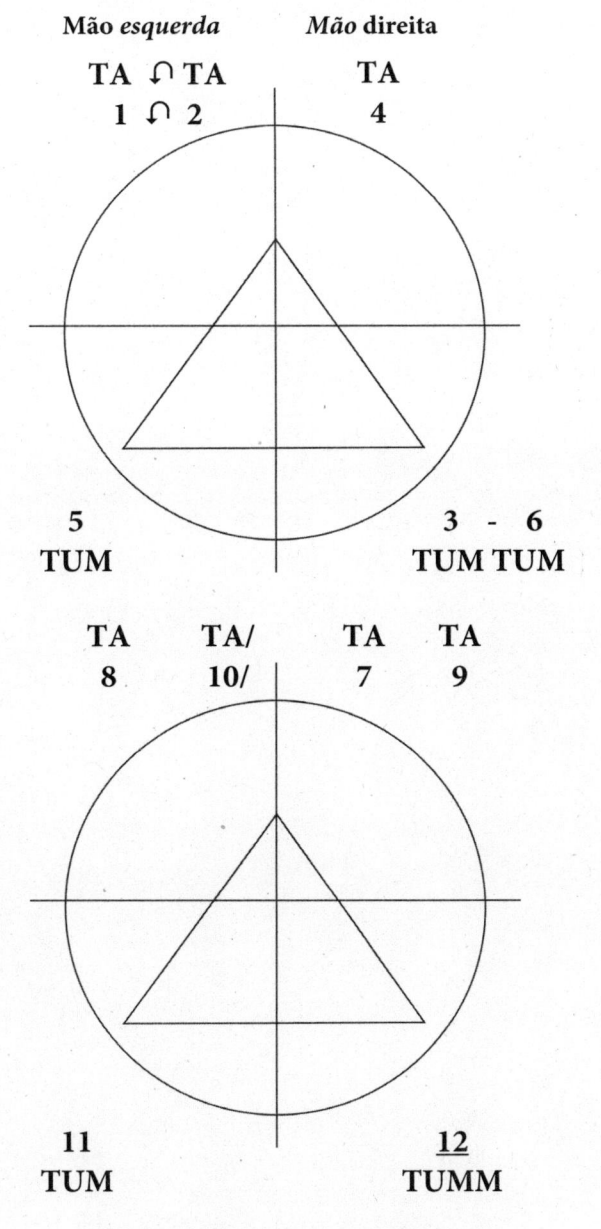

Mão esquerda   *Mão direita*

TA ⌒ TA   TA
1 ⌒ 2   4

5   3 - 6
TUM   TUM TUM

TA   TA/   TA   TA
8   10/   7   9

11   **12**
TUM   TUMM

FALANDO, FICA ASSIM:

TA ⌒ TA TUM TA TUM TUM TA TA TA TA/TUM TUMM

VARIAÇÃO 92
1ª PARTE ANGOLA + 2ª PARTE DO CONGO DE NAGÔ

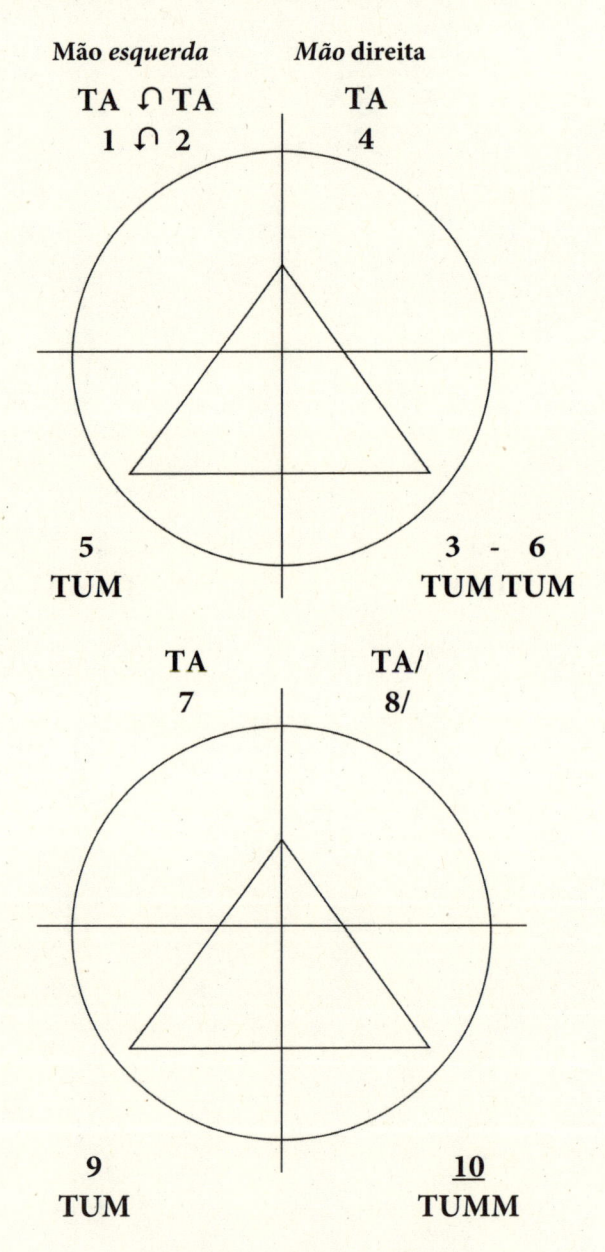

Mão esquerda   *Mão* direita

TA ↷ TA   TA
1 ↷ 2   4

5   3 - 6
TUM   TUM TUM

TA   TA/
7   8/

9   10
TUM   TUMM

FALANDO, FICA ASSIM:

TA ↷ TA TUM TA TUM TUM TA TA/ TUM TUMM

VARIAÇÃO 93
1ª PARTE ANGOLA + 2ª PARTE DO CONGO
DE CABOCLO MARCADO

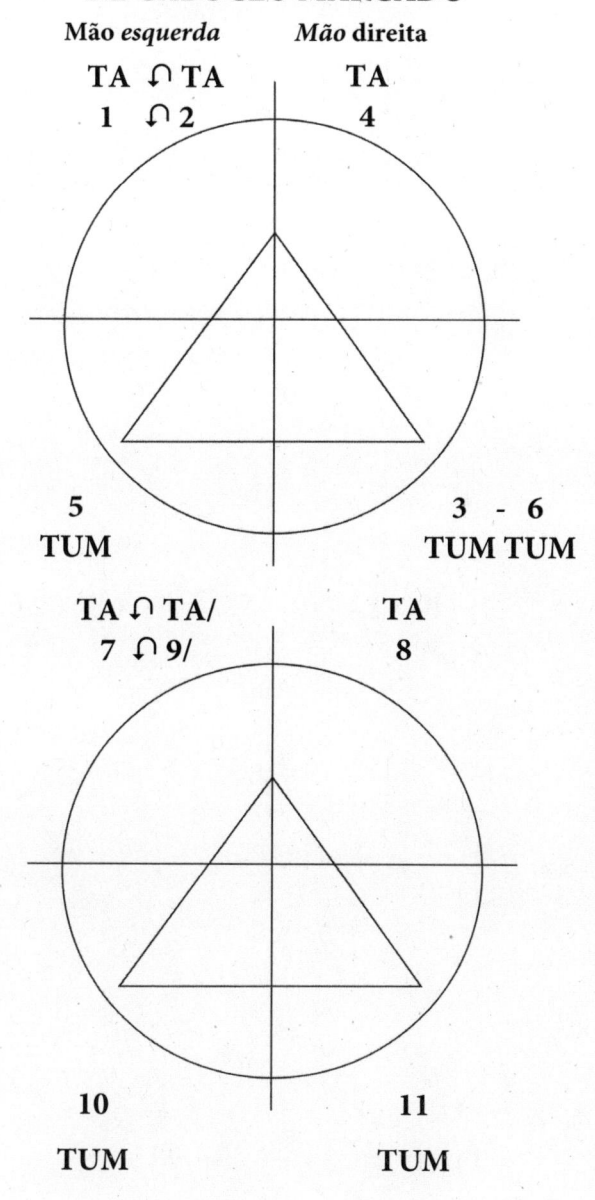

Mão *esquerda* Mão direita

TA ∩ TA   TA
1 ∩ 2   4

5   3 - 6
TUM   TUM TUM

TA ∩ TA/   TA
7 ∩ 9/   8

10   11
TUM   TUM

FALANDO, FICA ASSIM:

TA ∩ TA TUM TA TUM TUM TA ∩ TA TA/ TUM TUMM

VARIAÇÃO 94
1ª PARTE SAMBA DE CABULA + 2ª PARTE CONGO DE OURO

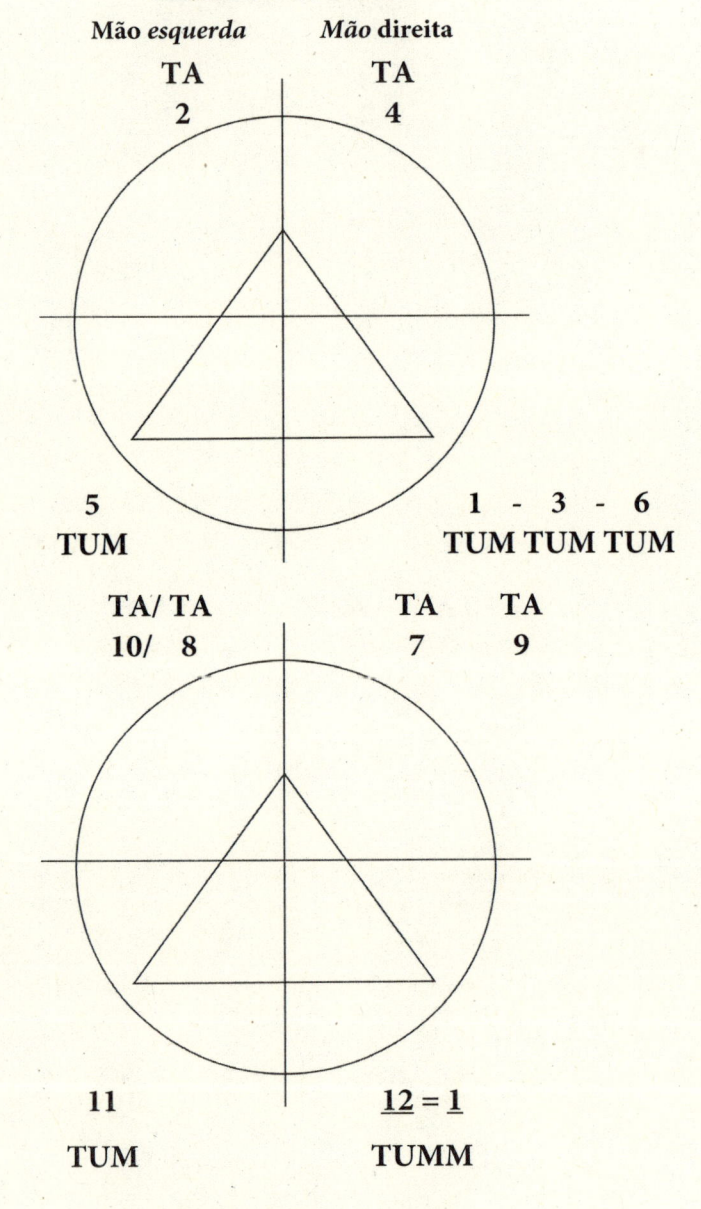

Mão *esquerda*   Mão *direita*

TA   TA
2   4

5   1 - 3 - 6
TUM   TUM TUM TUM

TA/ TA   TA   TA
10/ 8   7   9

11   <u>12</u> = <u>1</u>
TUM   TUMM

FALANDO, FICA ASSIM:
TUM TA TUM TA TUM TUM TA TA TA TA/ TUM TUMM

VARIAÇÃO 95
1ª PARTE SAMBA DE CABULA + 2ª PARTE CONGO NAGÔ

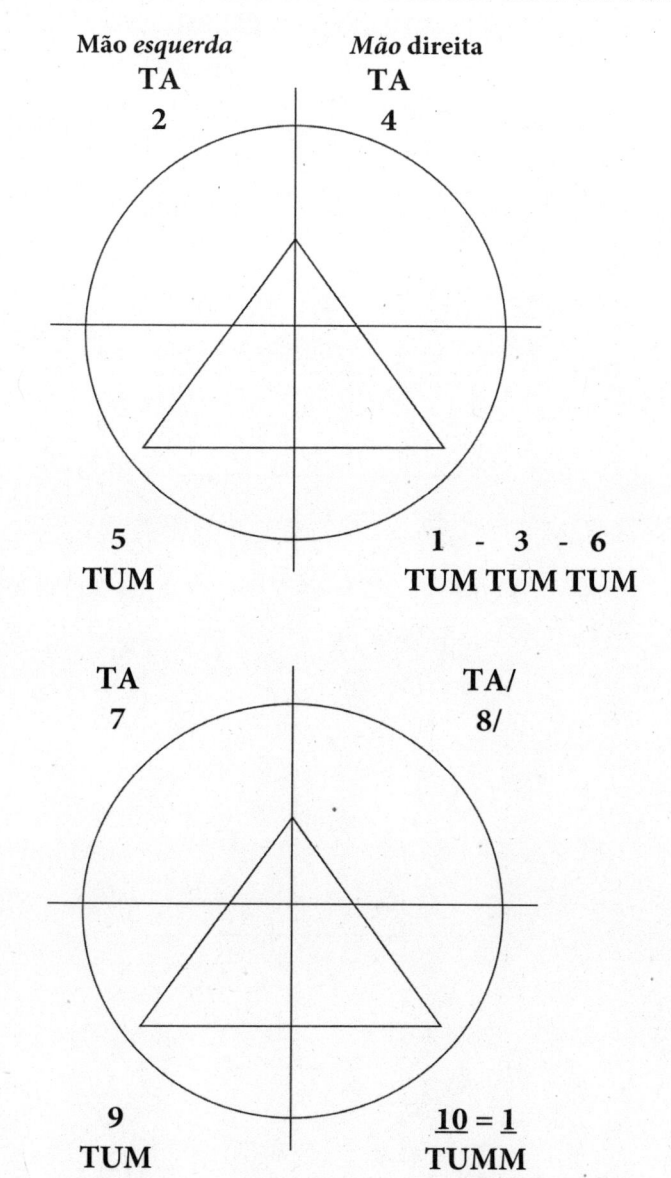

Mão *esquerda* Mão direita
TA   TA
2   4

5   1 - 3 - 6
TUM   TUM TUM TUM

TA   TA/
7   8/

9   10 = 1
TUM   TUMM

FALANDO, FICA ASSIM:
TUM TA TUM TA TUM TUM TA TA/ TUM TUMM

VARIAÇÃO 96
1ª PARTE SAMBA DE CABULA + 2ª PARTE CONGO DE CABOCLO MARCADO

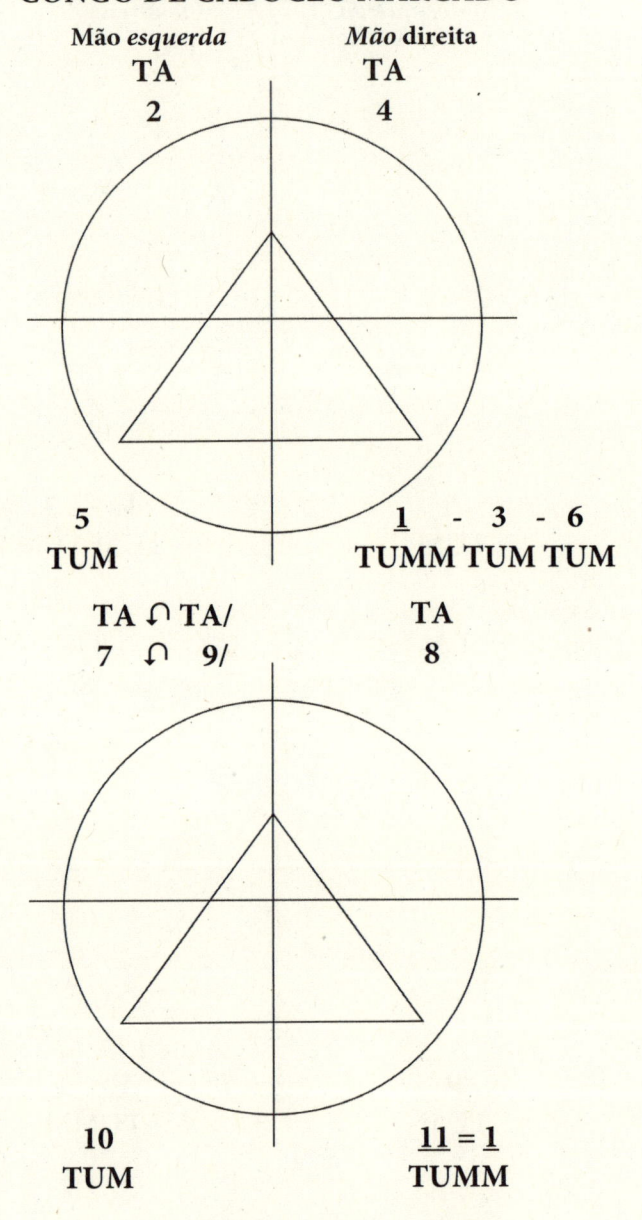

Mão *esquerda*   Mão direita
TA   TA
2   4

5   1 - 3 - 6
TUM   TUMM TUM TUM

TA ∩ TA/   TA
7 ∩ 9/   8

10   11 = 1
TUM   TUMM

FALANDO, FICA ASSIM:
TUMM TA TUM TA TUM TUM TA ∩ TA TA/ TUM TUMM

VARIAÇÃO 97
1ª PARTE DO EVOLUÇÃO + 2ª PARTE CONGO DE OURO

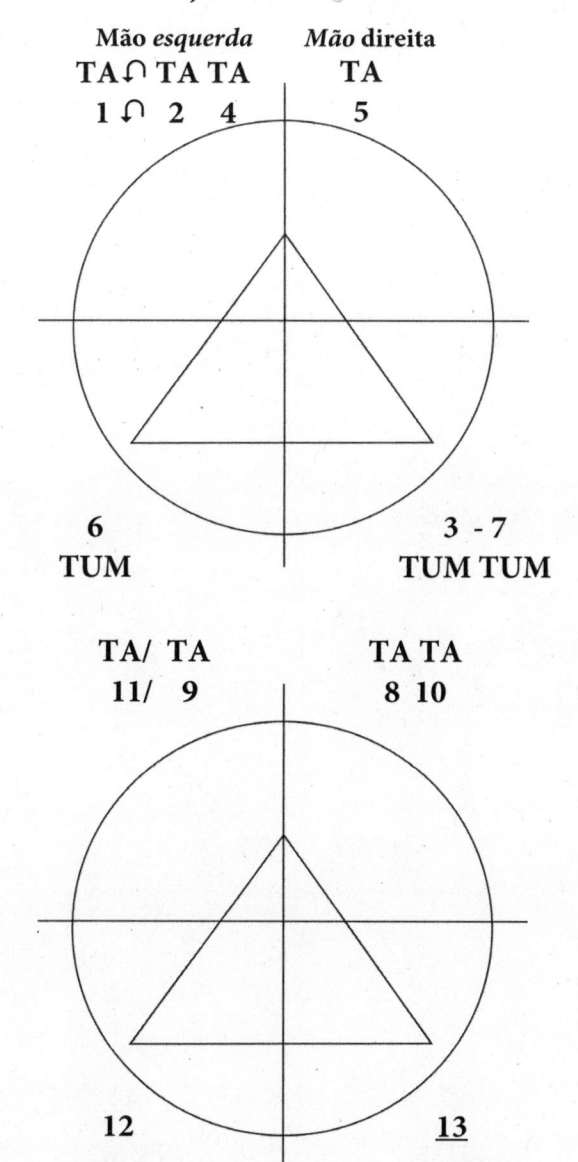

Mão *esquerda*   Mão direita

TA ↶ TA TA   TA
1 ↶ 2   4   5

6   3 - 7
TUM   TUM TUM

TA/ TA   TA TA
11/ 9   8 10

12   13
TUM   TUMM

FALANDO, FICA ASSIM:

TA ↶ TA TUM TA TA TUM TUM TA TA TA TA/ TUM TUMM

VARIAÇÃO 98
1ª PARTE DO EVOLUÇÃO + 2ª PARTE CONGO NAGÔ

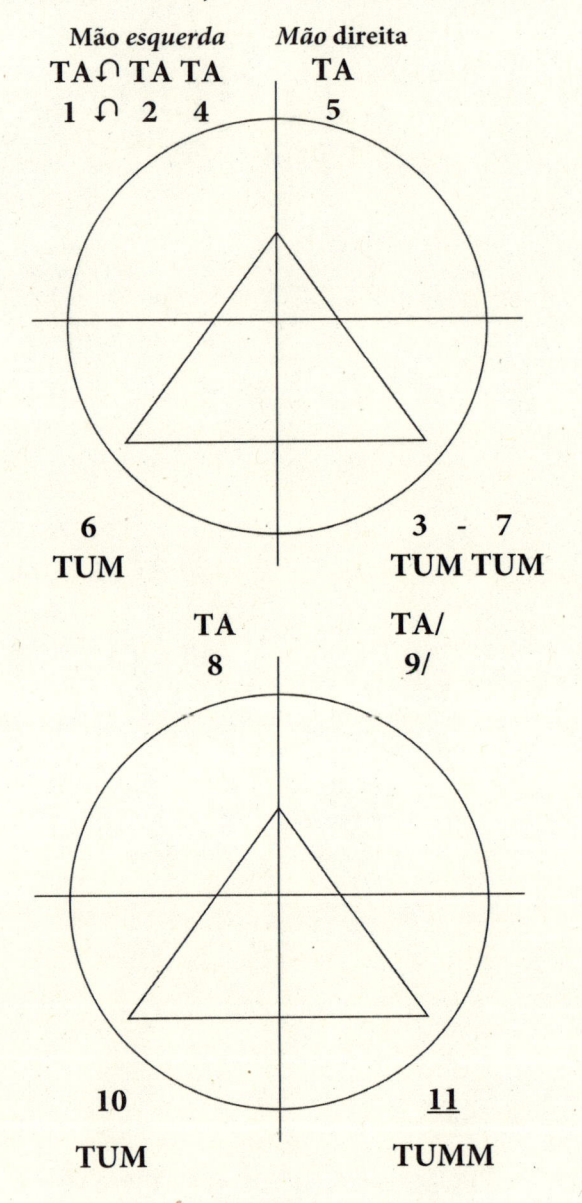

Mão *esquerda* Mão direita
TA↩ TA TA   TA
1 ↩ 2 4   5

6   3 - 7
TUM   TUM TUM

TA   TA/
8   9/

10   11
TUM   TUMM

FALANDO, FICA ASSIM:

TA↩ TA TUM TA TA TUM TUM TA TA/ TUM TUMM

VARIAÇÃO 99
1ª PARTE EVOLUÇÃO + 2ª PARTE CONGO
DE CABOCLO MARCADO

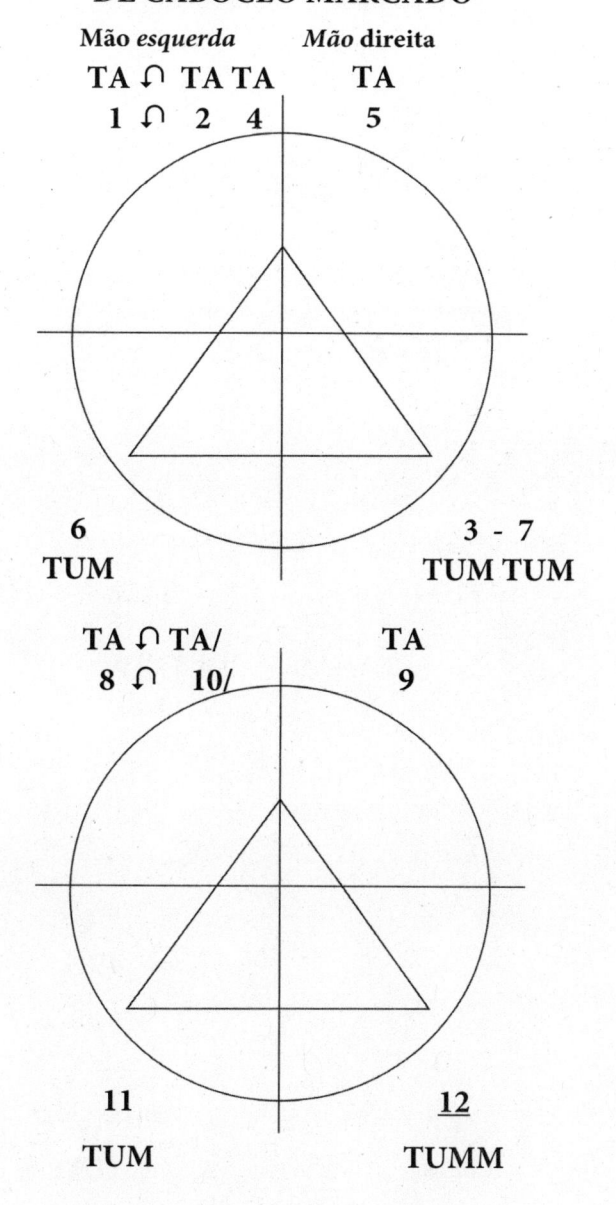

Mão *esquerda*   Mão direita

TA ⌢ TA TA   TA
1 ⌢ 2   4   5

6   3 - 7
TUM   TUM TUM

TA ⌢ TA/   TA
8 ⌢ 10/   9

11   12
TUM   TUMM

FALANDO, FICA ASSIM:

TA ⌢ TA TUM TA TA TUM TUM TA ⌢ TA TA/ TUM TUMM

VARIAÇÃO 100
1ª PARTE ANGOLA + 2ª PARTE DO TAMBOREANO

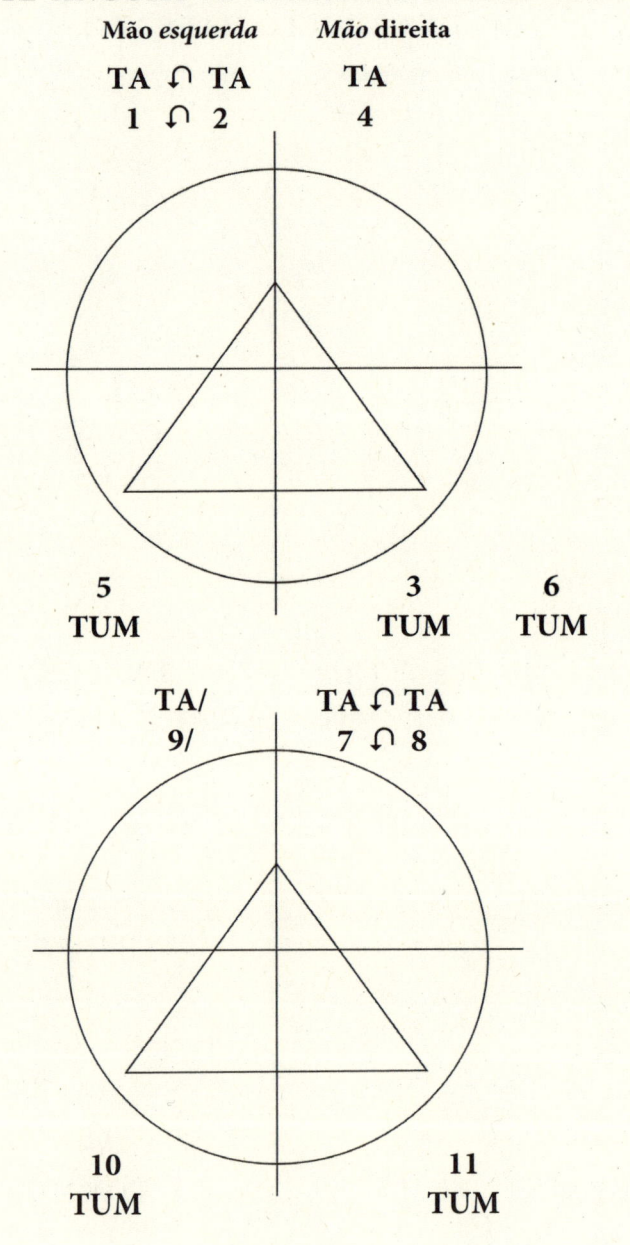

Mão *esquerda*   Mão direita

TA ∩ TA   TA
1 ∩ 2   4

5   3   6
TUM   TUM   TUM

TA/   TA ∩ TA
9/   7 ∩ 8

10   11
TUM   TUM

FALANDO, FICA ASSIM:

TA ∩ TA TUM TA TUM TUM TA ∩ TA TA/ TUM TUM

VARIAÇÃO 101
1ª PARTE SAMBA DE CABULA + 2ª PARTE
DO TAMBOREANO

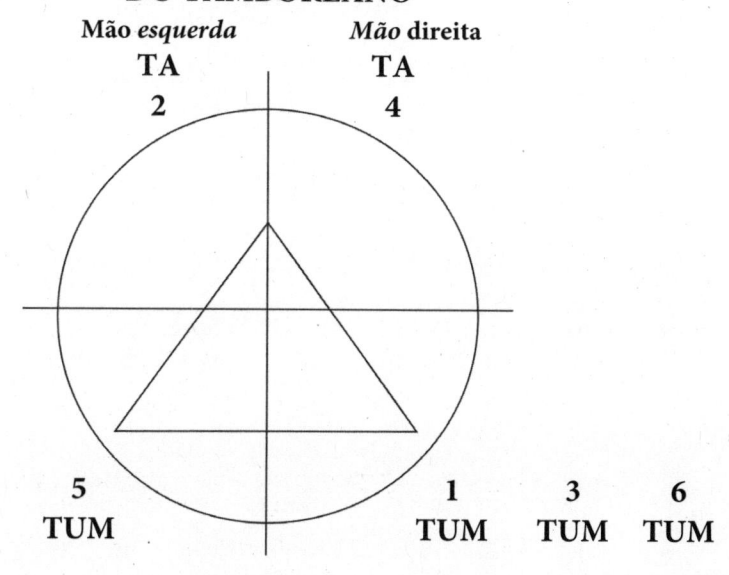

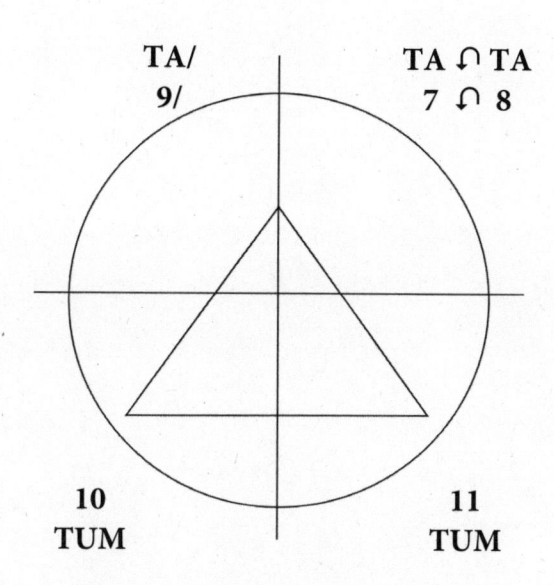

Mão *esquerda* Mão direita
TA TA
2 4

5 1 3 6
TUM TUM TUM TUM

TA/ TA ∩ TA
9/ 7 ∩ 8

10 11
TUM TUM

FALANDO, FICA ASSIM:

TUM TA ∩ TA TUM TA TUM TUM TA ∩ TA TA/ TUM TUM

VARIAÇÃO 102
1ª PARTE DO EVOLUÇÃO + 2ª PARTE DO TAMBOREANO

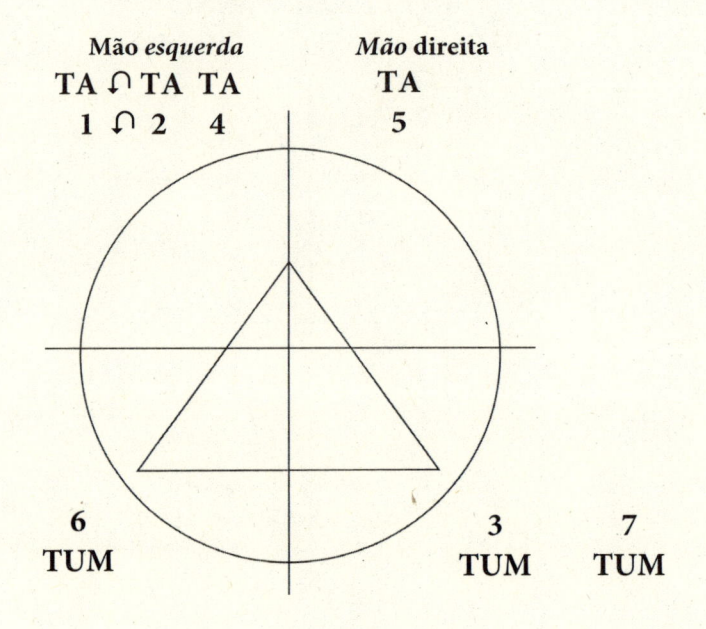

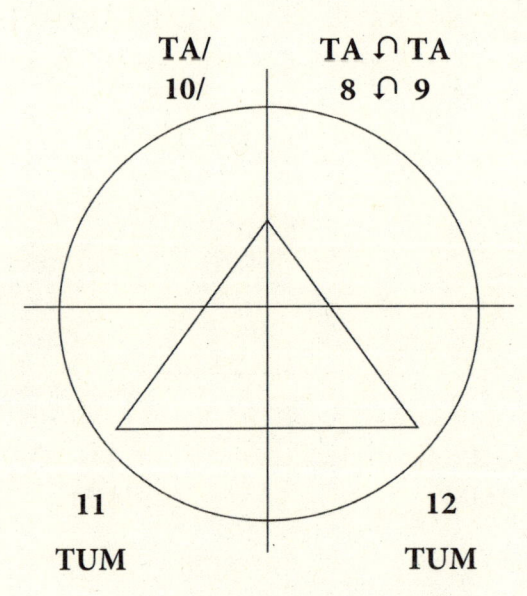

Mão *esquerda*   Mão direita
TA ∩ TA TA   TA
1 ∩ 2   4   5

6   3   7
TUM   TUM   TUM

TA/   TA ∩ TA
10/   8 ∩ 9

11   12
TUM   TUM

FALANDO, FICA ASSIM:

TA ∩ TA TUM TA TA TUM TUM TA ∩ TA TA/ TUM TUM

VARIAÇÃO 103
1ª PARTE DO EVOLUÇÃO + 2ª PARTE DO BY TAMBOR

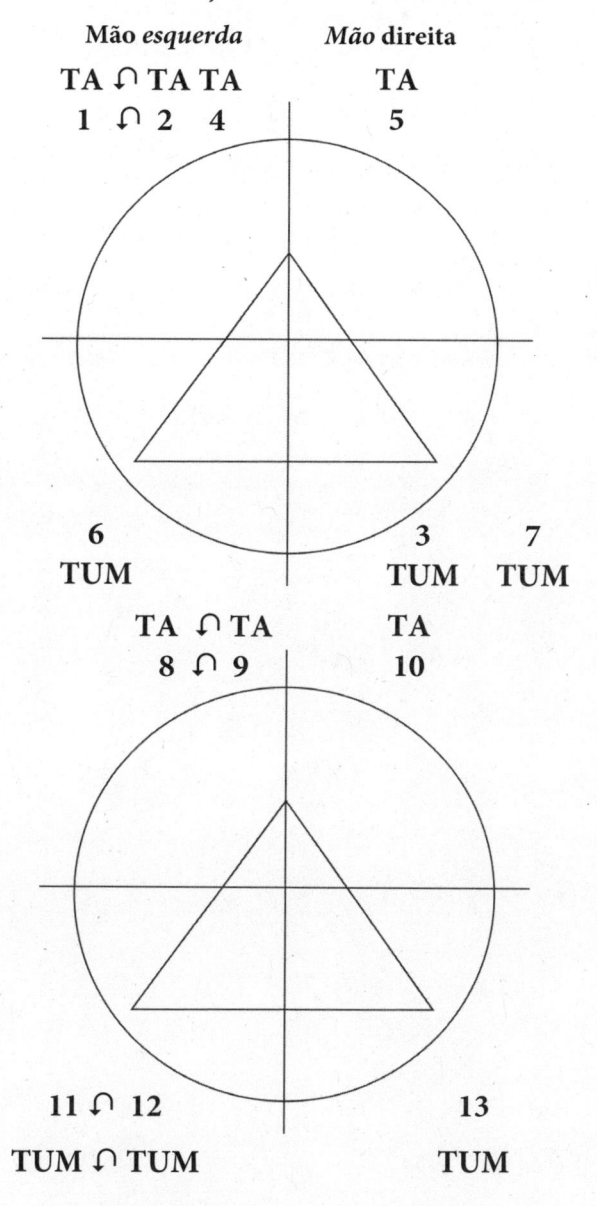

Mão *esquerda*   Mão direita

TA ⌒ TA TA   TA
1 ⌒ 2   4   5

         6   3   7
        TUM   TUM TUM

TA ⌒ TA   TA
 8 ⌒ 9   10

   11 ⌒ 12   13
  TUM ⌒ TUM   TUM

FALANDO, FICA ASSIM:

TA ⌒ TA TUM TA TA TUM TUM TA ⌒ TA TA TUM ⌒ TUM TUM

VARIAÇÃO 104
1ª PARTE DO SAMBA DE CABULA + 2ª PARTE DO BY TAMBOR

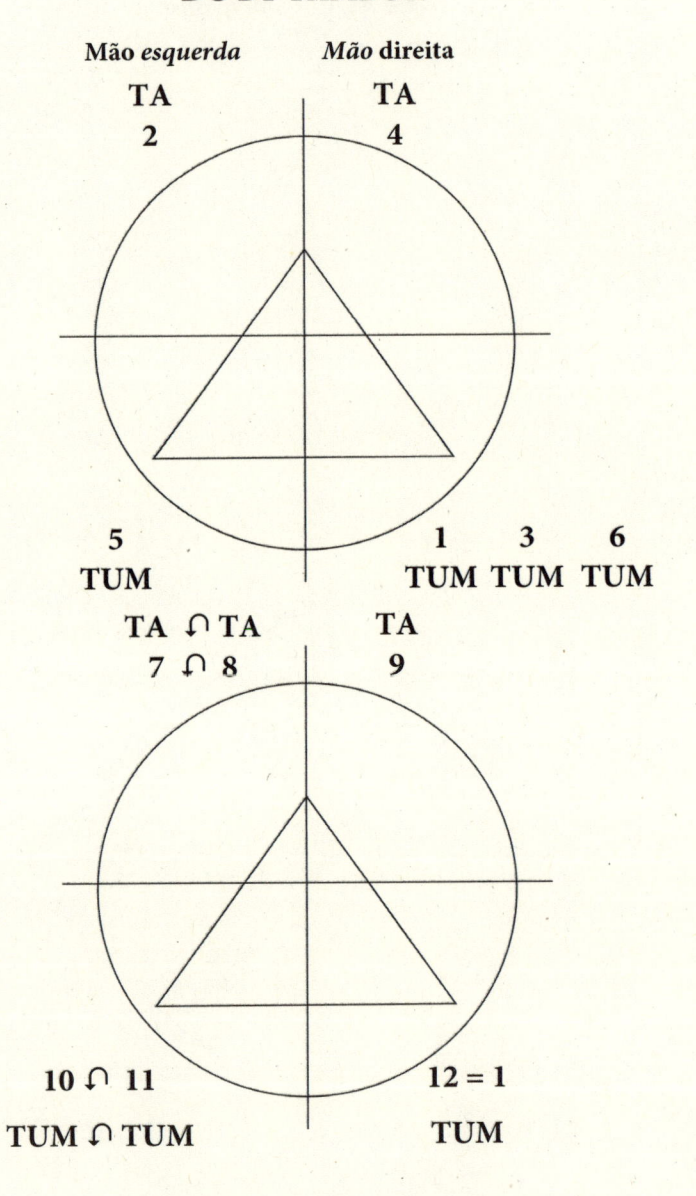

Mão *esquerda*   Mão direita

TA   TA
2   4

5   1   3   6
TUM   TUM TUM TUM

TA ∩ TA   TA
7 ∩ 8   9

10 ∩ 11   12 = 1
TUM ∩ TUM   TUM

FALANDO, FICA ASSIM:
TUM TA TUM TA TUM TUM TA ∩ TA TA TUM ∩ TUM TUM

VARIAÇÃO 105
1ª PARTE ANGOLA + 2ª PARTE DO BY TAMBOR

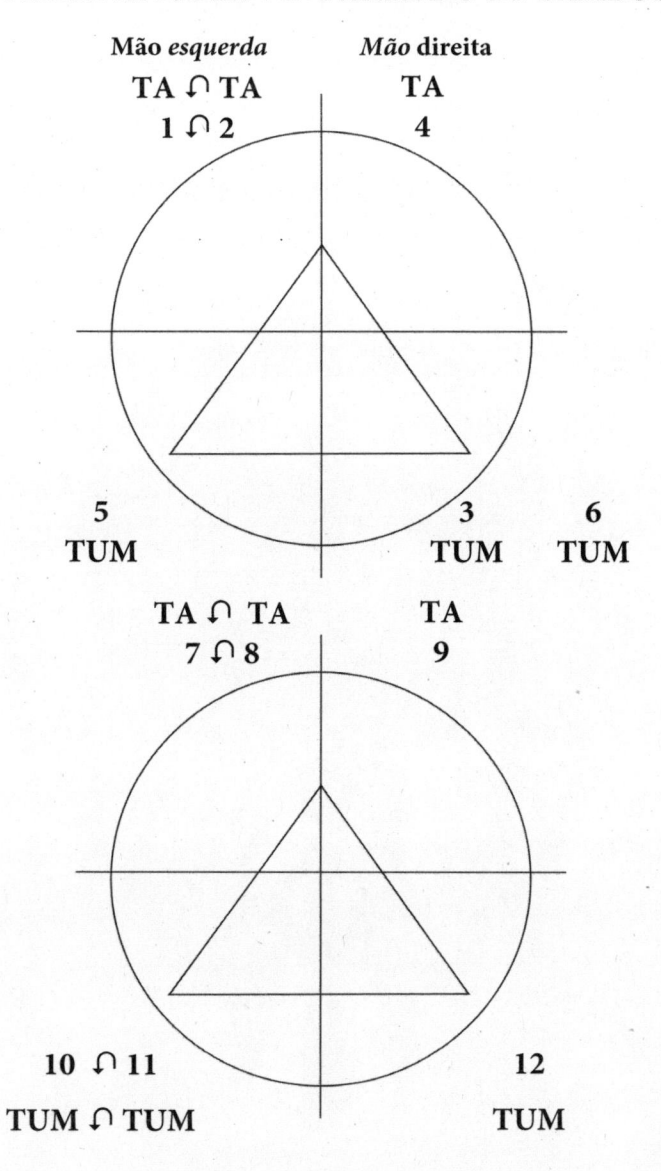

Mão esquerda   *Mão direita*

TA ∩ TA   TA
1 ∩ 2   4

5   3   6
TUM   TUM   TUM

TA ∩ TA   TA
7 ∩ 8   9

10 ∩ 11   12
TUM ∩ TUM   TUM

FALANDO, FICA ASSIM:

TA ∩ TA TUM TA TUM TUM TA ∩ TA TA TUM ∩ TUM TUMM

Músicas nas Versões do Angola

(17)

(175 BPM)

(ANGOLA + IJEXÁ)
CANTA OXUM – Pai Sandro Luiz
https://www.youtube.com/watch?v=I7XOHVzwWqw

ANGOLA
- → Eu vi mamãe O(xum) ✓
- → Cantando na cachoeira ✓
- → Dançando toda faceira ✓
- ↗ Tão linda como ela → faz ✓

- → E quando ela canta ✓
- → Xangô senta na pedreira ✓
- → Oxóssi la na ribeira ✓
- ↗ Nem vento não venta mais ✓

- ↗ Aieieo minha mãe ✓
- ↗ Aieieo mamãe Oxum ✓
- ↗ Aieieo moça bonita ✓ Demaaaaais ✓

- ↗ Aieieo minha mãe ✓
- ↗ Aieieo mamãe Oxum ✓
- ↗ Aieieo moça bonita ✓ →demais ✓

IJEXÁ
- ↗ Canta Oxuum ✓
- ↗ Alivia meu coração ✓
- ↗ Me tira da solidão ✓
- ↗ Me tra paaaaaz ✓

- ↗ Canta Oxuum ✓
- ↗ Alivia meu coração ✓
- ↗ Me tira da solidão ✓
- → Me tra paz ✓

(18)

(170 BPM)

ME CHAMO TATA CAVEIRA
Ogã Fabio Passoni

https://youtu.be/GPpMEvXJ-B0

→ De onde (venho) ✔ a ti não interessa ✔
→ <u>Eu</u> sou Mist<u>é</u>rio ✔

→ Mas lhe digo ✔ ↗trabalho na Ca<u>lun</u>ga ✔
↗ E eu reino ✔ ↗lá no cemit<u>é</u>rio ✔

→ Mas lhe digo ✔ ↗trabalho na Ca<u>lun</u>ga ✔
↗ E eu reino ✔ ↗ lá no cemit<u>é</u>rio ✔

→ Filho meu ✔ não anda sozinho ✔
→ Filho meu ✔ não anda sem <u>bei</u>ra ✔

→ Eu não durmo ✔ não discuido↗ eu guardo ✔
→ Muito prazeer ✔ ↗ me chamo Tata Ca<u>vei</u>ra ✔

→ Eu não durmo ✔ não discuido ↗eu guardo ✔
→ Muito prazeer ✔ ↗me chamo Tata Ca<u>vei</u>ra ✔

(19)

(180 BPM)

GALO NÃO CANTOU
Ogã Fabio Passoni
https://www.youtube.com/watch?v=W6rrTq0AdXg

- → Galo não can(tou) ✓
- ↗ Tem caroço neste angu ✓

- → Cemitério em silêncio ✓
- ↗ Espanta até urubuu ✓

- → O calado é esperto ✓
- ↗ O calado é vencedor ✓

- ↗ Dois ouvidos fazem
  Escuta da linguá do falador ✓

(20)

(185 BPM)

EXU MEIA-NOITE
Ogã Fabio Passoni
https://www.youtube.com/watch?v=JTDyu6lDWsM

- ↗ Seu Meia-Noite na ca(lunga)
  Eu cheguei para le ver ✓

- ↗ Seu Meia-Noite na calunga
  Eu cheguei para le ver ✓

- → Trouxe asa de morcego
  Chifre de bode e dendê ✓

- → Trouxe asa de morcego
  Chifre de bode e dendê ✓

(21) (198 BPM)

BOIADEIRO GENTILEIRO
Ogã Romeu Magalhães

https://www.youtube.com/watch?v=yITIERtg280

→ O sol cla(reia) vou pra roça aboiar ✓
→ Levo meu gibão, carrego meu patuá ✓

→ O sol clareia vou pra roça aboiar ✓
→ Levo meu gibão, carrego meu patuá ✓

→ Toco minha vida ⌣ assim como toco o gado ✓
→ Se o gado fugir trago na ponta do meu laço ✓

→ Meus inimigos contra mim não têm sossego ✓
→ Tenho corpo fechado e me chamo Gentileiro ✓

→ Corro o sertão/sempre junto ao meu cavalo ✓
→ Sou protegido e devoto de São Gonçalo ✓

→ Nossa Senhora, São Lourenço e ↗ São José ✓
→ São meus padroeiros e neles eu tenho fé ✓

→ Nossa Senhora, São Lourenço e ↗ São José ✓
→ São meus padroeiros e neles eu tenho fé ✓

(22)

MARIA MULAMBO
Ogã Guilherme Corrêa

(175 BPM)

https://youtu.be/W-3FgWFpT1Y

↗Foi na madrugada/ ✓
↗que avistei uma mulh<u>ee</u>r ✓
→Era Maria Mulambo ✓
↗Rainha do Candom<u>blé</u> ✓

↗Mas ela é linda/ ✓ não está de brincadeira ✓
→Vem comandando a esquerda ✓
→Como chefe da tronqueira ✓

↗Pela Encruzilhada
↗Vem chegando na Umban<u>da</u> ✓
→Oi fumando cigarro, bebendo um trago
→Vencendo ↗demanda ✓

→ Foi mulher da vida/ ✓ tem história pra con<u>tar</u> ✓
→Salve Maria Mulambo de preto e vermelho
→Vamos traba<u>lhar</u>

} ANGOLA

↗Quem foi que disse/ ✓
↗Que mulher não podia man<u>dar</u> ✓
→É porque nunca viu ✓
→Maria Mulambo ↗traba<u>lhar</u> ✓

↗Quem foi que disse/ ✓
↗Que mulher não podia man<u>dar</u> ✓
→É porque nunca viu ✓
→Maria Mulambo traba<u>lhar</u> ✓

} IJEXÁ

Versões do Congo

CONGO DE OURO

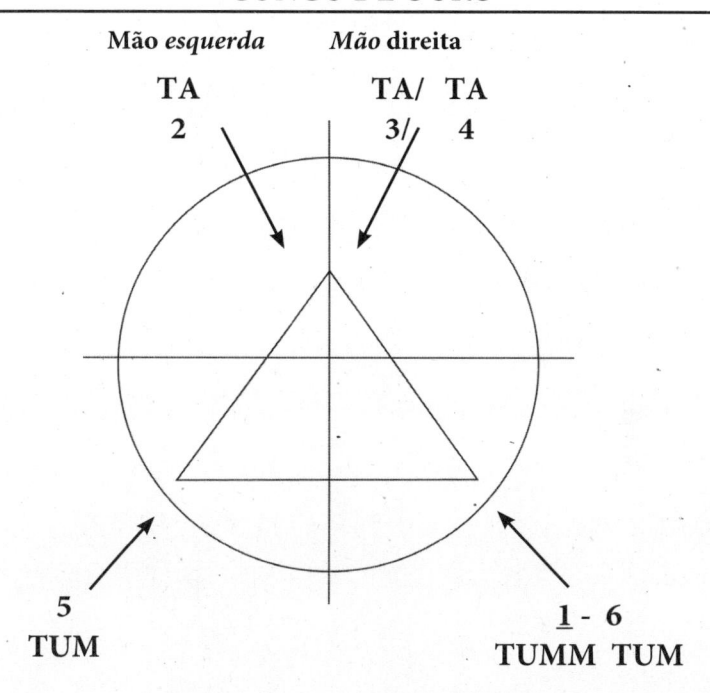

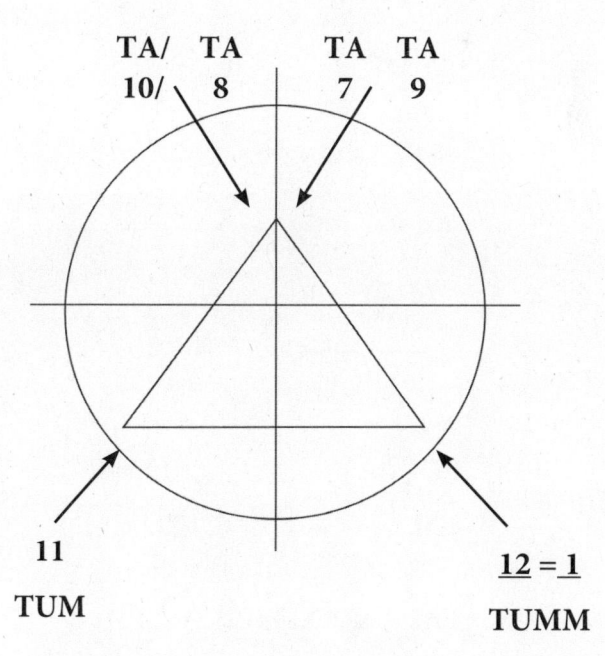

Mão *esquerda* **Mão** direita

TA   TA/ TA
2   3/   4

5   <u>1</u> - 6
TUM   TUMM TUM

TA/ TA   TA TA
10/ 8   7   9

11   <u>12</u> = <u>1</u>
TUM   TUMM

FALANDO, FICA ASSIM:
TUMM TA TA/ TA TUM TUM TA TA TA TA/ TUM TUMM

SEQUÊNCIA DO TOQUE

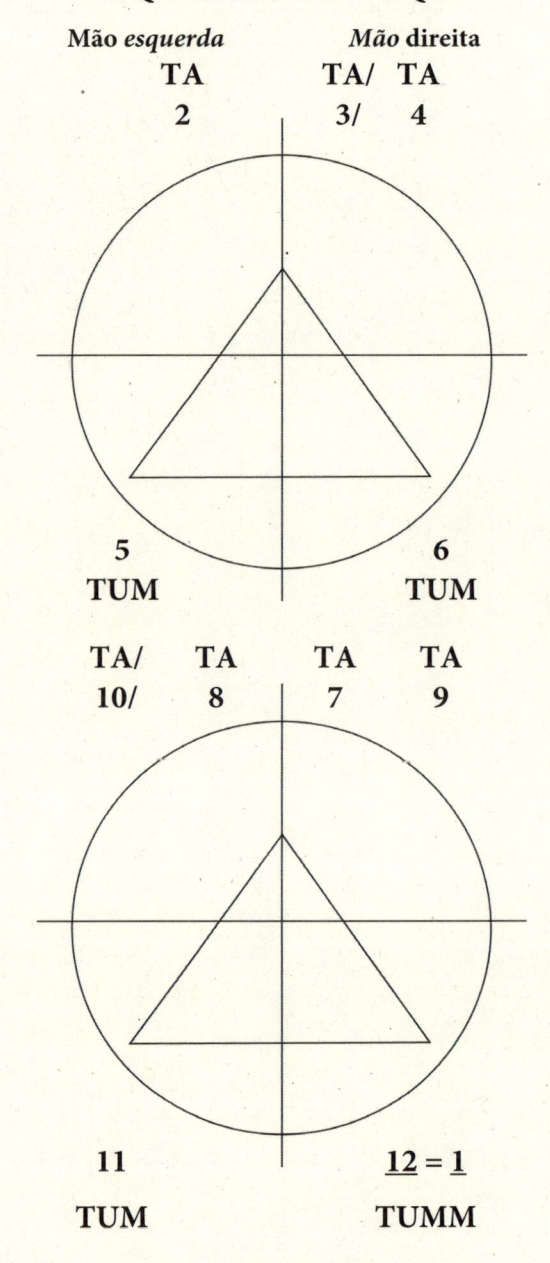

Mão *esquerda*   Mão *direita*

TA   TA/   TA
2   3/   4

5   6
TUM   TUM

TA/   TA   TA   TA
10/   8   7   9

11   <u>12</u> = <u>1</u>
TUM   TUMM

FALANDO, FICA ASSIM:

TA TA/ TA TUM TUM TA TA TA TA/ TUM TUMM

ENCERRAMENTO DO TOQUE

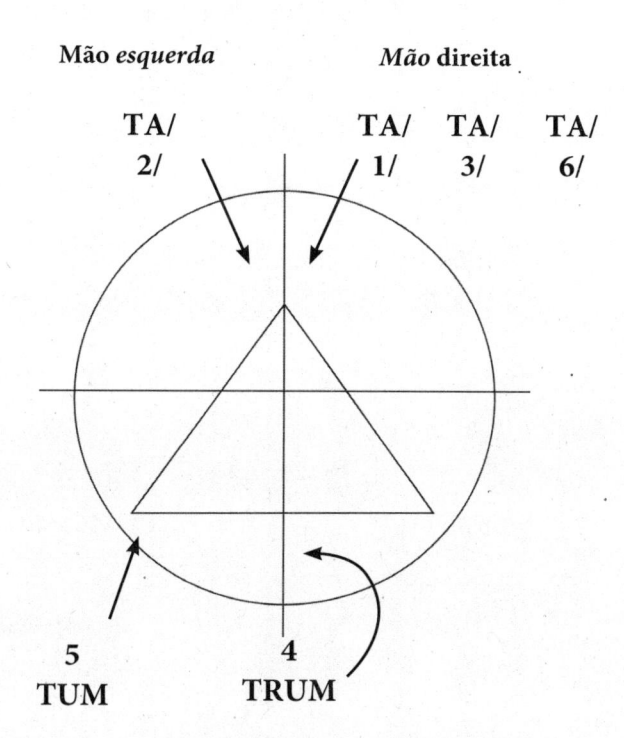

Mão *esquerda*   Mão direita

TA/   TA/   TA/   TA/
2/   1/   3/   6/

5   4
TUM   TRUM

FALANDO, FICA ASSIM:
TA/TA/TA/ TRUM TUM TA/

VARIAÇÃO 106
CONGO DE OURO COM BREQUE TOQUES 7 + REPIQUE

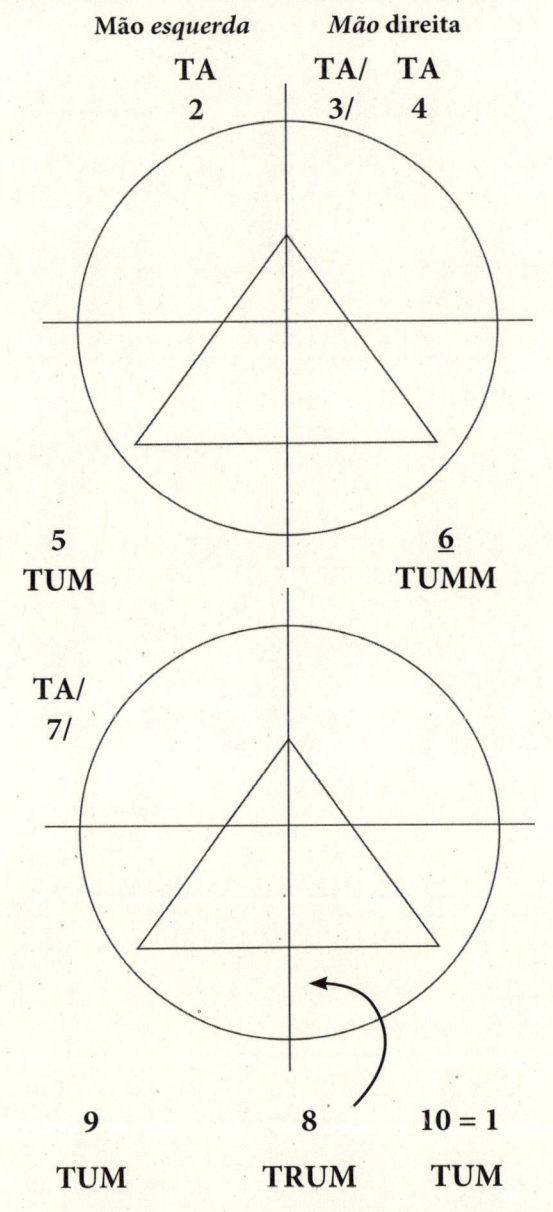

Mão *esquerda*   Mão direita

TA   TA/ TA
2   3/   4

5   6
TUM   TUMM

TA/
7/

9   8   10 = 1
TUM   TRUM   TUM

FALANDO, FICA ASSIM:

TA TA/ TA TUM TUM TA/ TRUM TUM TUMM
PODEMOS USAR QUALQUER VARIAÇÃO DO REPIQUE.

VARIAÇÃO 107
CONGO DE OURO COM BREQUE TOQUES 7 + REPIQUEQUE

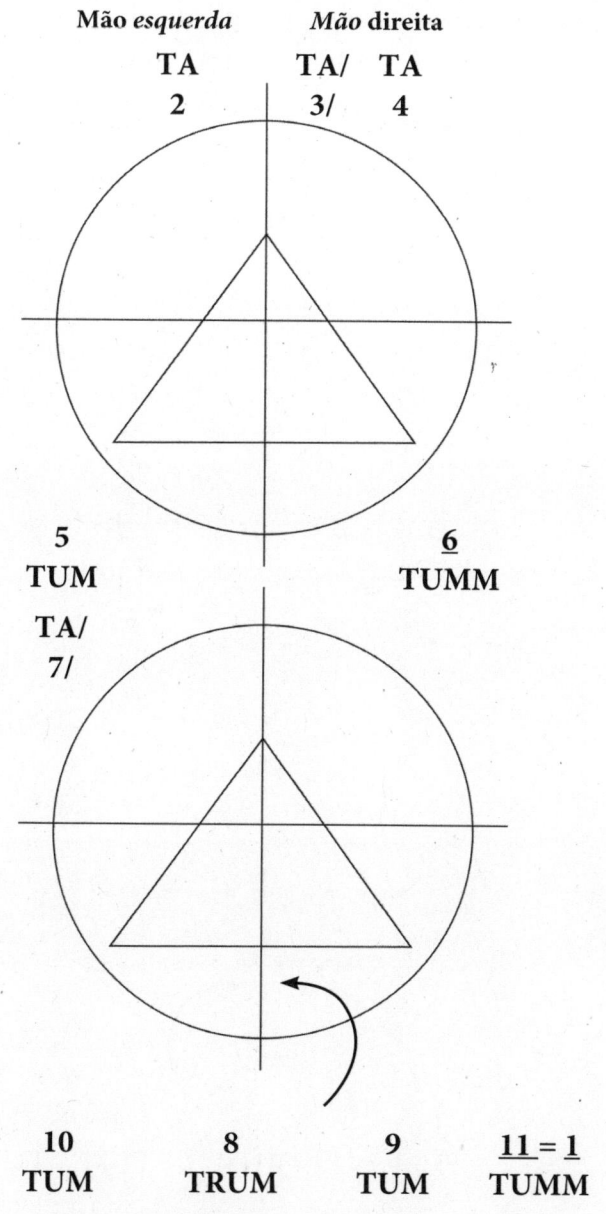

Mão *esquerda*   Mão *direita*

TA   TA/ TA
2   3/   4

5   6
TUM   TUMM

TA/
7/

10   8   9   11 = 1
TUM   TRUM   TUM   TUMM

FALANDO, FICA ASSIM:

TA TA/ TA TUM TUM TA/ TRUM TUM TUM TUMM
PODEMOS USAR QUALQUER VARIAÇÃO DO REPIQUEQUE.

VARIAÇÃO 108
1ª PARTE CONGO DE OURO + 2ª PARTE ANGOLA

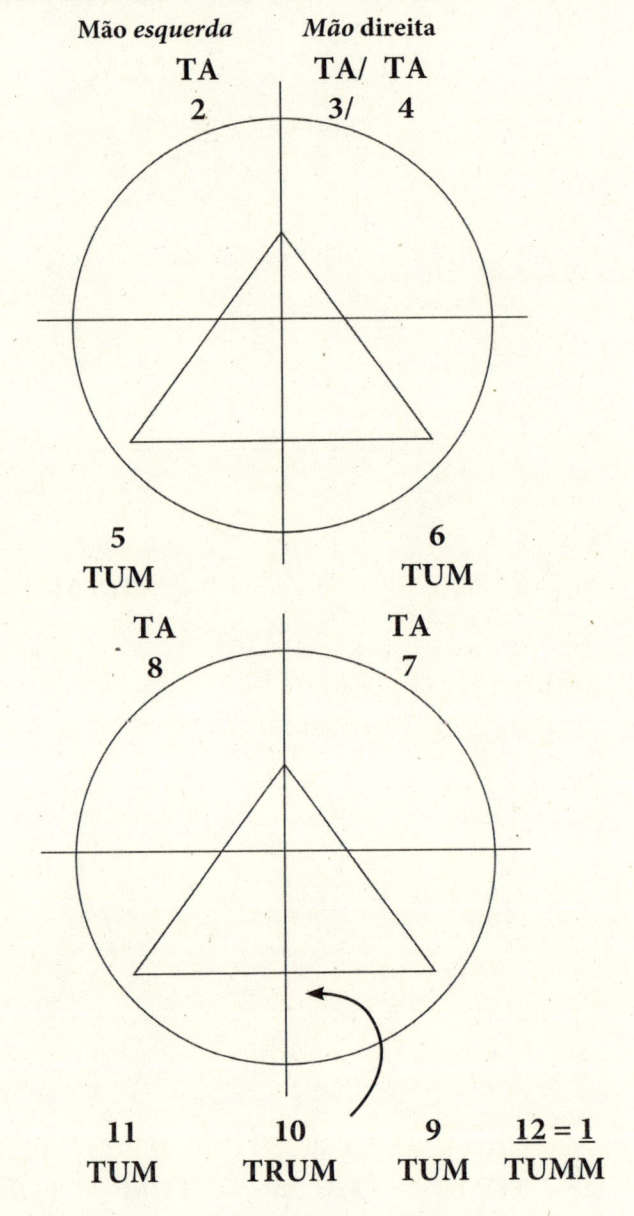

Mão *esquerda* Mão direita

```
        TA     TA/ TA
        2      3/   4


     5              6
    TUM            TUM

        TA      TA
         8       7




     11    10    9    12 = 1
    TUM   TRUM  TUM   TUMM
```

FALANDO, FICA ASSIM:
TA TA/ TA TUM TUM TA TA TUM TRUM TUM TUMM

VARIAÇÃO 109
1ª PARTE CONGO DE OURO + 2ª PARTE SAMBA DE CABULA

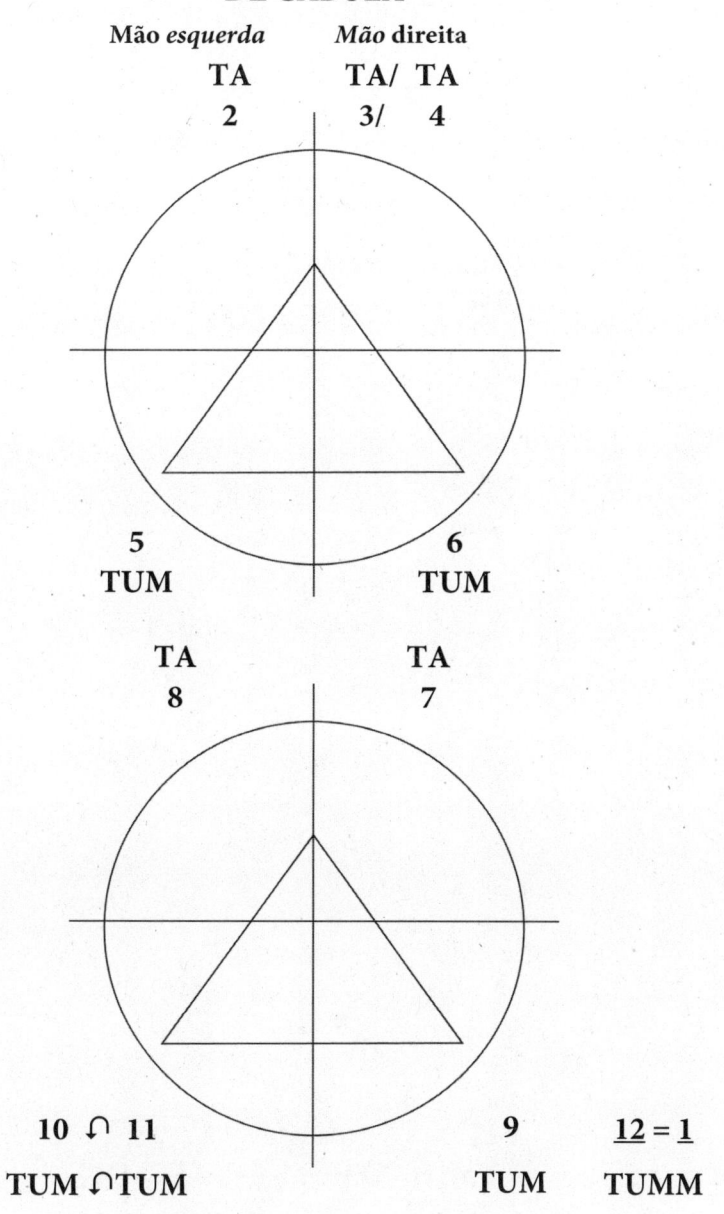

Mão *esquerda* Mão direita

TA   TA/ TA
2   3/ 4

5   6
TUM   TUM

TA   TA
8   7

10 ∩ 11   9   12 = 1
TUM ∩ TUM   TUM   TUMM

FALANDO, FICA ASSIM:
TA TA/ TA TUM TUM TA TA TUM TUM ∩ TUM TUMM

VARIAÇÃO 110
1ª PARTE CONGO DE OURO + 2ª PARTE EVOLUÇÃO

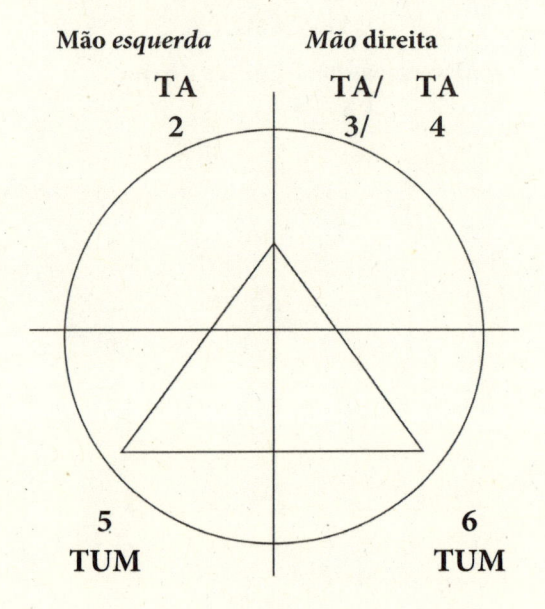

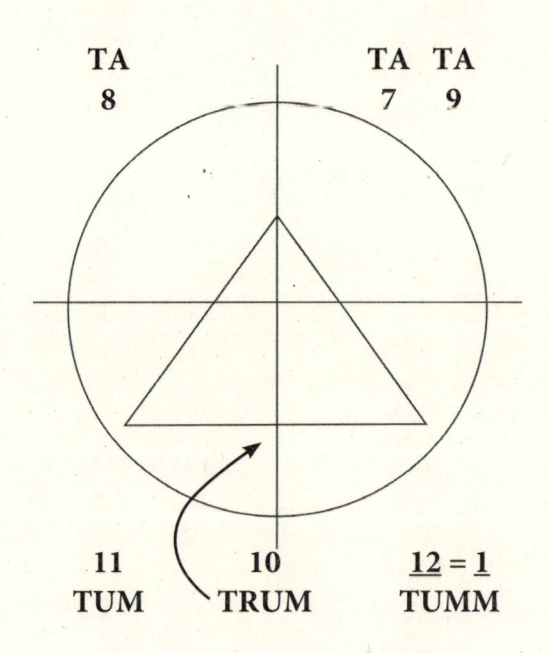

Mão *esquerda*   Mão direita

```
     TA        TA/   TA
     2         3/    4


     5               6
    TUM             TUM


     TA        TA   TA
     8         7    9


    11        10    12 = 1
   TUM       TRUM   TUMM
```

FALANDO, FICA ASSIM:

TA TA/ TA TUM TUM TA TA TA TRUM TUM TUMM

VARIAÇÃO 111
CONTRATEMPO (A) (TA TA TA TUM + 2ª PARTE CONGO NAGÔ)

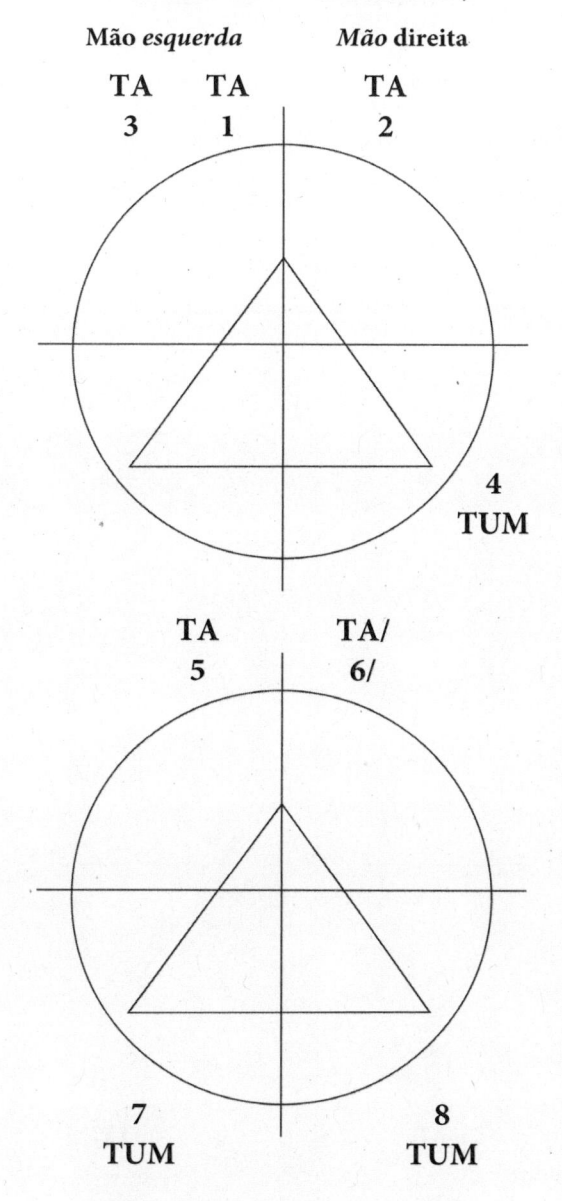

Mão *esquerda*   Mão direita

TA   TA   TA
3   1   2

4
TUM

TA   TA/
5   6/

7   8
TUM   TUM

FALANDO, FICA ASSIM:

TA TA TA TUM TA TA/ TUM TUM

VARIAÇÃO 112
CONTRATEMPO (B), BREQUE MÃO ESQUERDA 2 VEZES

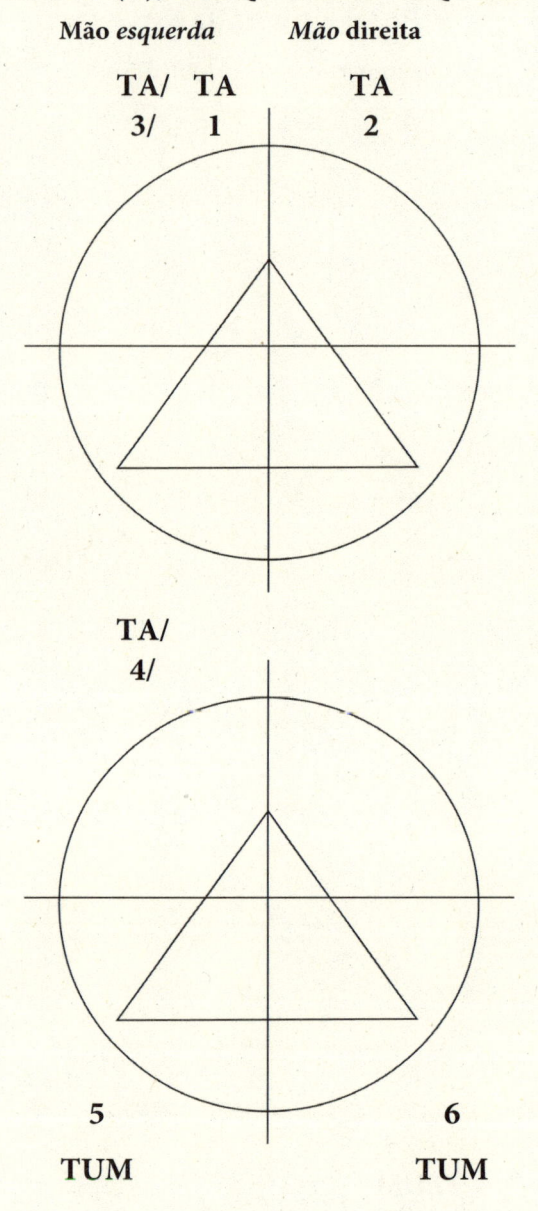

Mão *esquerda*   Mão *direita*

TA/ TA   TA
3/   1   2

TA/
4/

5   6
TUM   TUM

FALANDO, FICA ASSIM:

TA TA TA/ TA/ TUM TUM

VARIAÇÃO 113
CONTRATEMPO (C), PAUSA ⌢ MÃO ESQUERDA + BREQUE MÃO DIREITA

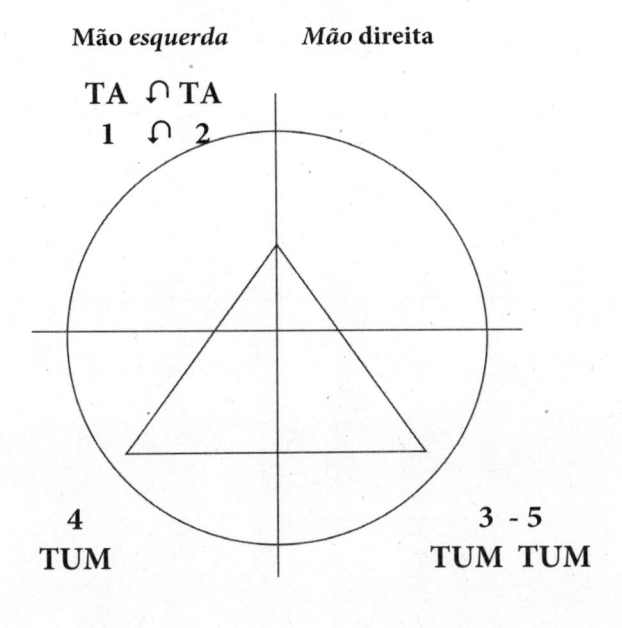

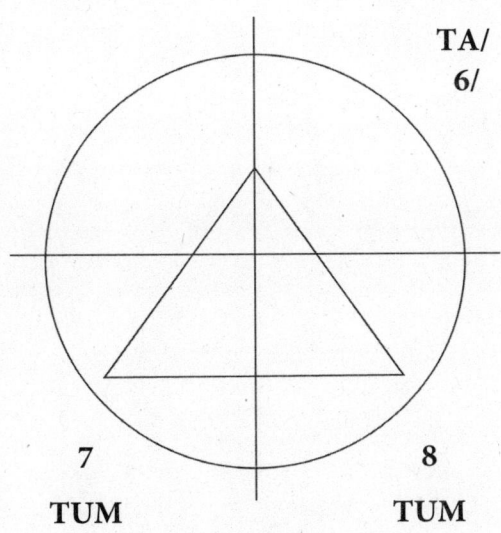

Mão *esquerda*   Mão *direita*

TA ⌢ TA
1 ⌢ 2

4
TUM

3 - 5
TUM TUM

TA/
6/

7
TUM

8
TUM

FALANDO, FICA ASSIM:

TA ⌢ TA TUM TUM TUM TA/ TUM TUM

VARIAÇÃO 114
CONTRATEMPO (D) IGUAL À VARIAÇÃO (110)
COM NÃO DIREITA+
BREQUE ESQUERDA

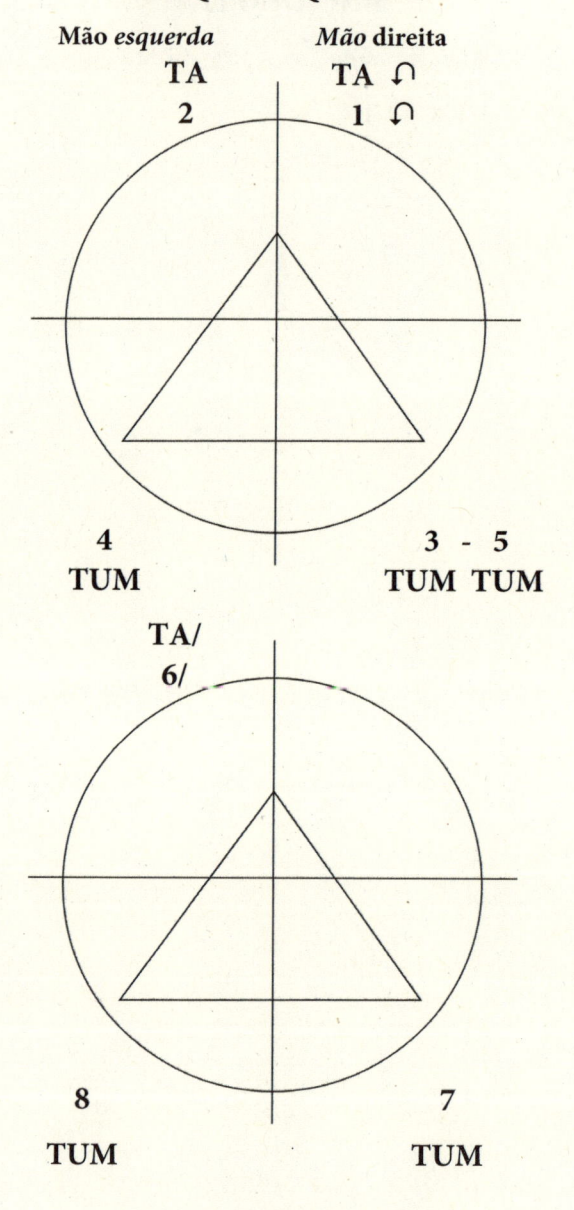

Mão *esquerda*   Mão *direita*
TA   TA ↻
2   1 ↻

4   3 - 5
TUM   TUM TUM

TA/
6/

8   7
TUM   TUM

FALANDO, FICA ASSIM:
TA ↻ TA TUM TUM TUM TA/ TUM TUM

VARIAÇÃO 115
CONTRATEMPO(E) IGUAL À VARIAÇÃO (110) COM 2 TOQUES A MAIS NA 1ª PARTE

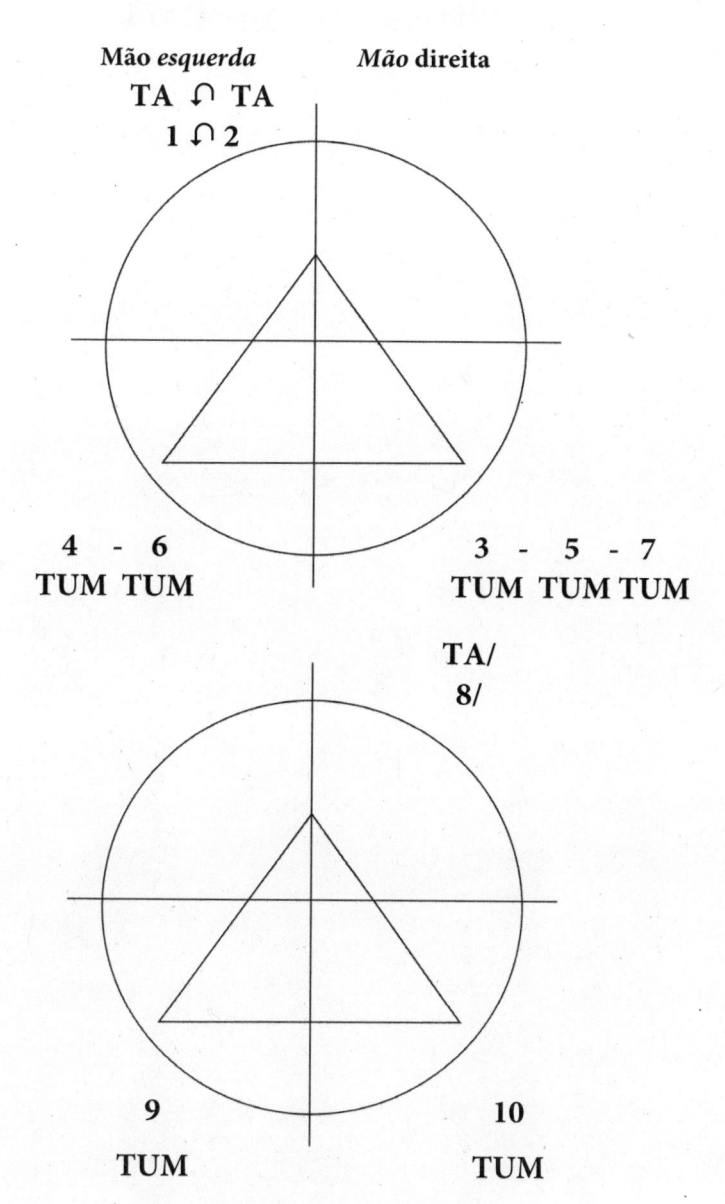

Mão *esquerda* Mão *direita*

TA ∩ TA
1 ∩ 2

4 - 6   3 - 5 - 7
TUM TUM   TUM TUM TUM

TA/
8/

9   10
TUM   TUM

FALANDO, FICA ASSIM:

TA ∩ TA TUM TUM TUM TUM TUM TA/ TUM TUM

VARIAÇÃO 116
SOM IGUAL À VARIAÇÃO 112, PORÉM INICIANDO COM MÃO DIREITA E COM BREQUE NÃO ESQUERDA.

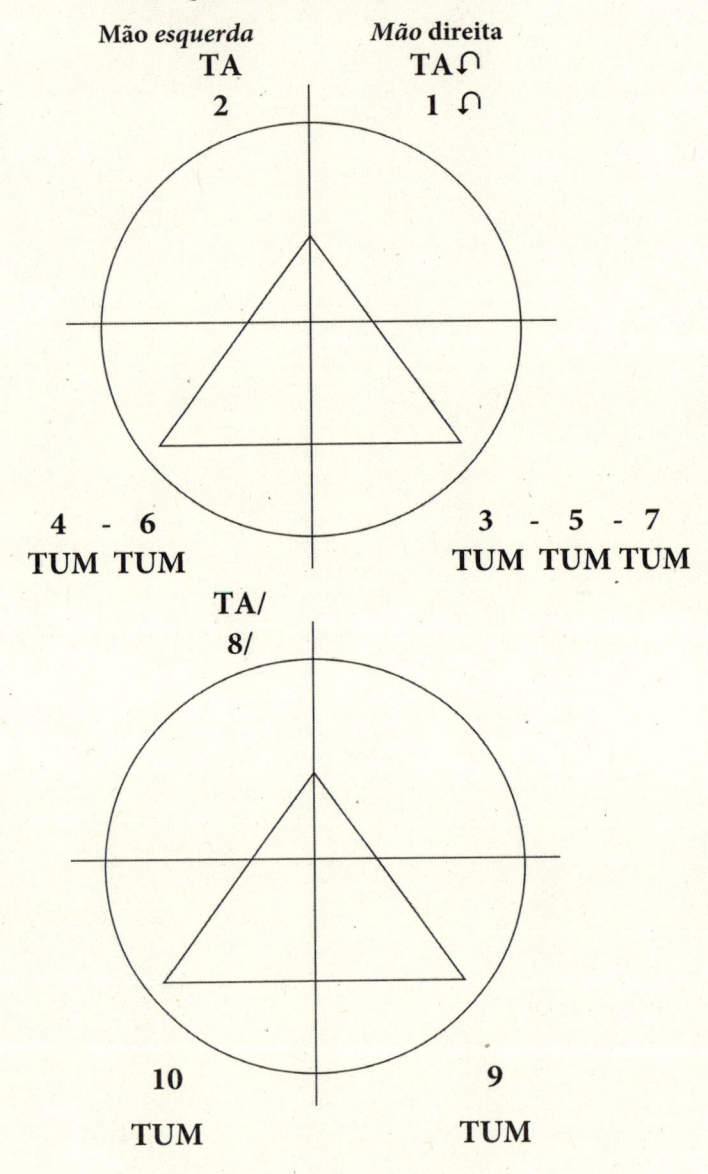

Mão *esquerda*   Mão direita
TA   TA ⌒
2   1 ⌒

4 - 6   3 - 5 - 7
TUM TUM   TUM TUM TUM

TA/
8/

10   9
TUM   TUM

FALANDO, FICA ASSIM:

TA ⌒ TA TUM TUM TUM TUM TUM TA/ TUM TUM

VARIAÇÃO 117

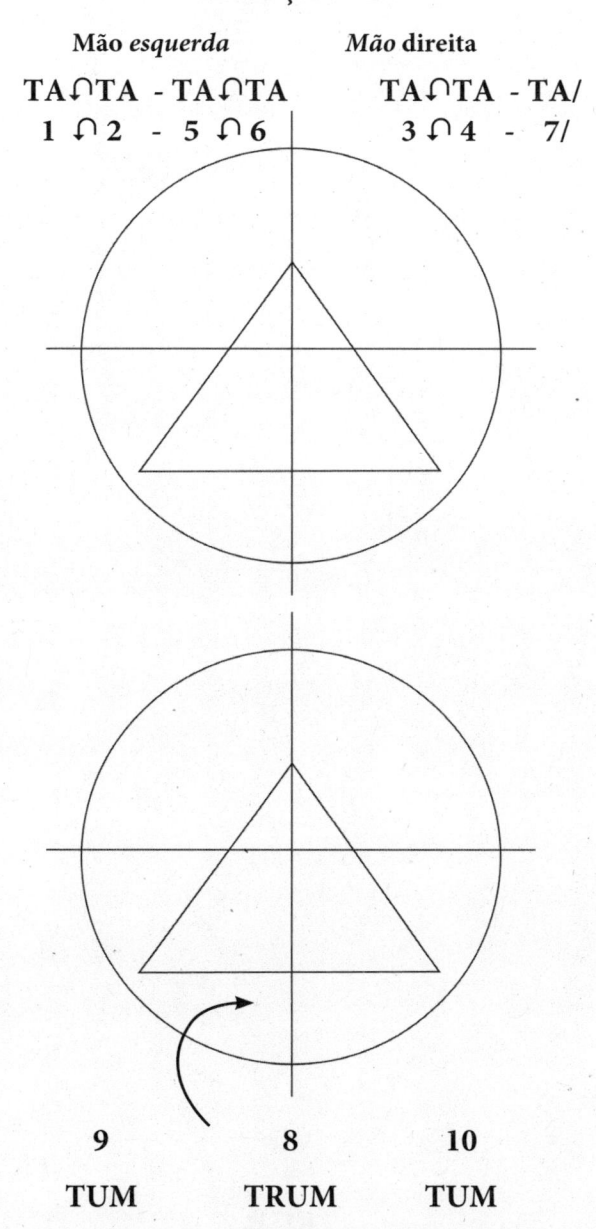

Mão *esquerda*   Mão direita

TA⌒TA - TA⌒TA   TA⌒TA - TA/
1 ⌣2 - 5 ⌣6   3 ⌣4 - 7/

    9   8   10
TUM   TRUM   TUM

FALANDO, FICA ASSIM:

TA⌒TA TA⌒TA TA⌒TA TA/ TRUM TUM TUM
PARA ESTA FINALIZAÇÃO DO REPIQUE, PODEMOS USAR QUALQUER VERSÃO.

VARIAÇÃO 118

Mão *esquerda* Mão direita

TA⌒TA - TA⌒TA TA⌒TA - TA/
1 ⌒ 2 - 5 ⌒ 6   3 ⌒ 4 - 7/

10   8   9   11
TUM TRUM TUM TUM

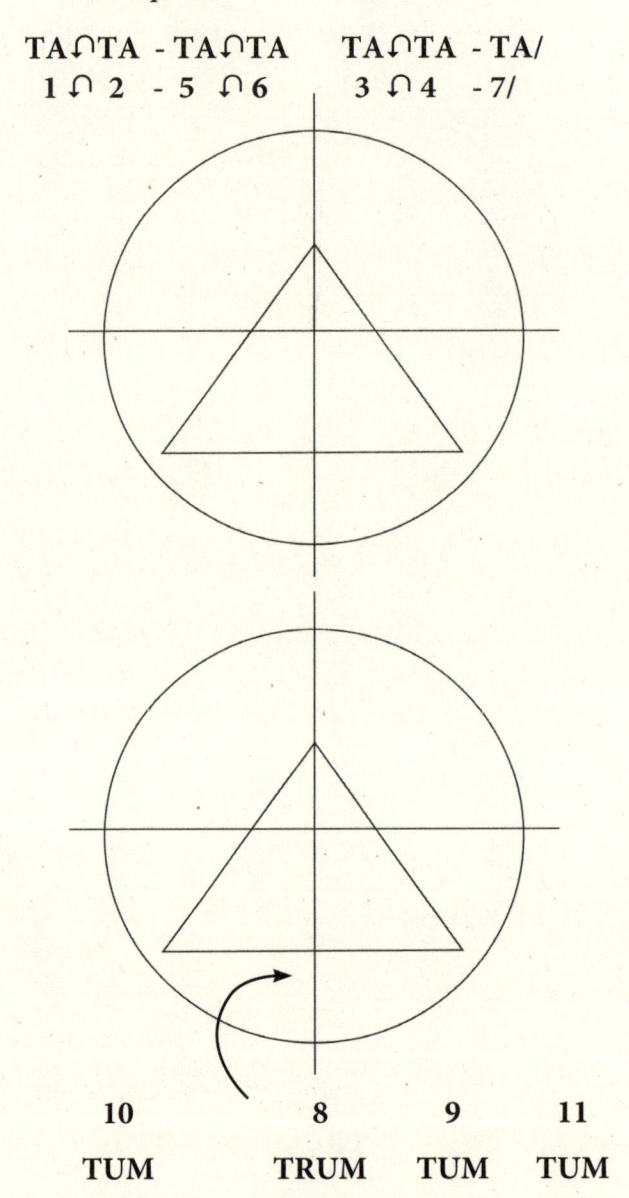

FALANDO, FICA ASSIM:

TA⌒TA TA⌒TA TA⌒TA TA/ TRUM TUM TUM TUM
PARA ESTA FINALIZAÇÃO DO REPIQUEQUE, PODEMOS USAR QUALQUER VERSÃO.

VARIAÇÃO 119
1ª PARTE CONGO DE OURO + BY TAMBOR

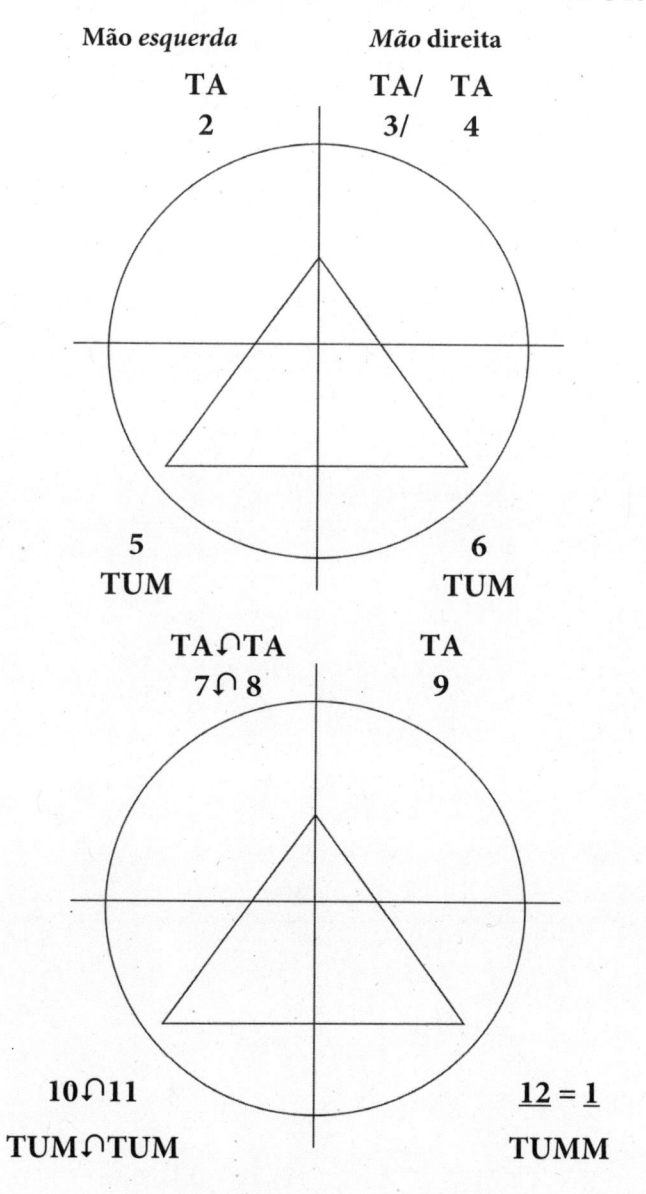

Mão *esquerda* Mão *direita*

TA   TA/   TA
2   3/   4

5   6
TUM   TUM

TA∩TA   TA
7∩8   9

10∩11   12 = 1
TUM∩TUM   TUMM

FALANDO, FICA ASSIM:
TA TA/ TA TUM TUM TA∩ TA TA TUM∩ TUM TUM

VARIAÇÃO 120
1ª PARTE CONGO DE OURO + 2ª PARTE TAMBOREANO

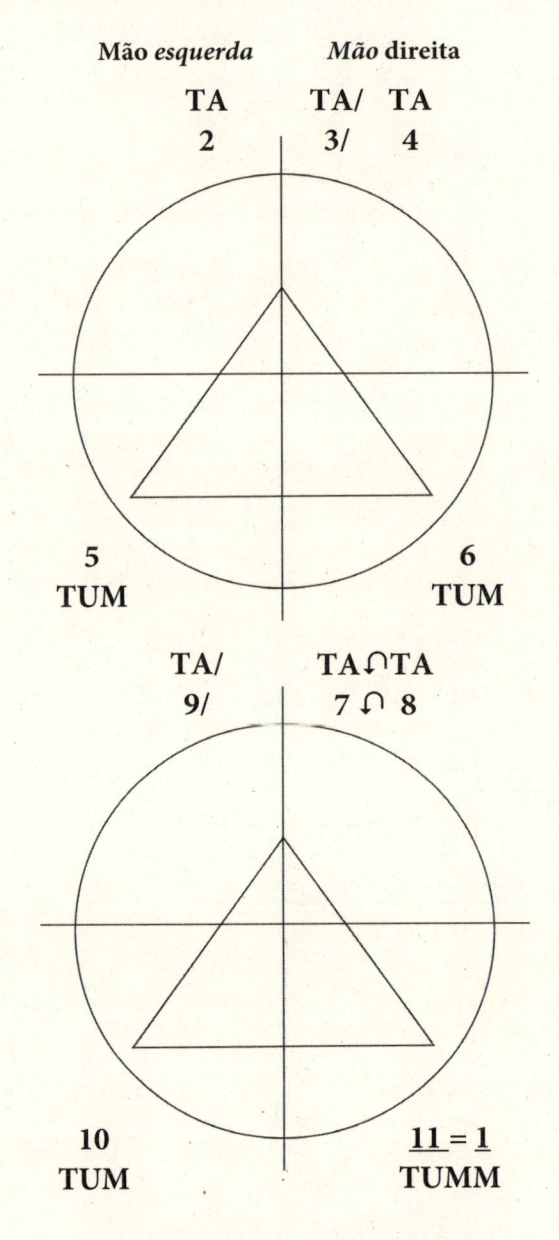

Mão *esquerda*	Mão direita
TA	TA/ TA
2	3/ 4

5	6
TUM	TUM

TA/	TA∩TA
9/	7 ∩ 8

10	<u>11 = 1</u>
TUM	TUMM

FALANDO, FICA ASSIM:
TA TA/ TA TUM TUM TA∩ TA TA/ TUM TUMM

ARREBATE DE CONGO

VERSÃO A

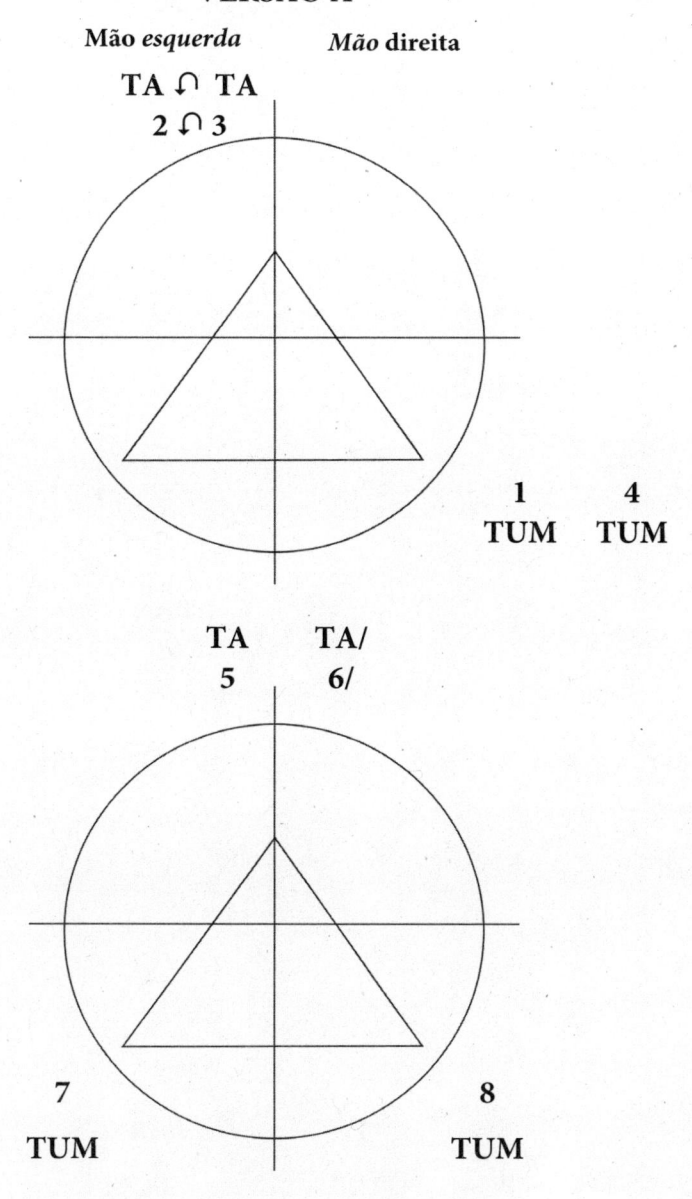

Mão *esquerda*   Mão direita

TA ⌒ TA
2 ⌒ 3

1   4
TUM   TUM

TA   TA/
5   6/

7   8
TUM   TUM

FALANDO, FICA ASSIM:

TUM TA⌒TA TUM TA TA/ TUM TUM

ARREBATE DE CONGO
VERSÃO B

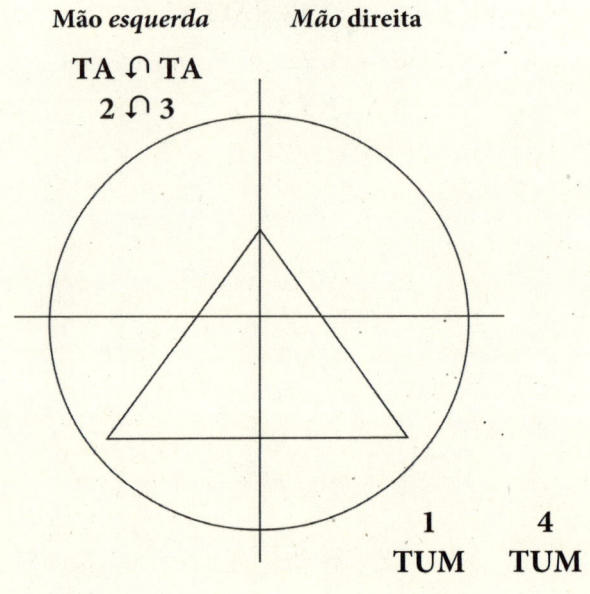

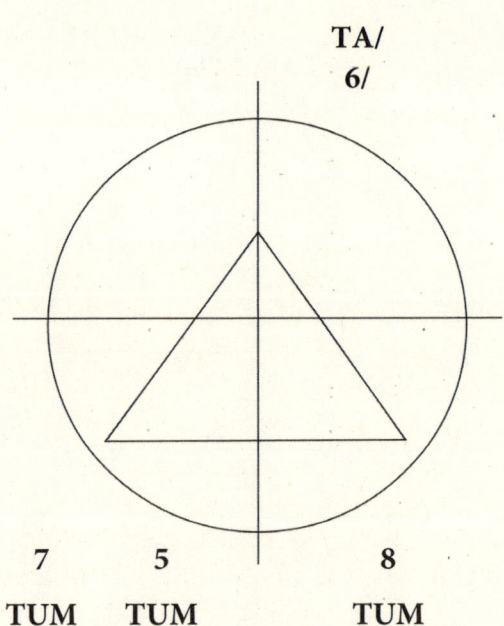

Mão esquerda   *Mão direita*

TA ⌒ TA
2 ⌒ 3

 1   4
TUM TUM

TA/
6/

7   5   8
TUM TUM   TUM

FALANDO, FICA ASSIM:
TUM TA⌒TA TUM TUM TA/ TUM TUM

VARIAÇÃO 121
ARREBATE DE CONGO + REPIQUE (PODEMOS USAR QUALQUER VERSÃO)

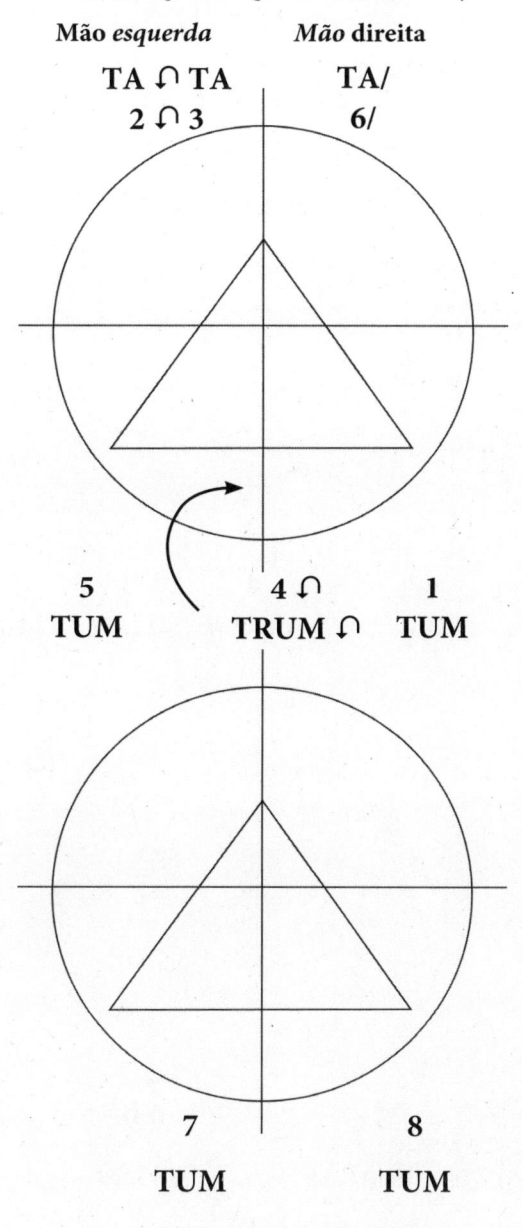

Mão *esquerda*   Mão direita
TA ⌒ TA   TA/
2 ⌒ 3   6/

5   4 ⌒   1
TUM   TRUM ⌒ TUM

7   8
TUM   TUM

FALANDO, FICA ASSIM:
TUM TA ⌒ TA TRUM ⌒ TUM TA/ TUM TUM

VARIAÇÃO 122
ARREBATE DE CONGO + REPIQUEQUE (PODEMOS USAR QUALQUER VERSÃO)

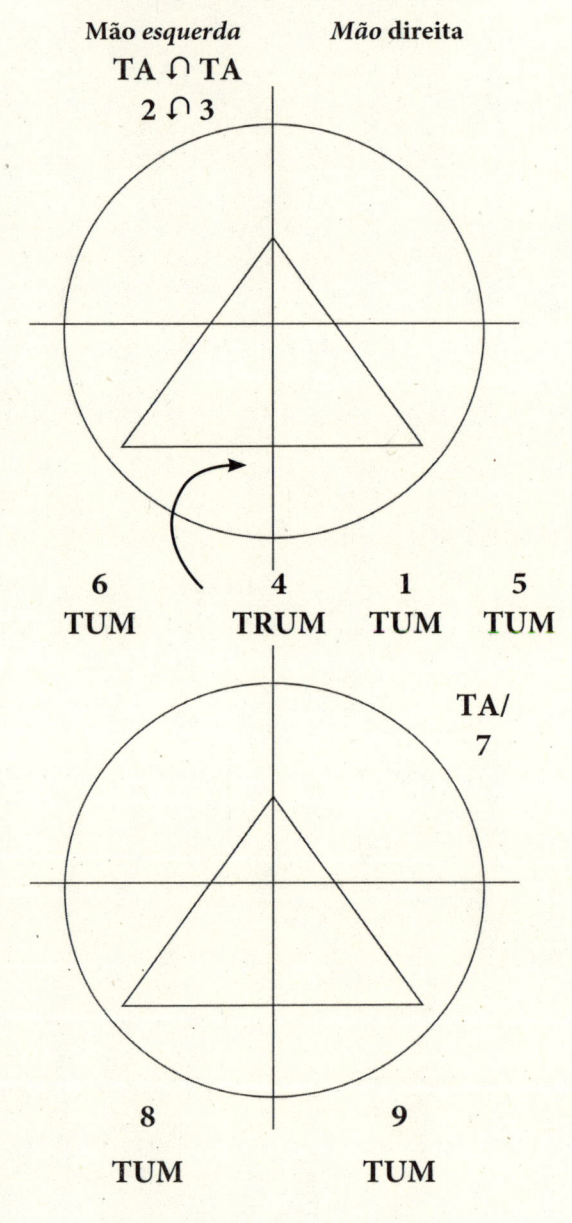

Mão *esquerda*　　Mão direita

TA ⌒ TA
2 ⌒ 3

6	4	1	5
TUM	TRUM	TUM	TUM

TA/
7

8	9
TUM	TUM

FALANDO, FICA ASSIM:

TUM TA⌒TA TRUM TUM TUM TA/ TUM TUM

CONGO NAGÔ

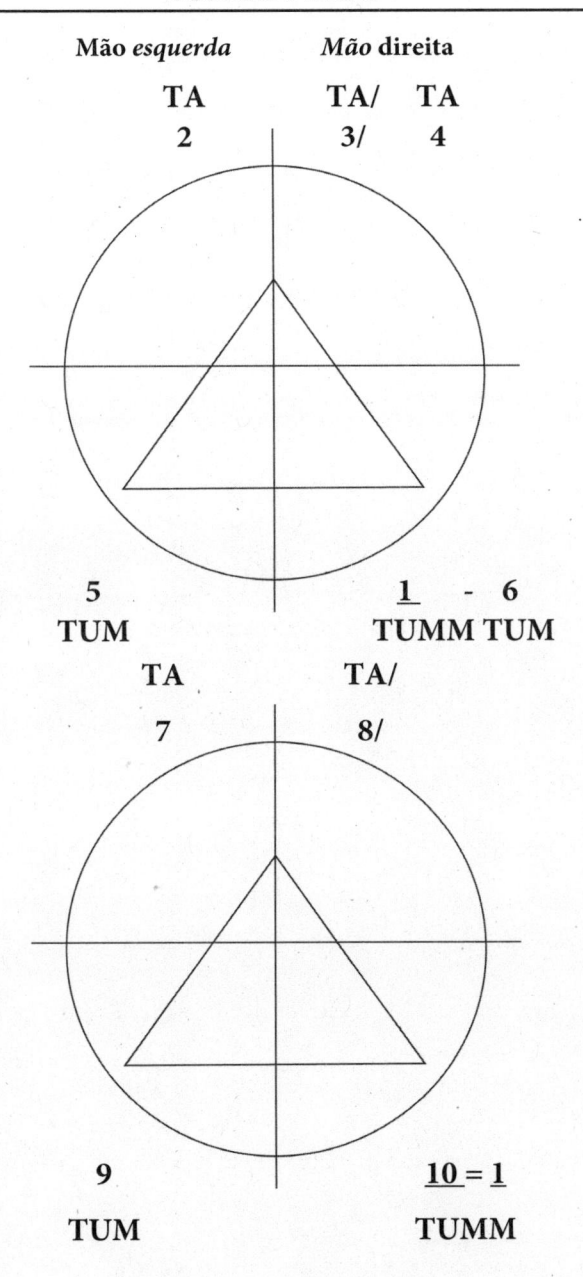

Mão *esquerda*   Mão *direita*

       TA   TA/   TA
        2   3/   4

                  5   1 - 6
                TUM   TUMM TUM
                 TA   TA/
                  7   8/

                  9   10 = 1
                TUM   TUMM

FALANDO, FICA ASSIM
TUMM TA TA/ TA TUM TUM TA TA/ TUM TUMM

CONGO DE CABOCLO

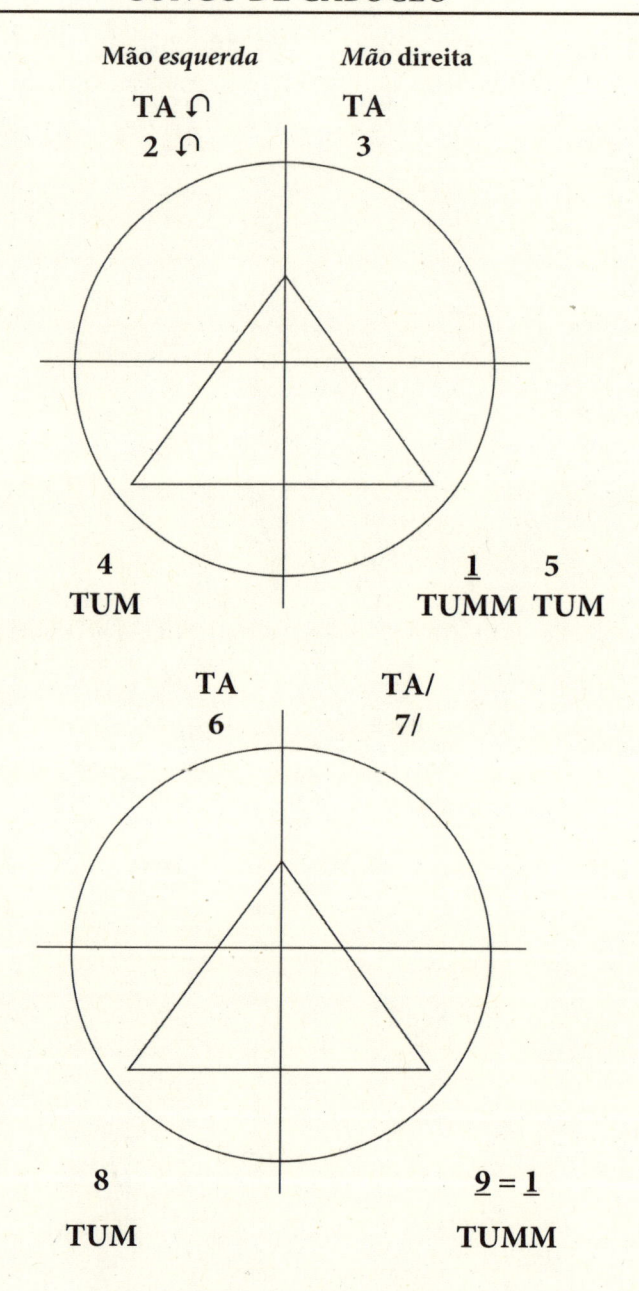

Mão *esquerda* Mão direita
TA ⁀ TA
2 ⁀ 3

4   1 5
TUM   TUMM TUM

TA   TA/
6   7/

8   <u>9</u> = <u>1</u>
TUM   TUMM

FALANDO, FICA ASSIM
TUMM TA⁀ TA TUM TUM TA TA/ TUM TUMM

CONGO DE CABOCLO MARCADO

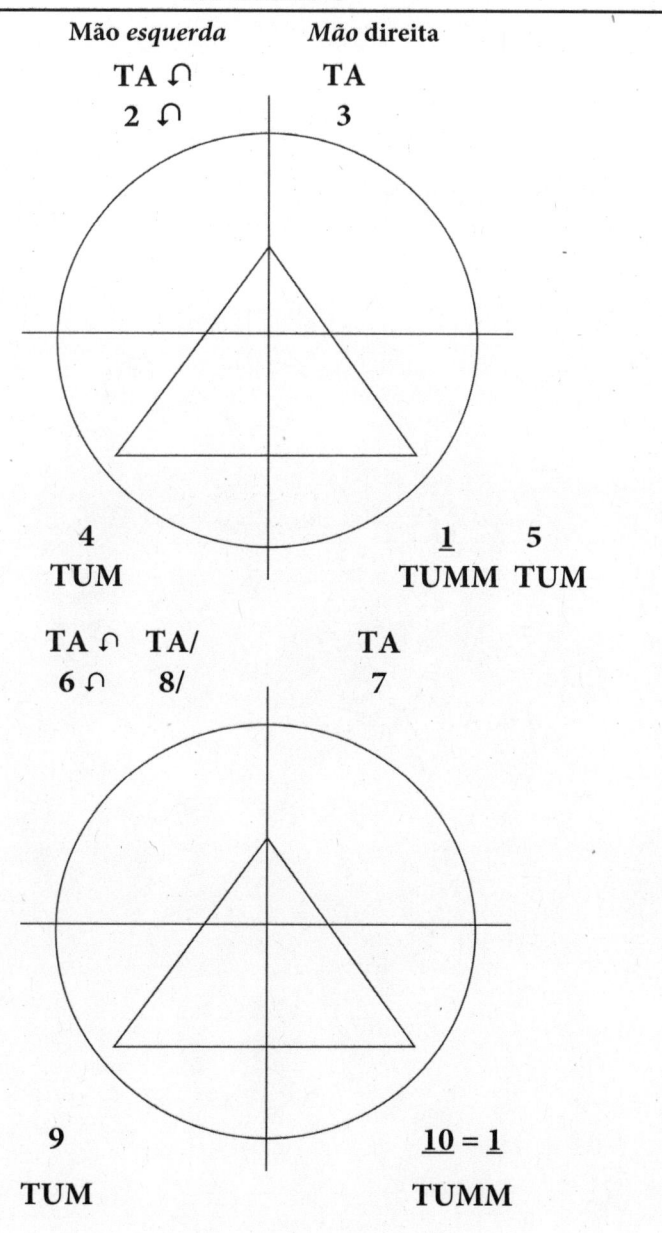

Mão *esquerda*	Mão direita
TA ∩	TA
2 ∩	3

| 4 | 1 5 |
| TUM | TUMM TUM |

| TA ∩ TA/ | TA |
| 6 ∩   8/ | 7 |

| 9 | 10 = 1 |
| TUM | TUMM |

FALANDO, FICA ASSIM:

TUMM TA∩ TA TUM TUM TA∩TA TA TUM TUMM

Músicas nas Versões do Congo

(23)
OXUM, ESTRELA MATUTINA
Pai José Valdivino

https://www.youtube.com/watch?v=wEELF3h1lHw

→ Brilhou a Estrela Matutina ✓
→ Rolaram pedras de Xangô ✓
↗ Quem será esta menina ✓
↗ Que a lua iluminou ✓
↗ Canta no clarão da lua ✓
↗ Dança no calor do sol ✓
→ Todo ouro se ilumina ✓
→ Pra saudar Oxum Menina ✓
→ Pois Oxum é mãe maior ✓

→ Saravá/↗ Oxum Menina ✓
→ Oxum é mãe maior ✓
→ Saravá/↗ Oxum Menina ✓
→ Oxum é mãe maior ✓
↗ Saravá Oxum Menina ✓
→ Oxum é mãe maior
→ Aeieio ✓
↗ O oo oo oo oo oo ✓
↗ O oo oo oo oo oo ✓

↗ Oxum aieieo ✓
→ Oxum aieieoo ✓
↗ Oxum aieieo ✓
↗ Oxum aieieoo ✓
→ Aieieo Oxum ✓
→ Oxum aieieoo ✓
→ Aieieo Oxum ✓
→ Oxum aieieo ✓

(24)
CABOCLO PENA BRANCA
Josimar de Oxóssi

https://www.youtube.com/watch?v=7D6ZM7hu2D8

→ Não tem distância, não importa o ca<u>mi</u>nho ✓
↗ Não há fronteiras que possa me impe<u>dir</u> ✓
↗ Seja onde for eu vou louvar este Cabo<u>clo</u> ✓
→ Que me criou e me ensinou a lhe seg<u>uir</u> ✓

→ La na aldeia onde os tambores t<u>o</u>cam ✓
↗ Reunem moço → velhinhos e cri<u>an</u>ças ✓

↗ Clareia luar clareira ✓
→ Clareia a aldeia de Seu Pena <u>Bran</u>ca ✓

↗ Clareia luar clareia ✓
→ Quem neste Caboclo não perde a confiança
↗ Okê Caboclo ✓

↗ O<u>kê</u> Caboclo ✓ seus filhos querem ✓ agrade<u>cer</u> ✓
↗ O<u>kê</u> Caboclo ✓ →Senhor das Matas Virgens
→ Venha sempre me valer
→ Okê Caboclo ✓

↗ O<u>kê</u> Caboclo ✓ seus filhos querem ✓ agrade<u>cer</u> ✓
↗ O<u>kê</u> Caboclo ✓ →Senhor das Matas Virgens
→ Venha sempre me val<u>er</u> ✓

(25)

NA LÍNGUA DE ZÉ DA BOIADA
(130 BPM)

T.U.C. Oxóssi Guerreiro, Mamãe Oxum, Jacuti Dourado

https://www.youtube.com/watch?v=PzYHLMGBV-M

↗ Eu caminhei até che(gar) ✓
↗ Naquela aldeia por uma trilha desconhecida ✓
↗ Eu avistei o chefe daquela tribo ✓
→ Aquele Índio ✓ senhor foi meu guia ✓
↗ Eu perguntei ✓ →cadê Caboclo ✓
↗ Ele me respondeu ✓
↗ No pé daquela junça ✓
↗ Tava rezando para → Juremeira ✓
→ Na língua de Zé da Boiada ✓
→ É no Marrumba Xetruê ✓
→ É no Marrumba Xetrua ✓
→ É no Marrumba Xetruê ✓
→ É mo Marrumba Xetrua ✓
↗ Eu caminhei ✓

(26)

(120 BPM)

O LEVANTAR DA OXUM
Pai José Valdivino

https://www.youtube.com/watch?v=eaEv00TgD74&t=67s

→ Estava sen(ta)do lá no alto da pedreira ✓
→ Olhando as cachoeiras ✓ ↗ as matas e o **mar** ✓

→ Iemanjá estava arrumando seu vestido ✓
→ Xangô lhe deu grito ✓ →Oxum vai levan<u>tar</u> ✓

→ Aieiou ✓ ↗ Oxum vai levan<u>tar</u> ✓
→ Aieiou ✓ → Oxum vai levan<u>tar</u> ✓
→ Aieiou ✓ ↗ Oxum vai levan<u>tar</u> ✓
→ Aieiou ✓ →Oxum vai levan<u>tar</u> ✓

↗ Nas matas virgens ✓ ↗ Oxóssi assoviou oou ✓

→ Aieieou ✓ ↗Oxum lá levan<u>tou</u> ✓
→ Aieieou ✓ → Oxum lá levan<u>tou</u> ✓
→ Aieieou ✓ ↗ Oxum lá levan<u>tou</u> ✓
→ Aieieou ✓ → Oxum lá levan<u>tou</u> ✓

(27)

OGUM DE LEI
Pai José Valdivino

(120 BPM)

https://www.youtube.com/watch?v=g5s8-lxwZp0

→ Ogum de (Lei) ✓ ↗ le le le le le le le → <u>Lei</u> ✓
→ Ogum de Lei é um Tata no Arer<u>eê</u> ✓

→ Ogum de Lei ✓ ↗ le le le le le le le → <u>Lei</u> ✓
→ Ogum de Lei é um Tata no arer<u>êê</u> ✓

↗ Em seu cavalo branco ✓ ↗ ele vem montado ✓
→ De espada na mão ✓ → ele vem armado ✓

↗ Em seu cavalo branco ✓ ↗ ele vem montado ✓
→ De espada na mão ✓ → ele vem armado ✓

↗ Ele vem armado para o Arerê ✓
→ Ele vem armado pra nos defender ✓

→ Ele vem armado para o Arerê ✓
→ Ele vem armado pra nos defender ✓

→ Ele é Ogum ✓ é Ogum de Leei ✓
→ Ele é Ogum ✓ é Ogum de <u>Lei</u> ✓

(28)
XANGÔ, ESTÃO QUEIMANDO VELAS
Ogã Sandro Bernandes

(125 BPM)

https://www.youtube.com/watch?v=6dtFzZXyzHs

- ↗ Xan(gô), meu pai ✓
- ↗ Amarra os inimigos e dá um nó ✓
- ↗ Xangô, meu pai ✓
- → Amarra os inimigos no cipó ✓

- ↗ Estão queimando velas ✓
- → Pra me derrubar ✓
- ↗ Eu já fiquei doente, meu pai ✓
- → Sem poder andar ✓

- ↗ Agora estou aqui ✓
- → É pra saudar Xangô ✓
- ↗ Que vire essa macumba, meu pai ✓
- → No peito de quem mandou ✓

(29)

(125 BPM)

SONHEI COM OGUM
Ogã Sandro Bernandes

https://www.youtube.com/watch?v=D_uO5SXQly4

→ (Ho)je sonhei com Ogum ✓
→ Hoje eu pisei no ↗ mar ✓
→ Hoje eu vi a linda sereia ✓
→ Saravando na areia ✓
→ Com Ogum Beira Mar ✓

→ Na beira mar ↗Ogum ✓
→ Iemanjá ✓
→ Iemanjá, ↗Ogum ✓
↗ Ogum Beira Mar ✓

↗ Salve a Santa Sereia ✓
↗ Saravando na areia ✓
→ Com Ogum Beira Mar ✓

(30)
ELA É OYÁ
Pai Sandro Luiz
https://www.youtube.com/watch?v=LGiqxlN9LDM

(130 BPM)

↗ Olha que o céu cla (reou) ✓
↗ Quando o dia raiou ✓
↗ Fez o filho pens**aar** ✓
→ A mãe do tempo mandou ✓
→ A nova era chegou ✓
↗ Agora vamos plant**aar** ✓

↗ Do Humaitá Ogum bradou ✓
↗ Senhor Oxóssi atinou ✓
↗ Iansã vai cheg**aar** ✓
→ O Ogã já firmou ✓ o atabaque afinou ✓
↗ Agora vamos cant**aar**/ ✓

↗ Ah! Eparrei ela é Oyá ela é Oyá ✓
↗ Ah! Eparrei é Iansã é Iansã ✓
→ Ah! Eparrei quando Iansã vai pra batalha
→ Todos cavaleiros param só pra ver ela passar ✓

↗ Ah! Eparrei ela é Oyá ela é Oyá ✓
↗ Ah! Eparrei é Iansã é Iansã ✓
→ Ah! Eparrei quando Iansã vai pra batalha
→ Todos cavaleiros param só pra ver ela passar ✓

BIBLIOGRAFIA

Núcleo de Curimba Tambor de Orixá
Instituto Cultural Tambor de Orixá
Pai Sandro Luiz – Terreiro Sultão das Matas e Caboclo Ubirajara
Pai José Valdivino – Templo de U. São Sebastião, 7 Flechas da Jurema
Ogã Sandro Bernardes – Terreiro Guerreiros da Jurema
Ogã Fabio Passoni – Núcleo de Curimba Tambor de Orixá
Ogã Leonardo Rizzato – Núcleo de Curimba Tambor de Orixá
Ogã Hamilton Soares – Escola de Curimba Espaço do Ogã
Ogã Rafael Leonardo – Escola de Curimba Tambor Sol e Lua
Ogã Guilherme Corrêa – Terreiro Cabocla Anay
Ogã Fernando Costa Pinheiro – TU. Caboclo Ze da Mata o Baiano Severino Côco
Senhor Israel Pinheiro da Silva – Ogã Fernando Costa Pinheiro
Ogã Romeu Magalhães – Núcleo de Curimba Tambor de Orixá
T.U.C Oxóssi Guerreiro e Mamãe Oxum/Jacuti Dourado
Ogã Josimar de Oxóssi
Festival de Curimba Aldeia de Caboclos
Festival de Curimba Atabaque de ouro
Projeto tem que ter fé – Pai Sandro Luiz
Yasmim Albano (Yasmim Cheia do Axé)

MADRAS Editora

Para mais informações sobre a Madras Editora,
sua história no mercado editorial
e seu catálogo de títulos publicados:

Entre e cadastre-se no site:

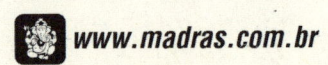

www.madras.com.br

Para mensagens, parcerias, sugestões e dúvidas, mande-nos um e-mail:

marketing@madras.com.br

SAIBA MAIS

Saiba mais sobre nossos lançamentos,
autores e eventos seguindo-nos no facebook e twitter:

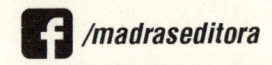

@madrased

/madraseditora